西藏山南藏族非物质文化遗产研究

周毓华　杨　娅　著

文化艺术出版社
Culture and Art Publishing House

图书在版编目（CIP）数据

西藏山南藏族非物质文化遗产研究 / 周毓华，杨娅
著. —北京：文化艺术出版社，2019.10
ISBN 978-7-5039-6776-4
Ⅰ.①西… Ⅱ.①周… ②杨… Ⅲ.①藏族－非物质
文化遗产－研究－山南 Ⅳ.①K281.4②G127.753

中国版本图书馆CIP数据核字（2019）第187168号

（本书所用图片除已署名者外，均由杨娅提供）

西藏山南藏族非物质文化遗产研究

著　　者　周毓华　杨　娅
责任编辑　原子婷
责任校对　曲　静
书籍设计　赵　矗
出版发行　文化艺术出版社
地　　址　北京市东城区东四八条52号（100700）
网　　址　www.caaph.com
电子邮箱　s@caaph.com
电　　话　（010）84057666（总编室）　84057667（办公室）
　　　　　84057696—84057699（发行部）
传　　真　（010）84057660（总编室）　84057670（办公室）
　　　　　84057690（发行部）
经　　销　新华书店
印　　刷　国英印务有限公司
版　　次　2020年12月第1版
印　　次　2020年12月第1次印刷
开　　本　710毫米 × 1000毫米　1/16
印　　张　18.75
字　　数　300千字
书　　号　ISBN 978-7-5039-6776-4
定　　价　58.00元

序　一

2006年，我承担国家社科基金项目“西南少数民族非物质文化遗产保护研究”之子课题“羌族非物质文化遗产保护研究”。2011年，我申报的国家社科基金项目“羌族宗教文化与非物质文化遗产研究”获批立项，有幸成为以“非物质文化遗产”为题的较早的国家社科基金项目。在项目的推进过程中，我对于少数民族非物质文化遗产有了一些新的感悟，在所著《白石·释比与羌族》《秘境寻踪》等书中均有所体现。学术中的感悟固然重要，但薪火相传才能使研究弦歌不辍，所以相对于“研究者”的身份，我更看重我的另一重身份，即“教育者”。2009年，我所在的西藏民族学院在专门史硕士点中增设“少数民族非物质文化遗产研究”方向，使得这所具有鲜明办学特色的西藏高校，成为全国最早开设非物质文化遗产研究方向的学校之一。承蒙学校厚爱，我忝列于硕士生导师行列之中。2010年9月，第一届的5位同学成为这个方向的“拓荒者”。数十年来，我与我的研究生们传承民族文化的初心始终没有改变，所以学生们的学位论文多是围绕少数民族族别或区域进行选题，杨娅即为其中代表。

2012年4月，我第一次见到正在参加复试的杨娅，短短数分钟，思路清晰、表达流畅、处事干练的她就给我留下了深刻的印象。入学后，杨娅随我学习非物质文化遗产，从初入师门对非遗知识了解不多时的拘谨，到勤奋钻研、厚积薄发时的洒脱，杨娅在少数民族非物质文化遗产研究中迅速崭露头角。在过去的几年时间里，在藏长时段的田野调查使她渐入学术之门，近二十篇学术论文的发表见证了她的成长。

该书所指“山南”，即西藏自治区山南市，是藏族古文明的发祥地之一。关于藏族起源的神话传说——猕猴同罗刹女结合而诞出藏民之地即为此地。约在2世纪初，悉补野部落第一代首领聂赤赞普在此建政，直至7世纪迁至今日之拉萨。悠悠岁月的淬炼，使得山南因拥有众多“第一”而被公认为“西藏民族文化的摇篮”。纵观全书，无论是第二章中的神话与传说，还是第三章中的藏戏，抑或是第四章中的藏历年等，无不是围绕山南藏族非物质文化遗产“根源”这一特殊地位而展开的。然而，随着经济全球化浪潮的冲击和现代化进程的加快，包括藏族在内的多民族非物质文化遗产在保护和传承上都面临着巨大的挑战，大量“非遗”项目亟须传承与保护。鉴于此，该书从科学管理机制、加强宣传教育、加大财政投入、重视专家指导和人才队伍建设等方面提出了切实可行的措施，这不独是针对山南，对于其他区域也有一定的借鉴意义。

当然，书中还存在着一些不足之处。最后，期待以此书的出版为起点，越来越多的少数民族非物质文化遗产研究的专著会源源不断地出现！

周毓华

2020年10月

序　二

中国是一个统一的多民族国家，各民族都有其悠久的历史和灿烂辉煌的民族文化，在此基础上形成了中华民族的多元一体格局和大量丰富又独特的少数民族非物质文化遗产。非物质文化遗产是国家文化软实力的重要组成部分，研究、保护和传承少数民族非物质文化遗产就是深入了解、保护和传承中华民族文化。藏族是我国55个少数民族中的一员，以其具有浓郁风格的文化艺术驰名中外。西藏自治区山南市，作为西藏古文明的发源地，孕育了影响深远的“雅砻文化”。山南藏族非物质文化遗产是占山南市人口大多数的世代山南藏族群众在悠悠历史长河中集体创造的民族宝贵财富。因而，系统研究西藏山南藏族非物质文化遗产，有助于我们解开藏族传统文化的基因密码。

随着全球化、现代化进程的强势冲击，西藏山南藏族许多古老质朴的民族传统文化正处于濒临灭绝的危险境地，如何保护和传承山南藏族非物质文化遗产已成为学界重要的研究命题之一。本书立足于非物质文化遗产视野，对西藏山南市占人口绝对优势的藏族聚居区的口头传说与表述、传统表演艺术、岁时节庆民俗、人生礼仪、传统技艺等国家级及西藏自治区级非物质文化遗产代表性项目，运用文献资料法、田野调查法、综合分析法等研究方法，深入挖掘西藏山南藏族非物质文化遗产资源，探究其现状及存在的主要问题。

山南藏族非物质文化遗产列入西藏自治区级、县级非物质文化遗产名录的居多，列入国家级的较少。传承人系统普遍存在年龄结构老化、后续乏人、年龄分布梯队和人员结构不合理的现象。田野调查过程中发现，大部分村民对拥有的民族传统特色非物质文化遗产有着强烈的自豪感，对传承和弘扬独特的民族传统有着积极心态，期望通过传承和发展非物质文化遗产来保护民族优秀传统文化。

本书第一章主要关注山南市历史自然地理简况，解读山南藏族人民生存的历史自然地理空间。在梳理和掌握相关非物质文化遗产概念的基础上，对山南藏族非物质文化遗产进行界定、分类，梳理山南藏族入选国家级、西藏自治区级非物质文化遗产名录的非物质文化遗产，并分析其现状。

第二章山南藏族口头传说与表述，在已有研究成果和实地田野调查基础上，对山南藏族非物质文化遗产口头传说与表述类中的神话与传说、民间故事、民间歌谣等分门别类、详细整理，分析了山南藏族非物质文化遗产能流传至今所具有的增强族群记忆等方面的社会功能。

第三章山南藏族传统表演艺术，介绍了果谐、谐钦、卓舞、羌姆、噶尔巴谐玛舞等山南藏族民间歌舞的起源及表演内容及特点，阐述了藏族传统戏曲——藏戏的发端、主要派别、传统剧目及演出形式等，描述了国家级非物质文化遗产代表性项目——久河卓舞、雅隆扎西雪巴及琼结卡卓扎西宾顿的保护传承现状。

第四章山南藏族岁时节庆，以国家级非物质文化遗产——藏历新年、望果节和以农耕为主的山南农民非常重视的春播节为例，描述了藏历新年、望果节、春播节的节日起源、节日程式及保护和传承的现状。

第五章山南藏族人生礼仪，以在藏族群众生命历程中占有举足轻重地位的诞生礼、婚礼、葬礼为切入点，探析了山南藏族的育儿习俗及禁忌，阐述了传统藏族婚礼的程序及婚礼中物件的象征意义，呈现了藏族传统丧葬仪式的过程，认为人生礼仪对藏族民众具有心理调控平复等作用。

第六章山南藏族传统技艺，描述了山南藏族传统民族服饰制作技艺中杰德秀镇之邦典和泽当“毛哔叽”的历史源流、制作技艺及传承与发展之路，以木碗、陶器和石锅制作技艺为典型案例探讨了山南藏族传统技艺保护与转型之路。

第七章山南藏族非物质文化遗产保护传承与产业发展路径分析，探讨了山南藏族非物质文化遗产保护过程中面临的挑战，综合山南藏族非物质文化遗产的保护传承现状，分析了山南藏族非物质文化遗产与文化创意、旅游开发及相关经济产业有机结合、联动共生的产业发展路径。

由于时间和研究视野所限，本书尚有很多不足之处，恳请各位专家学者斧正，以便使今后的跟踪研究进一步完善。

杨　娅

2020 年 8 月

目 录

第一章

山南市历史地理
及藏族非物质文化遗产概况

在西藏自治区山南市这片神奇的土地上，有郁郁葱葱的原始森林、奔涌腾跃的雅鲁藏布江、玲珑剔透的亘古冰川以及一望无垠的草原，承载着北部宽谷之广阔及南部谷地之妩媚，并在此基础上孕育了影响深远的“雅砻文化”。

第一节　山南历史地理简况

一、山南自然地理简况

山南市位于冈底斯山脉和念青唐古拉山脉以南，雅鲁藏布江中下游，介于东经 90°14′— 94°22′、北纬 27°08′—29°47′ 之间。其地处西藏高原中南部、喜马拉雅山脉东段，属藏南谷地，以高原为主体。地势自西向东北逐渐降低，北部为宽谷区，中部以高山湖盆平原为主，东南部则是高山深谷区，平均海拔约 3800 米，境内多高山、草原和内流湖泊。北与拉萨市相连，东与林芝接壤，西与日喀则为邻，南与印度、不丹等国毗邻。其总面积约 7.97 万平方公里，占西藏自治区总面积的十五分之一，边防线长 630 多公里，通外道路 24 条，乃我国西南边陲的重要门户，战略地位十分重要。

山南市属高原温和半湿润气候区，西部严寒干燥，东南部及雅鲁藏布江一带温暖湿润，四季不分明。全地区年日照时数在 2600—3300 小时。年平均气温在 -0.6℃—8.8℃，最高气温在 18℃—32℃，最低气温在 -37℃—-16℃。年降水量 268.0—492.7 毫米。河谷地带无霜期 130 天左右，山区及部分狭小河谷地带常年有霜，高山积雪终年不化，宜农，宜牧，宜林。年平均风速 3 米 / 秒左右，最大风速 17 米 / 秒以上。自然灾害主要有干旱、霜冻、冰雹、雪灾、虫灾、泥石流、地震等。境内总耕地面积约 45.24 万亩，其中有效灌溉面积约 38.33 万亩，沿雅鲁藏布江两岸有万顷良田，是西藏的主要产粮区之一。农作物主要有青稞、小麦、油菜、荞麦、豌豆、马铃薯等。地面植被以高原草甸灌丛为主。草原面积约 3395 万亩，可利用面积为 2597 万亩。

矿藏已探明的有 20 余种，开采的金属矿物有铬铁矿、砂金矿、锑矿等；非金属矿有水晶、高岭土、大理石、花岗岩、石灰岩、软玉等。在曲松县已探明有储量 500 多万吨，品位均在 45% 以上的铬铁矿。

山南水利资源丰富，较长的河流有 30 多条，较大的湖泊有 88 个。西藏四大名湖之一羊卓雍措位于浪卡子县境内。冰川蓄水量约 10 亿立方米，地下水约 230 亿立方米。全地区年均流量 706.48 亿立方米。雅鲁藏布江由西向东流经境内 7 个县，流程 337 公里，流域面积 1.7 万平方公里。天然水能理论蕴藏量 2500 万千瓦。

森林资源中，有优质用材林、珍贵经济林、名贵药用林木、木本植物等 1000 余种，森林面积 201 万亩。国家投巨资在雅鲁藏布江南岸、泽当镇北侧种植了 25 公里长的万亩防风固沙林带，以防止风沙侵袭和保持水土、美化环境、牢固河堤。

野生珍稀动物有藏羚羊、黑颈鹤、麝、熊猴、长尾叶猴、云豹、虎、西藏野驴、藏雪鸡、高山秃鹫、白唇鹿、金雕等几十种。珍贵野生植物有虫草、贝母、沙棘、雪莲花、三七、当归、黄连、人参果等。①

二、山南历史沿革简况

山南是西藏古文明的发祥地之一，历史悠久，文化灿烂，善纳百川，

① 山南地区地方志编纂委员会编：《山南地区志》，中华书局 2009 年版，第 1 页。

人杰地灵。在四五万年以前，雅砻一带就有藏族先民繁衍生息。先民们在鸟兽群集、果木丛生的雅砻河谷过着以树叶为衣、野果为食的群居采集生活。经过漫长岁月，他们逐渐学会了制作弓箭、石器等工具，学会了饲养牦牛等动物和种植青稞等作物。今泽当附近萨热村的一块土地“索当”，是传说中西藏的第一块农田。

进入父系氏族时代后，西藏社会出现了一个延续时间较长的“小邦”时代。西藏高原上出现了许多氏族、部落，即“小邦”。史籍记载，西藏有“二十五小邦”“十二小邦”及零星的“四十小邦”。这些“小邦”实际上是一些分散的、互不统属的部落和氏族。雅隆部落联盟又称雅砻悉补野部落，是在雅砻地区（藏南谷地）形成的一个部落联盟，主要由六个小部落组成，也称为“六牦牛部”。这六个部落为“洛、聂、库、努、赛、波（蕃）”六个氏族，或六人种。他们最初可能各自为政，无统一的首领（王）。大约在公元350年，聂赤赞普成为雅隆部落联盟的第一代首领，标志着六部落从此联合为一个整体，号“鹘提悉补野”。聂赤赞普死后，王位转为世袭。经过数百年漫长的岁月，雅隆部落联盟逐渐强大，到第三十一代赞普朗日伦赞（又称囊日松赞）时，先后征服了尼木—堆龙、拉萨、达孜、彭波、墨竹工卡等前藏地区以及以日喀则为中心的后藏部分地区，成为雄踞藏南的强大的部落联盟。

6世纪左右，雅砻一带进入奴隶社会，居民已能冶炼铁、铜、银，制造金属武器。第三十一代赞普囊日松赞时期，雅隆部落不断扩张领地，成为西藏最强大的部落。7世纪中叶，第三十二代赞普松赞干布先后征服苏毗、羊同及其他小部落，统一西藏高原，建立吐蕃政权，并逐步将政治、经济、文化中心由琼结向拉萨地区转移。

唐代，吐蕃初期将全境划为五茹（后为六茹，增加了象雄茹），即卫茹、约茹、叶茹、拉茹、苏毗茹。今山南地区由约茹管辖。乃东县昌珠乡是约茹的统治中心，设有正副茹本管理约茹事务。赞普们经常在雅砻举行重大活动。8世纪初，今山南桑耶镇是吐蕃赞普牙帐所在地之一，赞普赤松德赞出生在这里。赤松德赞执政的40余年间，吐蕃势力曾鼎盛一时。

同时，赤松德赞还在哈布日山下建立了西藏第一座佛、法、僧三宝俱全的寺院——桑耶寺，七名藏族人剃度为僧（即“七觉士”）。赤松德赞从印度和大唐请来大批高僧，在桑耶寺翻译佛经、阐释教义、弘扬佛法，为佛教在西藏的传播奠定了基础。

在吐蕃繁荣的背后，广大奴隶、平民却备受苦难。869年，吐蕃全境爆发平民和奴隶大暴动。今山南的乃东、琼结、扎囊一带是起义军进攻的主要目标。平民和奴隶大暴动后，西藏形成了多个割据统治的地方势力。各割据势力互相斗争，长期混战，人民陷入战乱和灾荒不断交替的苦难之中，而觉沃王系割据了山南地区。11世纪，玛尔巴和米拉日巴等高僧在山南创立噶举派。1156年，帕木竹巴（简称“帕竹”）在噶举派中独树一帜。

南宋嘉熙四年（1240），蒙古王子阔端派兵进入西藏，后经凉州会盟等，西藏被纳入元朝中央政府的有效管辖，结束了西藏400多年分裂割据的局面。元世祖至元五年（1268），元朝中央政府在西藏进行第三次户口清查，将西藏地方划为十三万户[①]。山南属十三万户的帕竹、亚桑、羊卓、恰域、唐布切的领地。帕竹万户领地约在今泽当一带，有2438户；亚桑万户领地约在今乃东亚堆一带，有3000户；羊卓万户领地约在今浪卡子县一带，有750户；恰域万户领地约在今隆子县一带，有2950户；唐布切万户领地在今琼结县境内，是当时势力较小的万户。同年，帕竹被元朝封为万户，到第八任座主扎巴仁钦时，得到了元帝师和镇西武靖王铁木儿不花的允许，停止了以俗人担任万户长，亲自以喇嘛的身份兼任万户长，称为喇本，开创了集族权、神权、政权于一身的先河。

元英宗至治二年（1322），降曲坚赞就任帕竹万户长之职。他励精图治，兴修水利，整田积肥，发展农牧业生产，整修道路和庄房，使雅砻河谷呈现出繁荣景象。元至正十四年（1354），降曲坚赞推翻萨迦地方政权，

① 万户：元沿金制，全国均设万户官职。内地诸路万户为军职，分属各行省而总辖于枢密院；藏族地区各万户军民通摄，分属各宣慰司而总辖于宣政院。万户、千户是依据土地和户口的调查设立的。每一万户有拉德四千户、米德六千户。俗人民户和寺属民户，藏文史籍中分别称之为“米德”和“拉德”。

派人向朝廷纳贡，请求封赏。元朝赐封其为掌管西藏的大司徒，接管西藏地方政权事务。大司徒降曲坚赞执政后，废除万户制度，推行封建农奴庄园制，规定“宗”为基本行政单位，在乃东、贡嘎等地设置13个宗，委派各宗本，并赐给下属有功之臣大大小小的谿卡。同时，在乃东扩建帕竹地方政权的宫殿王城。帕竹政权共传12代，统治西藏262年，后被第悉藏巴政权取代。

明崇祯十五年（1642），在蒙古和硕特部首领固始汗的支持下，五世达赖推翻第悉藏巴政权，建立“甘丹颇章”地方政权。五世达赖是琼结人，曾游历山南境内的多数山川寺庙。五世达赖时，山南许多著名寺院都有过较大的修缮和扩建。其间，五世达赖授予拉加里法王统治拉加里地方的世袭权，使拉加里从萨迦和帕竹政权时期的相对独立变成半独立状态，接受格鲁派约束。

七世达赖格桑嘉措执政时期，遵照清朝乾隆皇帝的谕旨，于1751年成立噶厦。噶厦下设“基巧”“宗”两级机构。山南基巧辖10余个宗，其中乃东、琼结、贡嘎由驻藏大臣直接监管。

民国元年（1912），西藏地方政府在山南设立基巧[①]（又称洛基），驻地泽当，辖13个宗。到1951年，山南基巧辖温宗、多宗、桑日宗、隆子宗、沃卡宗、嘉玉谿卡、拉加里、觉拉谿卡、乃东宗、错那宗、桑耶宗、泽当宗、贡嘎宗、颇章谿卡、堆谿卡、琼结宗、亚堆宗、门达旺、扎期谿卡、浪卡子宗、扎囊、玲谿卡、哲古谿卡、白地宗、达玛谿卡、夏洛谿卡、拉康、麻江宗、生格宗、杰德秀共30个宗。后来划入山南加查县和朗县的加查宗、拉绥谿、古如朗杰宗、朗宗、金东谿等，当时属塔工基巧。

1951年5月23日，西藏和平解放。12月底，中共西藏工委财委派驻山南采购站。1952年，中共江孜分工委成立，山南属中共江孜分工委

① 基巧，为民国时期西藏地方行政机构。基巧相当于专署，基巧以下行政组织为宗，一般称宗政府，由宗直接管辖的是分属三大领主的庄园。

管辖。

1956年8月29日，成立山南基巧办事处。至11月，下辖加查宗、隆子、乃东、贡嘎、拉加里、多宗、琼结、扎囊、温宗办事处。1957年，所有宗办事处撤销。1959年4月，成立山南地区军事管制委员会，下辖加查、隆子、乃东、贡嘎、拉加里、多宗、琼结、扎囊、哲古、洛热、桑日、朗宗12个宗。

1959年4月6日，成立山南军事管制委员会，对山南地区实行军事管制，领导山南的平叛改革工作，同时宣布解散山南基巧办事处及各宗（豁）政府。5月，经中共西藏工委批准，将山南行政区划为12个县，62个区，293个乡。12月22日，成立山南专员公署。2016年2月，国务院批复同意撤销山南地区和乃东县，设立地级山南市；山南市设立乃东区，以原乃东县的行政区域为乃东区的行政区域。2016年5月27日，中共山南市委、市人大、市政府、市政协和市纪委举行揭牌仪式，标志着山南市各领导班子开始正式依法履职。

第二节　山南藏族非物质文化遗产的界定、分类及保护成就

一、山南藏族非物质文化遗产的界定

从“非物质文化遗产”（Intangible Cultural Heritage）这一概念的发展形成过程可清晰地看到非物质文化遗产一步一步在世界范围内被认知和重视。

1975年，日本新版《文化财保护法》出台，规定所谓无形文化财“是具有较高历史价值与艺术价值的传统戏剧、音乐、工艺技术及其他无形文化载体”[①]。这一定义影响了韩国，并最终对韩国的相关决议产生了影响。

1989年11月，联合国教科文组织第25届大会上通过的关于保护民

① 王文章：《非物质文化遗产概论》，文化艺术出版社2006年版，第46页。

间传统文化的建议书《保护民间创作建议案草案》中，关于“民间传统文化”的定义是：民间创作（或传统的民间文化）是指来自某一文化社区的全部创作，这些创作以传统为依据、由某一群体或一些个体所表达，并被认为是符合社区期望的作为其文化和社会特性的表达形式；其准则和价值通过模仿或其他方式口头相传。它的形式包括：语言、文学、音乐、舞蹈、游戏、神话、礼仪、习惯、手工艺、建筑术及其他艺术。

1997 年 11 月，联合国教科文组织第 29 届全体会议通过《宣布人类口头和非物质文化遗产代表作申报书编写指南》（*Proclamation of Masterpieces of the Oral and Intangible Heritage of Humanity*），其中对“人类口头和非物质文化遗产”的界定基本上沿用了“民间创作”（民间传统文化）这一概念。①

2003 年 10 月，联合国教科文组织第 32 届大会通过的《保护非物质文化遗产公约》（*Convention for the Safeguarding of the Intangible Cultural Heritage*）中界定：“非物质文化遗产”指被各社区、群体，有时为个人，视为其文化遗产组成部分的各种社会实践、观念表述、表现形式、知识、技能及相关的工具、实物、手工艺品和文化场所。

联合国教科文组织在保护非物质文化遗产方面跨越了四个重要阶段：第一个阶段，关于保护传统和民间文化建议案；第二个阶段，建立“活的文化财产制度”；第三个阶段，建立“人类口头和非物质文化遗产代表作”公告制度；第四个阶段，通过了《保护非物质文化遗产公约》。

联合国教科文组织和世界各国对非物质文化遗产的认识是一个逐渐深入的过程，也是一个逐步完善的过程。随着认识的深化，联合国教科文组织加强了立法建设，团结各国，与各国一道群策群力、求同存异，共同制定出了反映大多数国家意愿的保护非物质文化遗产的原则、规定，为各国的申报工作奠定了良好的基础。同时，在具体的非物质文化遗产代表作的申报工作中，也积极吸纳各方面的意见、建议和经验，制定出了各种可供

① 王文章：《非物质文化遗产概论》，文化艺术出版社 2006 年版，第 5 页。

操作的具体实施细则，促进了申报工作的开展，也为以后这项工作的进一步开展做好了铺垫。而这项工作的展开，必将唤醒世界各国人民保护各种世界遗产的自觉意识；必将促进世界各国对各种世界遗产、各种文化传统的保护；必将促进世界各国之间的相互平等、相互尊重；必将促进各个民族、各种文明与文化之间的对话；也必将促进世界各国之间的政治、经济和文化方面的交流与合作，为构建多元化的世界政治、经济和文化格局提供可资借鉴的经验，改善人类的生存环境，丰富人类的精神生活，为推动人类的和平、稳定和可持续发展发挥独特的作用。

2005年，国务院办公厅颁布《关于加强我国非物质文化遗产保护工作的意见》之附件《国家级非物质文化遗产代表作申报评定暂行办法》，其中将“非物质文化遗产”概念界定为：“非物质文化遗产”是指各族人民世代相承的、与群众生活密切相关的各种传统文化表现形式（如民俗活动、表演艺术、传统知识和技能，以及与之相关的器具、实物、手工制品等）和文化空间。

王文章主编的《非物质文化遗产概论》较为全面地综合了我国具体国情和实际，参照我国非物质文化遗产的现实状况和具体保护工作的实践，总结出非物质文化遗产包含的范围：

（1）各种口头表述，包括对群体有意义的诗歌、史诗、神话、民间传说及其他形式的口头表述，也包括作为其载体的语言；

（2）传统表演艺术，包括戏剧、音乐、舞蹈、曲艺、杂技、木偶、皮影、宗教表演等表现形式；

（3）社会风俗、礼仪、节庆，包括重要的节庆、游戏、运动和重要集会等活动，有原始感的打猎、捕鱼和收获等习俗，日常生活中的有意义的居住、饮食、习俗，人生历程（从出生到殡葬）的各种仪式、亲族关系及其仪式、确定身份的仪式、季节的仪式、宗教仪式；

（4）有关自然界和宇宙的知识与实践，包括时空观念、宇宙观，对宇宙与宗教的信仰，巫术，图腾崇拜，记数和算数的方法，历法纪年知识，关于天文与气象的知识和语言，关于海洋、火山或气候的知识与对策，农耕活动和知识，植物的知识等；

（5）传统的手工艺技能和文化创造形式，包括传统的冶炼等传统工艺技术知识和实践，医药知识和治疗方法，书法与传统绘画，保健与体育知识，畜牧产品、水产品、果实的处理，食品的制作和保存，烹饪技艺，工艺美术生产、雕刻技术，包含设计、染色、纺织等环节在内的纺织技艺，丝织技术，包含文身、穿孔、彩绘在内的人体传统绘饰技术等；

（6）与上述表现形式相关的文化空间。①

由第十一届全国人民代表大会常务委员会第十九次会议于 2011 年 2 月 25 日通过公布、自 2011 年 6 月 1 日起施行的《中华人民共和国非物质文化遗产法》第二条称：

本法所称非物质文化遗产，是指各族人民世代相传并视为其文化遗产组成部分的各种传统文化表现形式，以及与传统文化表现形式相关的实物和场所。包括：

（一）传统口头文学以及作为其载体的语言；

（二）传统美术、书法、音乐、舞蹈、戏剧、曲艺和杂技；

（三）传统技艺、医药和历法；

（四）传统礼仪、节庆等民俗；

（五）传统体育和游艺；

（六）其他非物质文化遗产。

属于非物质文化遗产组成部分的实物和场所，凡属文物的，

① 王文章：《非物质文化遗产概论》，文化艺术出版社 2006 年版，第 54—55 页。

适用《中华人民共和国文物保护法》的有关规定。

本书在对山南藏族非物质文化遗产进行研究时将以《保护非物质文化遗产公约》(以下简称《公约》)中对非物质文化遗产的界定和《中华人民共和国非物质文化遗产法》、《关于加强我国非物质文化遗产保护工作的意见》之附件《国家级非物质文化遗产代表作申报评定暂行办法》等为标准。出于中国的实际情况，在展开研究时也考虑到了中国对非物质文化遗产的规定。笔者认为山南藏族非物质文化遗产的范围应该包括：

①各种口头表述，包括对群体有意义的诗歌、史诗、神话、民间传说及其他形式的口头表述，也包括作为其载体的语言；

②传统表演艺术，包括传统戏剧、美术书法、音乐、舞蹈、曲艺、杂技、木偶、皮影以及宗教和民间信仰仪式等表现形式；

③社会风俗、礼仪、节庆，包括重要的节庆、游戏、运动和重要集会等活动，有原始感的打猎、捕鱼和收获等习俗，日常生活中的有意义的居住、饮食、习俗，人生历程（从出生到殡葬）的各种仪式、亲族关系及其仪式、确定身份的仪式、季节的仪式、宗教和民间信仰仪式；

④有关自然界和宇宙的知识与实践，包括时空观念、宇宙观，对宇宙与宗教的信仰，巫术，图腾崇拜，记数和算数的方法，历法纪年知识，关于天文气象的知识和预言，关于海洋、火山和气候的知识与对策，农耕活动和知识，植物的知识等；

⑤传统的手工艺技能和文化创造形式，包括传统的冶炼等传统工艺技术知识和实践，医药知识和治疗方法，书法与传统绘画，保健与体育知识，畜牧产品、水产品、果实的处理，食品的制作和保存，烹饪技艺，传统工艺美术生产、雕刻技术，包含设计、染色、纺织等环节在内的纺织技艺，丝织技术，包含文身、穿孔、彩绘在内的人体传统绘饰技术等；

⑥其他传承百年以上的非物质文化遗产；

⑦与上述表现形式相关的文化空间。

一般以艺术或文化的表达形式而存在的以体现特定民族、国家或地域内的人民群众独特创造力的非物质文化遗产，是一定历史时期、环境、文化和时代精神的综合产物。具有唯一和不可再生的独特性，表现形式的活态性，历代艺人或群体辈辈相传的传承性，传播过程中呈现出的活态流变性，创造的综合性、民族性和地域性等基本特征。

藏族的民族民间文化主要通过口耳相传的形式代代相传，其非物质文化遗产非常丰富。本书旨在厘清山南藏族非物质文化遗产类别，对其按照联合国教科文组织和中国政府对非物质文化遗产的分类标准进行学理上的分类，然后进行实地调查研究逐步确立山南藏族非物质文化遗产保护体系，使山南藏族非物质文化遗产更好地传承下去。

二、山南藏族非物质文化遗产分类

非物质文化遗产凝聚着民族传统文化的精髓，是人类社会持续发展的宝贵财富。山南市藏族非物质文化遗产目录繁多、形式多样，以《公约》对非物质文化遗产分类标准的界定和我国关于保护非物质文化遗产的相关规定，山南市藏族非物质文化遗产可以分为以下几类。

（一）民间口头传说与表述

1. 神话和传说

山南藏族历经丰富多彩的神话时代，留下流传至今的奇妙神话和传说作品。山南各地的著名神话有流传于贡嘎县等地的《命运》《鼠妈妈》，流传于加查县等地的《天女和国王》《好儿子格列》，流传于措美县等地的《奇怪的蛤蟆》等。主要以人类起源的神话、动物神话、劳动生产的神话等为主题。关于人类的起源有包括山南藏族地区在内的整个藏区都广泛流传着猕猴变人的神话故事。猕猴变人神话除广泛流传于西藏民间口头讲述中，诸多藏文书籍如《西藏王统记》《西藏王臣史》《玛尼全集》《贤者喜宴》等都有详略不同的记载。

山南藏族先民在漫长的历史长河中，经历过许多重大历史事件和社会变革活动，这些事件在民间传说中留下深刻的历史痕迹。因而，民间传说在一定程度上曲折地反映了历史原貌。祖祖辈辈口耳相传的民间传说中的价值取向代表了人民对历史事件的态度和对历史人物的评价。现主要有流传于乃东县的《从猴子洞说起》和《三尊主圣的历史传说》，主要流传于扎囊县的《骑着毛驴找毛驴》《苏卡儿的石佛塔》《才旺仁增》，流传于浪卡子县的《“闻”地方的水柏枝》，流传于琼结县的《琼结·达娃卓玛》《藏王墓前的石狮手臂折断说》《“加麻”之说》《“德吉林”的传说》等。

2. 民间故事

根据前人的总结，山南藏族民间故事约可分为四大类：爱情故事、动物故事、机智人物故事、笑话故事。

（1）爱情故事

关于爱情题材的民间传奇故事，在山南藏族民间故事中占较大比重。主要有流行于扎囊县、贡嘎县等地的《爱情与忧伤》《姐妹之间的嫉妒和怨恨》《身披狗皮的国王》《病人塑像》，隆子县的《富人的儿子和穷人的女儿》，浪卡子县、错那县等地的《厌恶汉子的少女》《才旺绕丹和次仁杰姆》。这些故事的男主人公一般都是贫苦的劳动者，他们同有钱人家、头人甚至是国王的女儿相爱，他们有着纯洁坚定的爱情，在经过痛苦的磨难和不屈不挠的斗争后，与相爱的人终成眷属。

（2）动物故事

山南如今尚流传甚广的动物故事主要有：扎囊县的《岩鼠和地鼠的故事》《老虎选大臣》《青蛙与乌鸦》《百灵鸟的传说》，乃东县的《猫头鹰的六假》《众鸟聚会听佛经》，桑日县的《聪明的兔子》《岗播差吉》，隆子县的《证人是我》《猴子钓鱼》，琼结县的《豁唇兔》等。这些动物故事中按照人类社会关系和人们对生活的观点来描绘动物的活动。通过拟人化的艺术手法反映人类的社会生活，从而起到了传教知识和进行道德教育的作用。①

（3）机智人物故事

山南流传较多的机智人物故事有琼结县的《珍宝撒宝尿》，乃东县的

① 李景江：《中国各民族民间文学基础》，吉林大学出版社1986年版，第222页。

《室内学游泳》《还“踔”》《鬼神妙果》《医治颈瘿》，隆子县的《诺儿达》，桑日县的《录、金、甲是个鬼地方》，扎囊县的《树枝上的串串》《山与山皮》，曲松县的《看不见的话音》《酥油差税》《国王学狗叫》等。山南藏族机智人物故事多数是在生活故事的基础上，按照现实生活原貌进行艺术加工，描绘群众日常生活中常见的事情，以表达故事主人公的机智、果断等性格特征。这些故事从不同层面反映了藏族人民对待生活的态度及其道德观念。

（4）笑话故事

山南已收集整理的笑话故事主要有：流行于整个山南地区的《热山羊皮扣在秃脑袋上》，乃东县的《苏地牟地岁》，浪卡子县的《兄弟俩》，扎囊县的《县官学诵经》《豁嘴人偷羊子》《裁缝与主人》《古怪的习俗》《爱讲大话的木匠》《话丢了》，贡嘎县的《“富人”的麻袋被》《连连走运》，桑日县的《买月亮梳子》等。这些笑话故事大都不太长，但其幽默诙谐的语言艺术，使听众不由自主地发出笑声，在笑声中领略故事所表达和传递的深刻内涵。

通过民间故事可了解不同社会时代各民族的生活习俗、宗教信仰、伦理道德等众多信息。

3. 民间歌谣

山南藏族民间歌谣在整个山南民间广为流传。形式多样、风格繁多的民间歌谣在各种场合都可以演唱。民间歌谣多数情况下没有演唱地点和时间的限制，一般是在劳动之余或劳作过程中演唱的生活歌，在喜庆节日和人们欢聚饮酒时演唱的酒歌。劳动生产时要歌唱，佳节吉庆时要歌唱，迎宾待客时要歌唱，婚丧嫁娶时要歌唱，祈祷祝愿时要歌唱，娱乐活动时要歌唱，谈情说爱时要歌唱，出征打仗时要歌唱，经商驮运时要歌唱。有的只唱不跳，有的结合舞蹈唱，有的结合游戏唱，有的结合专门曲调和专题舞蹈唱；有的为单人独唱，有的为男女对唱等。[①]

① 马学良、恰白・次旦平措、佟锦华：《藏族文学史》，四川民族出版社 1985 年版，第 897 页。

酒歌按应用场合划分，可分为日常待客酒歌、祭祀酒歌、婚礼酒歌、祝寿酒歌、满月酒歌、节日酒歌、贺新房酒歌、丧礼酒歌等十来种；按内容和功能划分，可分为劝酒歌、敬酒歌、谢酒歌、拒酒歌等。山南藏族情歌则包罗万象，试探歌、赞美歌、求爱歌、定情歌、热恋歌、思念歌、盟誓歌、失恋歌等种类繁多的藏族情歌反映了藏族男女青年从恋爱到结合的全过程。仪式歌主要有谐钦、达通、迎亲歌等。劳动歌是山南藏族人民在劳作时为减轻和消除疲劳而演唱的劳动号子，不同的工种有不同的劳动歌与之匹配，收割庄稼时唱收割歌，打夯时唱夯歌（也叫阿谐）。此外，还有儿童玩耍时唱的儿歌，以及男女携手成环形起舞、既可以唱又可以跳的果谐等。从音乐的角度划分，山南藏族民间歌谣大体可分为“噜”（静态的歌，泛指节奏不规整的歌谣，如山歌、牧歌）和“谐”（动态的歌，泛指节奏规整的歌舞曲）两大系。

内容丰富的山南藏族民间歌谣让听众在民间歌谣中感受到藏族社会的强烈气息和热情奔放的感情色彩，山南藏族群众善于用歌谣的形式生动地比喻各种鲜明的形象和表达发自肺腑的强烈而细腻的思想感情。

（二）传统表演艺术

山南藏族民间传统表演艺术主要依靠藏族群众世代口授和长期演绎传承至今。西藏藏族劳动人民，无论劳动还是休闲总离不开歌舞。山南藏族传统表演艺术的创作大都来自藏族群众的劳动生活和宗教影响。在山南藏族社会中的节日、婚嫁丧葬等场合，民间传统表演空前活跃，几乎每个山南藏族人都是传统歌舞的天然表演者，其天赋来自藏族的性格特点和日积月累的艺术智慧。

1. 民间舞蹈

在山南流传范围较广的民间传统舞蹈主要有果谐、谐钦、卓、噶尔巴谐玛以及用于宗教祭祀的羌姆。

果谐被称为“农民舞”，词曲内容相当丰富，使表演者和观众能从歌词舞步中学习到很多藏民族的传统知识。果谐既有颂歌，也有对歌，歌词内容大致可分九大类：“述山、述故乡、述圣地、述植物、述动物、述民俗、述历史及名人、述气候、述爱情。”

谐钦广泛流传于山南12个县区，通常由多首带有标题的歌舞曲构成，其曲子的首尾乐曲分别称为“谐果”（引子）及“扎西”（吉祥）。组成谐钦的每首歌舞曲由慢板、快板，或快板、中板、慢板组成。谐钦歌词内容丰富，主要为关于人类起源、赞颂祝福、历史传说等方面的内容，表达祝愿吉祥，祈求风调雨顺和四季五谷丰登等。谐钦音乐古朴、表现力热情直接。

卓是在山南较为盛行的一种腰鼓舞。卓舞的表演场面恢宏，舞蹈欢快热烈，时而舒缓，时而奔放。舒缓时边唱边舞，曲调优雅动听，击鼓动作显得悠闲自得；奔放时只舞不唱，动作幅度大，击出的隆隆鼓点犹如滚滚春雷。卓的歌词多是述说兴建桑耶寺的过程，也有吉祥招福、颂扬公德及赞颂宗教等内容。

噶尔巴谐玛是一种古老的藏族民间祭祀歌舞，随着民俗祭祀活动不断汲取古老祭祀歌舞的精华，后逐渐形成泽当每年藏历五月十五日的祭祀活动专门舞，主要流传于山南雅砻河谷中游的昌珠和下游的泽当镇。泽当噶尔巴谐玛由6个男性演员扮演“噶尔巴”，这与猕猴与罗刹女的六子及以后藏族的六大氏族有关，也从侧面显示雅砻河谷是藏族古老文化的发祥地。泽当噶尔巴谐玛由舞蹈、歌曲和打击乐三部分组成，歌曲的内容，除了驱邪迎祥之外，还有颂赞莲花生大师的功德等。整个演出仪式庄严、隆重，形式完整。

羌姆是藏传佛教祭祀仪式中的一种专用舞蹈，所有寺院的羌姆只能由该寺院指定的僧人在某一个固定的宗教节日里进行表演。羌姆表演时仪式隆重、场面壮观、气势宏大，面具形象多数是张口龇牙，非常凶恶，手持大刀等各种法器，虽形象恐怖，但其动作给观者一种庄重肃穆和虔诚感。羌姆的表演内容主要是驱邪迎祥、辞旧迎新，也宣传各教派教义。羌姆不可随意表演，更不可将羌姆舞步及技巧传授给俗人。

山南昌果卓舞、曲德寺阿羌姆和拉康加羌姆分别被列入了第一批、第三批国家级非物质文化遗产代表性项目名录，桑耶寺羌姆和琼结久河卓舞入选第四批国家级非物质文化遗产代表性项目名录。

2. 传统藏戏

藏戏是以歌舞的形式表现综合性文学内容的艺术，属歌舞剧范畴，为藏族人民喜闻乐见的古老戏剧，是藏族也是我国民族文化的珍贵遗产。影响大且流传范围广的藏戏主要是因早期的头部面具是用白山羊皮制作成而得名的白面具藏戏（藏语称“拔嘎布”，又称“扎西雪巴”）。在长期的发展过程中，山南拥有代表藏戏最高水平的民族传统表演艺术瑰宝琼结卡卓扎西宾顿、雅隆扎西雪巴。琼结卡卓扎西宾顿有“西藏第一部藏戏”之美誉，其为西藏藏戏艺术史上著名演出剧团，以独特的唱腔、特殊的情节和原汁原味的传统闻名于整个藏区及海内外。琼结卡卓扎西宾顿、雅隆扎西雪巴均被列入了第一批国家级非物质文化遗产代表性项目名录。以琼结卡卓扎西宾顿、雅隆扎西雪巴为代表的白面具藏戏是藏族传统表演艺术的精华，也是我国传统戏剧百花园中的艺术瑰宝之一。

传统藏戏主要取材于民间故事、佛教经典、历史传说或生活世事等。现今影响较大的传统藏戏剧目有民间故事《诺桑王子》（又名《曲杰诺桑》），历史传说剧《文成公主》（又名《甲萨白萨》），根据佛经故事改编的《赤美滚登》，根据民间故事改编的生活剧目《卓娃桑姆》《白玛文巴》和《苏吉尼玛》，歌颂藏族劳动妇女善良纯真并揭露西藏封建农奴主凶残本性的《朗萨雯蚌》，以及描写旧西藏时期狠毒后母虐待前妻孩子及深厚的兄弟手足之情的《顿月顿珠》等。

山南藏族传统表演艺术为生活在山南的藏族劳动人民口头创作，其想象力丰富高超、语言生动、表达手法灵活多样，呈现出来的既有鲜明生动的艺术形象，又有耐人寻味的深刻哲理。清新朴实的民间歌谣通俗而生动地再现了山南藏族群众浓郁的浪漫主义色彩和绚烂绮丽的想象。藏戏各剧种的演出，生动而真实地将藏族人民的宇宙观、人生观、宗教宣扬的善恶观及生死轮回观熔铸在各桥段中，使对历史的记忆和认知在传统表演艺术中得到传承和发展。山南藏族传统表演艺术既彰显了生活在山南的藏族人民豪爽的气概和宽广的情怀，更传递了山南藏族人民主动热情的浪漫主义性格特征。

（三）岁时节庆

一个民族岁时节庆的产生离不开自然环境滋养和社会生活的沉淀。山南藏族岁时节庆将藏民族因生产方式、自然条件、社会意识及历史背景等综合因素形成的地域性民族文化心理、宗教信仰、伦理道德、审美情操等方面的独特性表现得淋漓尽致。

藏族是一个喜欢热闹欢庆的民族。山南在其独特的历史自然条件和地理环境下，形成了独具特色的岁时节庆民俗。全民欢庆的岁时类节日是藏族家家户户为之忙碌辞旧迎新的藏历新年。生产类节日有每年春耕前以村寨为单位举行规模大小不一的祭祀祈福活动的春播节；秋收前，农区藏族群众为祈祷并预祝农作物丰收而举行望果节，已列入非物质文化遗产名录的贡嘎县吉纳望果节、颇章乡望果节、贡嘎县那若波岗节、曲德沃望果节等影响较大。宗教类节日有藏历四月举行的萨噶达瓦节；藏历十月二十五日的“甘丹昂曲”（又称“燃灯节”）。游乐类节日主要有享受夏日明媚阳光、赏景游玩的林卡节。山南藏族岁时节庆类别中以 2011 年入选国家级非物质文化遗产民俗类项目的藏历新年和 2014 年入选国家级非物质文化遗产民俗类项目的望果节最为著名。

（四）人生礼仪

人生仪礼是指人在一生中几个重要环节上所经过的具有一定仪式的行为过程，主要包括诞生礼、成年礼、婚礼和葬礼。它是一种世俗仪式，一般又称为“通过仪式”，也就是帮助个人通过生命过程中的个个“关口”，使之在自己的心理上以及与他人的关系上能顺利达成。而人生所经历的四大礼仪——诞生、成年、婚嫁、丧葬，莫不与作为人类社会生活重要组成部分的衣着装扮有着或多或少、或隐或显、或直接或间接的联系。装饰是构成妇女服饰的重要组成部分，也往往是一个民族区别于其他民族的标志之一。邦典是山南藏族妇女成年与否的标志之一。

山南藏族先民为了生存而产生的系列人生礼仪习俗是与当地自然环境相适应的产物，饱含人与自然和谐相处的生存哲学，后人在生产生活过程中不断地进行改变、扬弃和丰富，逐渐积累并世代相传。其得以产生和发展的文化背景是山南藏族民众的心理基础，而其所承载的社会功能则从实用角度强化了藏族人生礼仪习俗的传承。

山南藏族很多传统人生礼仪至今仍在延续，在藏族人的一生中发挥着极其重要的作用。影响大、流传广且保留传统仪式的主要有以下。

1. 诞生礼仪

诞生礼仪作为人生礼仪之开端礼仪，是人出生后由自然状态向获得社会承认和认可转变的重要过渡仪式。山南藏族的诞生礼仪主要包括早期对妊娠不了解而将生育置于“不洁”地位而产生的非科学行为，也有部分是为了保护孕妇平安和胎儿健康等而产生的生育禁忌；为清除婴儿从母体分娩出来后身上残留的污秽，在洗儿水中加进各种草药的“洗三”仪式的三朝礼；祝贺新生命闯过关卡并期待新生命健康成长的满月仪式；当家庭抚育模式开启后，各种包含社会所认同的价值取向和社会情感的新一代的育儿习俗及禁忌。

2. 结婚礼仪

由经济基础决定且反映社会上层建筑的婚姻及由此产生的家庭是社会生活的基本内容和形式，是维系人类自身繁衍和社会延续的最基本活动。藏族的传统婚姻制度在我国民族大家庭的婚姻制度中是较为复杂的，在西藏几乎能找到人类历史上有过的各种婚姻形态。于 2010 年入选西藏自治区级非物质文化遗产名录的浪卡子县羊卓婚俗，其礼俗和婚姻程序主要包括全婚、求婚、订婚、结婚、谢婚等几个步骤。其中迎亲这个过程所包含的宗教民俗成分较多一些，在藏族婚姻习俗迎亲过程中，既有藏传佛教的影响，又有早期苯教的遗存。

3. 丧葬礼仪

在山南，人死后有多种多样的埋葬方式。文献和考古资料显示，山南藏族传统埋葬方式主要有天葬、水葬、火葬、土葬、塔葬。选择何种葬法，是依每个人的经济和社会地位而定。天葬，是山南藏族同时也是整个藏区最普遍的一种葬俗，流行于藏文化腹心地带。藏族的丧葬习俗较为复杂，内容繁多，主要仪式内容与过程有“孜夏”（卜算）、“颇瓦底巴”（施“颇瓦”法）、“苏东瓦”（飨祀死者）、“酿俄森索”（吊祭）、“智羌”（叠尸）、“协吉秀瓦”（遗体告别）、“朋布其顿”（出殡）、“恰多”、“索德默朗”（诵经积德）等。

（五）传统技艺

山南藏族人民在生产劳动和日常生活中根据实际生活需要，使用简单的工具和材料创作出各种民间传统工艺品。民间传统手工艺者大多没有接受过专门学校的教育训练，技艺多以家族或个体口耳相传的师承关系沿袭传承。

藏族传统技艺的非专业性和朴素性使传统手工艺品呈现出浓厚的生活气息和稚拙的艺术气息。在满足功能性需求的同时，传统手工艺品还具有美化生活、提高民众生活质量和反映区域内群众丰富的精神需求的功能。此外，山南相当一部分藏族传统工艺品与宗教活动密切关联，成为宗教祭祀仪式上表达祝福祈祥、驱魔镇邪等内涵的重要物化载体，具有独特的民族审美属性和精神价值。

山南藏族传统技艺中较著名且影响力较大的主要有以下。

1. 贡嘎县杰德秀围裙编织工艺

在西藏随处可见女子们身着各种质地、色彩各异的藏装。尤其是已婚妇女，穿戴藏装时必会在腰间配一条色彩艳丽、有细横线条的装饰品——“邦典”（藏式围裙）。被列入第一批国家级非物质文化遗产名录的山南杰德秀围裙编织工艺，以氆氇为原料，制作出的精美华丽、色彩层次丰富的“邦典”已成为藏式服装的标志。

2. 扎囊陶器制作技艺

曾在西藏人民日居生活中不可或缺的藏陶，随着时代的飞速发展，逐渐由日常实用工具发展演变成半实用半观赏的手工艺品。扎囊县陶器制作技艺被列入第二批西藏自治区级非物质文化遗产名录。

3. 加查木碗制作技艺

在西藏，木碗是藏族人民日常生活中不可缺少的饮食器具。生活在农牧区的藏族群众，“上山砍柴、下地劳动，都把木碗揣在怀里，随时用来喝茶、吃糌粑。要是外出做客，摸出自己怀里的木碗，让主人给自己倒茶、抓糌粑，也不会被认为失礼或者可笑”[①]。加查县木碗具有质地结实、不易破裂、细致光滑、美观适用、保存不变味、饮用不烫嘴、携带方便等诸多优点。加查县木碗制作技艺于2010年被列入第三批西藏自治区级非物质文化遗产名录。

4. 泽当毛哔叽编织技艺

毛哔叽是精纺呢绒中的一种含毛量高或全毛的传统品种。经线、纬线双线交叉编织的两上两下双面斜纹织物，其经线密度略大于纬线密度，斜纹约成45°角，纹路明显，纹道较粗。藏语“帖尔”即为毛哔叽之意，“泽帖尔”是泽当毛哔叽的简称。流传于山南市乃东县泽当镇的泽帖尔与其他毛哔叽不同，是雪域氆氇中的极品。品质卓越的泽帖尔具有质地柔软、手感极佳、经久耐用、纹路清晰、薄厚均匀、透气良好、冬暖夏凉、无静电、清洗不变形等品质特点，是西藏历代活佛、高僧及达官贵人用来制作服饰的专用面料。泽当毛哔叽编织技艺被列入第三批西藏自治区级非物质文化遗产名录。

5. 加查石锅制作技艺

藏族群众一直有使用石锅作为炊具的传统。加查石锅不仅彰显了藏族的制作技艺和独特的审美旨趣，还承载着发扬西藏传统饮食养生文化的使命。加查石锅具有不粘锅、泡子少、不变色及保温保鲜的功能，因其传热和散热都较慢，在蒸煮过程中石锅本身含有的许多对人体具有养生保健作用的微量元素得以逐渐溶解于汤中，这也是石锅能够长盛不衰、备受老百姓青睐的原因之一。

三、山南非物质文化遗产保护成就

西藏作为我国非物质文化遗产富矿区，从国家到西藏自治区各级政府

---

① 沈未兰：《木碗相随如情人》，《中国林业产业》2010年第4期。

的相关部门均重视对非物质文化遗产的保护工作，已形成了从县级到国家级的非物质文化遗产名录。

（一）挖掘整理资源，非物质文化遗产保护成绩突出

山南，作为西藏古文明的发祥地，藏族先民在这片丰饶的土地上创造了灿烂而辉煌的西藏古文明和影响深远的雅砻文化。西藏自治区山南市在各级政府、工作人员及专家学者等社会各界的共同努力下，对山南民族民间文化遗产进行了全面调查、挖掘、整理和申报，以“边普查、边申报、边保护”的方式，通过“三轮驱动”，以达到“普查一批，申报一批，保护一批”的目的。据山南市文化局统计资料，截至2016年，已成功申报国家级非物质文化遗产项目15项，自治区级非物质文化遗产项目46项，市级非物质文化遗产项目34项，县级非物质文化遗产项目146项。入选国家级非物质文化遗产传承人11名，自治区级非物质文化遗产传承人61名，市级非物质文化遗产传承人44名，县级非物质文化遗产传承人143名。

表1–1　山南藏族入选国家级非物质文化遗产名录[①]

序号	类别	批次	编号	名称	申报单位
1	传统戏剧	第一批	Ⅳ–80 224	山南雅隆扎西雪巴	西藏自治区
2				山南琼结卡卓扎西宾顿	西藏自治区
3	传统舞蹈	第一批	Ⅲ–39	山南昌果卓舞	西藏自治区
4		第三批（扩展）	Ⅲ–22	拉康加羌姆	西藏自治区洛扎县
5			Ⅲ–22	曲德寺阿羌姆	西藏自治区贡嘎县
6		第四批（扩展）	Ⅲ–22	桑耶寺羌姆	西藏自治区扎囊县
7			Ⅲ–39	琼结久河卓舞	西藏自治区琼结县

① 根据中华人民共和国中央人民政府网站（http：//www.gov.cn）发布的各批次国家级非物质文化遗产名录总结而成。

（续表）

序号	类别	批次	编号	名称	申报单位
8	传统技艺	第一批	Ⅷ -21 371	藏族邦典、卡垫织造技艺	西藏自治区山南地区、日喀则地区
9	民俗	第二批	Ⅹ -113 1020	藏族服饰	西藏自治区措美县
10	传统医药	第二批（扩展）	Ⅸ -9 448	藏医尿诊法	西藏自治区山南地区藏医院
11		第四批（扩展）	Ⅸ -9	藏医药（山南藏医药浴法）	西藏自治区山南地区

表 1-2　山南藏族入选西藏自治区级非物质文化遗产名录①

序号	类别	批次	编号	名称	申报单位（流传地区）
1	传统舞蹈	第一批	9	嘎（噶）尔巴谐玛舞	山南地区文化局
2			11	扎唐果谐	山南地区文化局
3			12	羊卓姜谐	山南地区文化局
4			13	昌果卓舞	山南地区文化局
5		第二批	49	扎囊县桑耶寺羌姆	扎囊县桑耶寺民管会
6			50	贡嘎县曲德寺阿羌姆	贡嘎县曲德寺民管会
7			52	洛扎县白林羌姆	洛扎县白林寺民管会
8			55	琼结县拉玉谐钦	琼结县拉玉乡
9			66	琼结县久河卓舞	琼结县下水乡
10			67	乃东县多颇章卓舞	乃东县多颇章乡

① 根据中国西藏新闻网（http：//www.chinatibetnews.com）发布的西藏自治区级非物质文化遗产名录总结而成。

（续表）

序号	类别	批次	编号	名称	申报单位（流传地区）
11	传统舞蹈	第三批	15	拉康俗人羌姆	洛扎县文化局
12			17	雪沙亚羌姆	隆子县文化局
13			19	羊卓果谐	浪卡子县文化局
14			20	甲日果谐	贡嘎县文化局
15			21	达古扎念	桑日县文化局
16			22	邱多江卓舞	曲松县文化局
17			23	哲巴卓舞	加查县文化局
18		第四批	17	那若劳动歌舞	贡嘎县甲竹林镇
19			18	巴朗卓舞	桑日县文化局
20			19	增期贡卓舞	桑日县文化局
21			20	洋嘎卓舞	扎囊县文化局
22			25	农巴“郭孜”	贡嘎县文化局
23			26	若朗霞布卓	洛扎县文化局
24			32	堆随果谐	曲松县文化局
25			41	仲嘎曲德寺羌姆	隆子县仲嘎曲德寺
26		第五批	10	曲宗谐旺	浪卡子县文化新闻出版广电局
27			11	江塘果巴果孜	贡嘎县文化广播电影电视局
28			12	巴郎卓巴谐玛	桑日县文化广播电影电视局
29			21	多吉扎寺羌姆	贡嘎县文化广播电影电视局
30			22	卡尔久寺普羌姆	洛扎县文化广播电影电视局
31			29	德庆曲果寺嘎尔羌姆	贡嘎县文化广播电影电视局

（续表）

序号	类别	批次	编号	名称	申报单位（流传地区）
32	传统音乐（曲艺）	第二批	73	曲松县喇嘛玛尼说唱	曲松县曲松镇
33			75	隆子县加玉古尔鲁（道歌）	隆子县加玉乡
34		第四批	11	普玛江塘孔丝（口弦）	浪卡子县文化局
35		第五批	6	扎洞扎念弹唱	错那县文化新闻出版广电局
36	传统美术	第五批	32	（藏文书法）埃赤体	曲松县文化广播电影电视局
37			43	（藏族传统泥塑）桑耶寺泥塑	山南市桑耶寺管委会
38			46	（西藏竹编）拉绥竹器编制	加查县文化广播电影电视局
39			47	（藏族木雕）贡嘎克西木雕	贡嘎县文化广播电影电视局
40	传统戏剧	第一批	20	琼结卡卓扎西宾顿	山南地区文化局
41			21	雅隆扎西雪巴	山南地区文化局
42		第三批	39	曲括子巴藏戏	浪卡子县文化局
43			40	鲁古拉姆	洛扎县文化局
44	传统技艺	第一批	31	杰德秀围裙编织工艺	山南地区文化局
45		第二批	87	曲松县陶器制作技艺	曲松县文化局
46			88	错那县卡达藏刀制造技艺	错那县文化局
47			89	扎囊县陶器制作技艺	扎囊县文化局
48		第三批	63	贡祖腰带编织技艺	洛扎县文化局
49			64	泽当毛哔叽编织技艺	乃东县文化局
50			65	加查县木碗制作技艺	加查县文化局
51			66	加查藏刀加工制作技艺	加查县文化局

（续表）

序号	类别	批次	编号	名称	申报单位（流传地区）
52	传统技艺	第四批	57	敏珠林寺藏香制作技艺	扎囊县敏珠林寺
53			72	达布石锅制造技艺	桑日县文化局
54			73	森布日制胶技艺	贡嘎县文化局
55			85	扎囊县木雕技艺	扎囊县文化局
56		第五批	63	隆子忙措木器制作技艺	隆子县文化广播电影电视局
57			75	藏族扎董制作技艺	扎囊县文化广播电影电视局
58			80	金属阿扎金银锻制技艺	浪卡子县文化新闻出版广电局
59			81	德庆铁器制作技艺	琼结县文化广播电影电视局
60			82	托嘎铜器制作技艺	贡嘎县文化广播电影电视局
61			84	贡嘎堆氆氇编织技艺	贡嘎县文化广播电影电视局
62			88	盔甲制作技艺	扎囊县文化广播电影电视局
63	传统医药	第二批	112	藏医药浴法	山南地区藏医院
64			113	藏医尿诊法	山南地区藏医院
65		第五批	111	藏医门玛配伍技艺	山南市藏医院
66	民俗	第二批	99	措美县扎扎服饰	措美县哲古镇
67			108	贡嘎县吉纳望果节	贡嘎县岗堆镇
68		第三批	86	颇章乡望果节	乃东县文化局
69			88	达隆集市	浪卡子县文化局
70			89	隆东集市	洛扎县文化局
71			91	羊卓婚俗	浪卡子县文化局
72			93	羊卓服饰	浪卡子县文化局
73		第四批	95	贡嘎县那若波岗节	贡嘎县甲竹林镇
74			99	曲德沃望果节	乃东县文化局

（续表）

序号	类别	批次	编号	名称	申报单位（流传地区）
75	民俗	第五批	128	敏珠林寺天文历算	扎囊县文化广播电影电视局
76			129	洞嘎达羌节	错那县文化新闻出版广电局

在市、县两级文化工作人员联动普查、整理出来的录音、录像、文字、图片等资料的基础上，为进一步提高社会对山南非物质文化遗产的认知，拓展社会群众了解山南非物质文化遗产的途径，山南市先后整理编辑出版了山南非物质文化遗产书籍，主要有《民间歌曲集成》、《山南民间曲艺音乐集成》、《非物质文化遗产丛书——山南民间文学三套集成（民间故事、民间歌谣、民间谚语）》、《雅砻古韵》（画册）等，切实提高了社会对山南非物质文化遗产的认知度。

（二）建立传习基地，推动非物质文化遗产保护工作

2007年以来，从中央到西藏自治区、山南市各级政府先后投入1800余万元，修建了乃东县“雅隆扎西雪巴藏戏”、错那县卡达藏刀制作技艺等26项国家级、自治区级、县级非物质文化遗产项目的传习基地。进一步完善了优秀非遗的基础设施，为项目传承人开展传习和演出活动提供了重要平台，促进了优秀非遗项目的活态传承。①

山南市灵活地将民间舞蹈从田间地头搬上舞台荧幕，多次参加区内外各种文化交流比赛，观众通过现场或观看电视等途径更多地感受到山南藏族的文化魅力。扎囊县（扎塘果谐）、乃东县（雅隆扎西雪巴藏戏）及洛扎县（鲁古拉姆）等县城乡镇因其非物质文化遗产保存良好和传统文化氛围浓厚，被原国家文化部授予“中国民间文化艺术之乡”荣誉称号。

① 次珍：《文明烙印　薪火相传——山南地区非物质文化遗产保护工作纪实》，《西藏日报》2016年1月13日。http：//epaper.chinatibetnews.com/xzrb/html/2016-01/13/content_669855.htm。

（三）对外展演宣传，展示山南非物质文化遗产成果

山南市投入上百万元资金拍摄制作了《守望青稞地》纪录片，在中央电视台播出后，观众反馈良好。这部纪录片生动立体地把山南非物质文化遗产推出西藏，推向了全国乃至全世界。山南市积极送报优秀民间传统舞蹈参加西藏自治区及全国范围的各种文化交流比赛，动态展示山南优秀非物质文化遗产。“色若浪霞波卓”“扎塘果谐”“热巴吉念”“久河卓舞”等山南优秀民间传统舞蹈较为顺利地被搬上舞台荧幕，尤为称道的是，琼结县“久河卓舞”获得第五届 CCTV 舞蹈大赛银奖，参加“守望精神家园——两岸非物质文化遗产展演”、“中国非物质文化遗产——少数民族传统音乐舞蹈专场演出”、中国文化产业（非物质文化遗产）博览会、世博会“西藏活动周”、第三届国际非物质文化遗产节广场歌舞展演、西藏藏历年晚会及中央电视台大型晚会等活动，向国内外观众活态展示了西藏山南多彩绚烂的传统文化，让观众直观感受到西藏山南的文化魅力，为向外界宣传西藏、宣传山南和打造西藏文化名片积极造势。

为更好地保护与传承山南非物质文化遗产，山南市不遗余力地推动非物质文化遗产传承人外出交流，学习取经，与先进企业、优秀设计团队交流合作，与高校互动提高理论知识。例如，影响力大的“山南市非物质文化遗产研习项目——泽帖尔、邦典编织技艺”研习活动，由原文化部非物质文化遗产司提供经费支持，由西藏文化部门、社会文化传播机构、高校共同承办，参与该研习活动的传承人均表示受益匪浅，由衷感慨通过学习取经看到了山南文化进一步发展及走出西藏的希望。

第二章

山南藏族口头传说与表述

文化所呈现出的复杂多样的社会现象，几乎总是以某地域为单位产生并逐渐发展形成。人类文化的各种交会和碰撞，仍替代不了地域文化特色。在藏族传统文化独具魅力的乐章中，作为西藏古文明发源地的山南，无疑在众多乐篇中奏响了自己的天籁纯音。藏族口头文学和藏族历史一样悠久，它是藏族人民集体创造的产物，也是其智慧和力量的源泉。它形象地记录了藏族人民与自然和社会的斗争经验，渗透着藏族人民的情感和价值观，它像“多棱宝石”般闪烁着不同的文化光彩。21 世纪，藏族群众也逐渐开始经历生活方式转型，年轻一代已不像上一辈人那般怀着崇敬的心情贴近祖先留下来的文化遗产。失去了传承者和传承环境，作为藏族民族记忆的传统口头文学正在逐步消失。

第一节　山南藏族神话和传说

神话和传说是原始社会发展到氏族公社时期的艺术创作，是原始社会的经济、文化及人类的思维发展到一定程度的标志，是原始人类的一种不自觉的、幻想的、经过艺术加工的自然和社会生产形式。童年期的先民们，面对千奇百怪的宇宙万物，各种好奇之感萦绕于心头，他们便以极大的兴趣去解说自然万物。由于认识能力低下，先民们不可能正确揭示宇宙的奥秘。于是，他们幻想出一个超自然的神灵，相信世间万物均由神灵主宰，这便产生了神话。[1] 作为一种经典的、重要的文学体裁，神话和传说

① 莫福山：《藏族文学》，巴蜀书社 2003 年版，第 3 页。

活跃在各个民族的远古时期，影响着各民族的文化演进历史。山南藏族神话和传说有着神话共有的属性，也有着藏族自身的民族特点。

一、山南藏族神话

生活在雪域高原的藏族先民，世代经历了坎坷曲折的生活变迁，在历史变迁中，神话逐渐被视为民族文化的一种更为独特的记忆文学，根植于民族精神财富中，成为民族骄傲的宝贵文化遗产。山南藏族历经丰富多彩的神话时代，留下流传至今的奇妙的神话作品。山南各地流传至今的神话主要有《命运》《鼠妈妈》《天女和国王》《好儿子格列》《奇怪的蛤蟆》等。藏族神话按内容可分为自然神话与文化神话。自然神话主要讲述天地万物的形成及人与自然的关系，文化神话主要反映远古时期的人类社会文明。

（一）人类起源的神话

指出人是由猿进化而来的达尔文进化论，及恩格斯关于劳动在由猿到人转变过程中的决定作用的精辟论述，揭开了人类起源的秘密。在文明时代到来之前，原始族群能清楚地感觉到，但尚未做好准备去说明人类自身的种种现象及问题，便借神来探讨人类起源的问题。远古的山南藏族人民用自己有限的知识来解释人类起源的问题。

猕猴变人的故事便是广泛流传于整个藏区的山南藏族人民解释人类起源的神话。

普陀山的观世音菩萨给一只神变来的猕猴授了戒律，命它从南海往雪域高原修行。这只猕猴来到了雅砻河谷中的一个山洞中，潜心修习菩提之心。正当猴子潜心修习之时，洞中走来一个魔女，对它尽施淫欲之计，直截了当地告诉猴子，要与猴子相好交合。起初，猕猴答道："我乃是观世音菩萨的徒弟，受命来此修行，如果与你结合，岂不是破了我的戒？"魔女娇滴滴地答道："如果你不与我结合，那我只好自尽了！我乃前世注定，降为妖魔，只因和你有缘，今日才专门来找你做夫妻，如果我们不能成亲，那日后我必定化为妖魔的老婆，将要荼毒生灵，并生下无数的魔子魔孙，那时候，雪域高原就会变成恶魔的世界，所以，希望你仔细斟酌，答应了我。”

那猕猴本是神变来的，有着一片慈悲之心，听了这番话，心中念道：“我若与她结为夫妻，必要破戒，可是如果我不与她成亲，又会酿成惨剧，致使生灵惨遭荼毒。”猴子左右为难，便一个跟头回到普陀山去寻观世音菩萨诉苦，观世音菩萨闻后，告诉猴子：“这是天意，也是吉兆。你若能与她结合，从此在雪域繁衍后代，当是善莫大焉，这是好事，速速回去与魔女成亲吧。”此后，猴子便与魔女结为夫妻。后来，这对夫妻生下六只小猴子，这六只小猴性情迥异，那只神猴便把它们送到果树林中，让它们开始各自的生活。

三年后，神猴去探望猴子、猴女，发现它们已经又繁衍了500只后代了，因此，树林里的果子越来越少，不够猴子猴孙们的用度了。众小猴见老猴来到，纷纷嚷道：“我们以后吃什么啊？”老猴亦无计可施，心想：“当初让我与魔女结合乃是菩萨的旨意，如今此种光景令我伤透了脑筋，如此只有再去求教观世音菩萨。”于是，老猴子只有再次回到普陀山，将发生的种种告于观世音菩萨。菩萨闻后道：“汝之子孙至今日如此，吾当助你一臂之力。”于是，令神猴到须臾山中取到了天生五谷种子撒向大地，于是，大地上长满了各种谷物。从此以后，猴子们有了充足的食物，尾巴渐渐消去，开始说话，逐渐变成了人，这就是雪域的先民。

故事详细地描述了猕猴采食野果及收获野生谷物等情节，内含朴素唯物主义史观的思想火花。有的文学版本说，猕猴是观世音菩萨的化身，与魔女结合生子等行为变化是因为受了观世音菩萨点化，及至繁衍后代成功后，众多子孙生存所需的五谷杂粮也为观世音菩萨所赐等故事情节，为神话故事蒙上了一层神秘的宗教色彩。

当然，猕猴演化成人的神话与古猿进化成人类的科学论断，只是巧合。它只不过是古代原始社会时期氏族的图腾崇拜的反映而已。二者的根本分界线就是是否劳动。但是，山南藏族神话在叙述猕猴采食林中野果和收食野生谷类等情节时，却闪耀着一定程度的朴素唯物主义史观的思想火花。[①] 充分表现了山南藏族原始先民对大自然的奥秘和人类社会生活现象的探索精神和求知欲望。

（二）动物神话

善良的藏族劳动人民通过把飞禽走兽拟人化，宣扬一个人即使弱小但只要充满正义，也能以其独有的方式与强暴贪婪者斗智斗勇，并将后者严惩。尽管动物不会是原始人物质生产、生活的推动者，但在长期的生产、生活中，原始人受到动物的启发，加之他们崇拜动物，便把动物当作自己的导师、朋友。

山南藏族神话故事从动物机智性的行为来表达民族的爱、恨、喜、憎等情感，揭示历史教训。有的神话讲述动物王国的活动，有的描述动物与人类的互动过程等，风格和内容丰富多彩。尽管这些神话是讲动物之间的矛盾和斗争，但实则是反映现实生活中人与人之间的社会关系，赞扬仁慈善良，贬斥暴虐霸道。一则流传在山南琼结县的《老虎到底是老虎》的故事形象生动地讲述了人性的善恶：

山里的一个猎人安了一个笼子在山坳里捉老虎，笼子里放了一些牛肉。一只老虎饿极了，走到笼子里去吃牛肉，刚一进去，笼子的门便落了下来，把老虎关在笼子里再也出不来了。老虎急得暴跳，也是枉然。

这时候，有一位打柴的老汉上山打柴，走着走着，忽然有声

① 马学良、恰白·次旦平措、佟锦华：《藏族文学史》，四川民族出版社 1994 年版，第 20 页。

音喊道："老大爷！老大爷！救救命啊！"老汉回头一看，原来是一只老虎被关在笼子里，吓得他连忙要走。老虎又喊：

"啊呀！老大爷，我被关在笼子里快要憋死了，你难道能见死不救吗？你不是佛教徒吗？你不知道佛子普度众生的道理吗？"

老汉想了一想：是呀！再看看老虎那副可怜相，眼泪汪汪的，心中着实不忍，于是走过去说：

"老虎！我放你出来，你……你可别伤害我这老年人啊！"

老虎说：

"是呀！我哪能做出那种'借酥油茶还水'的伤天害理的事来呢？你快点儿放我出来吧！"

老汉哆哆嗦嗦地走到笼子跟前，扯起笼子的门，把老虎放了出来。这老虎一出笼子门，就张牙舞爪直扑过来，老汉急得直嚷嚷：

"哎！哎！你怎么可以说话不算话呢？我放了你出来，你反过来倒要害我！那怎么行？"

老虎说：

"不晓得行不行！我只晓得我的肚子饿了，不吃了你我得饿死，再说你为什么开门时那样慢慢吞吞地有意跟我开玩笑！"

老汉苦苦地哀求：

"虎大哥！虎大哥！你可不能吃了我，我家里还有老婆孩子一大堆人，等着我打柴回去养活他们呢！你吃了我岂不害了我们全家？"

老虎摇摇头：

"那也不关我的事，反正我的肚子饿了，我就得吃了你才活得下去，不能跟你啰（唆）了！"说着又扑过来，老汉绕着（圈）跑着说：

"虎大哥！你别着急，反正我也跑不了，咱们去问问三位老人，让他们评评理，他们说我该让你吃，那我就往你嘴里跳，好不好？他们要是说我不该让你吃，你就去吃点别的吧！”老虎答应了，两个一起去问三老。

走着走着，路旁碰见一棵老桃树，真是老得很了，树干又粗又大，树枝却是光秃秃的，老汉走上前去说：

“老桃树，老桃树，你是上了年纪，很有阅历了，我有件事请你评评理！”

老桃树眼也不睁地“哼”了一声。

老汉接着说：

“这位虎大哥被关在笼子里，看看活不成了，我好心好意地放它出来，它倒要来吃我，你说该不该？”

老桃树睡眼蒙眬地说：

“我自小就长在这里，每年结出桃子让人们吃，夏天人们在我旁边乘凉，冬天人们在我身旁避风，人们让小孩儿成天爬在我身上糟蹋我，这还不算，还砍下我的枝条当柴烧。如今我老了，人们又在计议把我伐倒去派用场，这一切哪里还有什么是非黑白啊！我看让老虎吃了你也没有什么不应该的！”

老虎听了笑着说：

“怎么样？没有错吧！快让我当点心吧！”

老汉说：

“你别着急，这桃树是没有灵魂的东西，让我们再去问问有灵魂的。”

他们又往前走，走着走着，在山脚的草坪上遇见了一只老母牦牛，牙也掉了，一只眼也瞎了，老汉走上去问道：

“老牦牛！老牦牛！我有一件事情问问你！”

老牦牛像一个老喇嘛坐禅似的，动也不动，只是鼻子里“嗯”了一声。

老汉说：

"这位虎大哥被关在笼子里，是我把它救出来的，它反而倒过头来要吃我，你说应不应该？"

老牦牛喃喃地说：

"你看我，为人干了一辈子活路，人们挤下我的奶子来做酥油，剪下我的毛来织帐篷，捡起我的粪来当柴烧，让我驮驮子、耕田，风里雪里、高山大河，我从来没有辞过辛苦，眼看着我老了，人们反而议论着要杀掉我来吃我的肉，剥皮制靴子！你想想这一切还有什么是非黑白，我看你让老虎吃掉也没有什么不应该的！"

老虎在一旁蹲着，听了这一段话又舔嘴抹唇地要上来吃老汉，老汉说：

"咱们不是约好了问三位老人吗？还有最后一位老人没去问哩！假若他还说你该吃了我，那我就死而无怨了！"

他俩又继续往前走，走了不远，遇见一只老兔子，这下子老虎自己走上去问：

"喂！长耳朵的老家伙，咱有件事问问你，你得老老实实地说，说错了当心你的性命！"

兔子听了直发愣，也不晓得怎么回事，只是诺诺地答应说：

"啦嗦！啦嗦！"（好、好、是、是的意思）

老虎又气呼呼地说：

"这老家伙放我出笼子，不！当我让他开门的时候，慢慢吞吞，有意跟我开玩笑，而且，而且我的肚子又饿了，你说我应不应该吃掉他？"

老兔子听了，看看坐在一旁愁眉苦脸的老汉，心中盘算：这老虎是个凶家伙，今天又来糟害老汉了，不想法把它除掉，人们是不得安宁的。于是说：

"虎大王，照您的说法看来，真该把老汉吃掉，这老汉对你也实在太不礼貌了，不过，我还不大相信他真有那么大的胆子来戏弄您？”

老虎说：

“真的，谁还骗你，你不相信，咱们一道到笼子那儿瞧瞧去，你看他那副慢吞吞、懒洋洋的劲儿！”

兔子说：

“好！咱们一道去看看，我才能决断！”

三个一起又回到了笼子旁边，又让老虎进了笼子，落下了门，把老虎照样关好，老虎让老汉开门试试，兔子对老汉说：

“算了吧！还让他关在笼子里吧，咱们各走各的路好了！”

老汉到这时才醒悟过来，感激地看看兔子，又看看老虎，自言自语地说：

“老虎到底是老虎啊！可怜不得！”[①]

从《老虎到底是老虎》的动物神话故事可以看出，山南藏族人民在长期生活中仔细地观察着各种动物的行为表现及心理特征，并用拟人的手法阐述本民族待人接物的处世之道、对敌斗争的方式方法和保卫自身权益的秘诀要术。

在山南藏族神话故事中，动物神话故事大多短小精悍，以干净利落的讲述方式、简明生动的语言突出几个有趣的情节，使高深的人生哲理变得浅显易懂。兔子本来体小力弱，在动物中是经常受欺负的弱者，然而在山南藏族神话中却常常被描述成聪明机智的化身，被塑造为可爱聪颖的形象。从上文的兔子在十分窘迫的环境中应付自如，帮老汉摆脱了恶性不改的老虎之口，化险为夷。山南藏族动物故事展现给人的是一幅崇高美好的画卷，传递给听众或读者的是毫不畏强的坚定信念：一切残暴的敌人，都是可以战而胜之的；一切弱小者如若拥有智慧及谋略，也可以得到胜利和

① 中央民族学院少数民族语言文学系藏语文教研室藏族文学小组编：《藏族民间故事选》，上海文艺出版社 1980 年版，第 368—372 页。

幸福。山南藏族动物神话故事的思想价值和艺术魅力，博得了藏族群众尤其是藏族儿童的喜爱，它昭示了真与假、善与恶、美与丑相对抗、相斗争的深刻过程，指明了真、善、美必然胜利。

（三）生产劳动神话

山南藏族群众自古居住在茫茫青藏高原，世代为了生存，同高耸的雪山、激流滚滚的雅鲁藏布江、飒飒的寒风等恶劣的自然条件进行顽强不屈的斗争，发展农牧业生产，改善交通运输及居住环境，绿化千山万岭。通过流传深远的《七兄弟星》生产劳动神话可窥见藏族先民在历史进化中的辛勤付出。

在很早很早以前，格萨王统领着西藏。他十分勇敢能干，打败过西方、北方许多强大的敌人；消灭了山里、林里许多凶猛的野兽；清除了江里、湖里许多妖魔；老百姓的日子过得比以前好得多了。田里头长出了青稞、小麦和豌豆，山头上放牧着牦牛、犏牛和黄牛。当时人们有一首歌唱道：

英勇的林格萨大王，
是白梵天神的儿子，
护佑着卫藏四如的百姓，
生活幸福而安康。

但是，当时还有一桩苦恼的事，纠缠着格萨王，那就是被格萨王杀败了的大大小小的妖魔纠集在一起，变成风暴。每年都有几回夹着砂石横扫高原。不管牛羊、庄稼，都像被水冲洗过一样，卷得一干二净。老百姓住在帐篷里怎么也没法抵挡风暴的侵袭，牲畜一天天死去，人一天天少下去。

人们从四面八方跑来向格萨王求援，求他解除苦难。格萨王在狩猎时是能手，在战场上是英雄，可是对付这风暴却一点办法都没有。于是他下了命令到各部落去招聘能人，本来嘛，“路看不见了，要爬上高山；事情解决不了，要问问贤人”。

这一天，从东方远处来了七个兄弟，这七个兄弟长得一模一样，来到格萨王跟前。格萨王高兴极了，就把自己为难的事情告诉了他们，请他们帮助，七兄弟听了以后，就对格萨王说：

“这一点小事，你用不着烦恼，我们弟兄可以为你效劳，请你准备一块空旷的广场……”

格萨王指着山下的一片大坝子说：“这一块广场够用了吗？”七兄弟点点头，就往那儿去了。

格萨王早上派人来看，他们坐在那里吸烟；中午派人来看，他们坐在那里聊天；晚上派人来看，他们围在一起喝茶。格萨王心里想：这七个兄弟怕是吹牛吧？

天黑透了，这七兄弟动手干活了，挖土的挖土，刨石头的刨石头，砍树木的砍树木，忙了一夜。第二天早晨，广场上变了样子，格萨王派人来看，只见一幢高大的三层楼房矗立在那里。七兄弟对格萨王说：“来吧！你住到这里来吧！不要再住在那帐篷里了！底下一层住牲口，中间一层住人，放粮食，顶上一层住神佛。”格萨王高兴极了，从此再也不怕风暴了。他请这七个兄弟照样儿再多多建造房子，七兄弟东也造，西也造，前藏，后藏，到处都造起了这样的房子，人们从此再也不怕风暴的威胁。直到如今，人们还是这样的住法呢。

格萨王为了酬谢七兄弟，问他们要什么东西。他们说：“我们什么都不要，只希望人们看见我们在辛勤地劳动，我们看见人们幸福地过日子。”碰巧，天神白梵天王听说这件事，也派人请他们去盖房子，格萨王想了一下，就把他们派到白梵天王那里去盖房子。所以直到现在，一到晚上，天上就出现七颗亮星，那就是他们七兄弟。这七颗亮星又不断变动位置，那是他们盖好一处房子又挪动了地方的缘故。这七颗星名字就叫“强嘎本顿”，意思是

“北方七兄弟星”。[①]

爱德华·泰勒在《原始文化：神话、哲学、宗教、语言、艺术和习俗发展之研究》一书中言及：“对于原始人的部落来说，太阳和星星，树木和河流，云和风，都变成了具有人身的灵体，它们好像人或其他动物一样地生活，并且像动物一样借助四肢或像人一样借助人造的工具，来完成它在世界上预定的职能。”[②] 原始人把日、月、星辰人格化，远古的山南藏族人民在悠久的历史进化中付出了巨大代价创造了物质文明和精神文明。劳动创造是人类生存和发展的基本手段和条件。和山南藏族劳动神话中的七兄弟一样的，那些在劳动创造的过程中表现出色的劳动能手给人类增添了更多的物质财富，开辟了更丰富的生活资源，使人类的生活得到更大的改善和提高。这则藏族生产劳动神话的核心是反映青藏高原的原始居民建筑房屋的历程。七兄弟通过劳动建造了楼房，是从藏族原始先民中涌现出来的劳动创造能手，不仅造福人类，还福泽天神。生产劳动神话故事以夸张的手法表现人物特征，所塑造的人物形象已成为整整一个历史时期的山南藏族原始先民进行创造性劳动的整体性代表和典型性艺术形象，成为当时人民心目中真善美的化身。

二、山南藏族传说

民间传说，一般是劳动人民创造的一种与历史人物、历史事件、名胜古迹及自然风物有密切联系的口头故事。

山南藏族传说大致可分为三类：史事传说、人物传说和风物传说。现流传较广的主要有《从猴子洞说起》《三尊主圣的历史传说》《骑着毛驴找

---

① 中央民族学院少数民族语言文学系藏语文教研室藏族文学小组编：《藏族民间故事选》，上海文艺出版社 1980 年版，第 56—58 页。

② ［英］爱德华·泰勒：《原始文化：神话、哲学、宗教、语言、艺术和习俗发展之研究》，连树声译，广西师范大学出版社 2005 年版，第 233 页。

毛驴》《苏卡儿的石佛塔》《才旺仁增》《“闻”地方的水柏枝》《琼结·达娃卓玛》《藏王墓前的石狮手臂折断说》《“加麻”之说》《“德吉林”的传说》等。

（一）史事传说

民间传说是由口头流传保存下来，在口头流传的过程中，又经过许多人加工，从而不断地被修改、完善，年代越久远，变化也越大。从艺术层面而言，正是在长期的流传加工中形成了民间传说特有的艺术魅力。山南藏族民间传说故事主要采用取舍、剪裁、虚构、夸张等艺术手法，其中夸张和想象的成分颇多，变异性大。一些古老的传说兼具幻想性，其浪漫主义色彩不亚于早期神话。

主要流传于雅砻及琼结等地的《三尊主圣的历史传说》就精妙地体现了山南藏族群众对史事传说的理解和讲述方式。关于乃东县境内拉日庙主佛门巴杰布、琼结县境内瑞康庙主佛顿巴参列、桑耶寺主佛仁青达娃三位主佛如何出现，在山南民间是这样流传的：

从前，琼结地方有个叫“杰门欧脱康沙”（青苗新房）的一户极富有的家族。他们有一个年轻力壮的羊倌，他长得一身男子气且精明能干。因此，本地沟里沟外的姑娘们没有一个不仰慕他的。年轻人为这家放羊已有多年，羊群的头数一年比一年增长，以至整个琼结地方没有哪户比得过这家的羊群多。村民们无论老少都称赞他不愧是青苗新房的羊倌。

他赶着像天上的群星之多的羊群，专找水草丰盛的地方。多年来他没有丢失过一只羊子。后来，羊倌和本村一位年轻美丽的姑娘产生了深厚的感情。她每天和羊倌一起上山，在羊群中说着悄悄话。过了一段时间，双双坠入情网，使羊倌变得无心去点羊群数了。有一天，羊倌发现那只他最心疼的白母羊不在羊群里。他担心地想，平时白母羊老爱呆（待）在附近而从不往远处跑，今天会去什么地方呢？太阳下山时他赶着羊群回家，他又惊讶地发现白母羊又回到了羊群中。

第二天他十分注意观察这只白母羊。中午时分，白母羊离开了羊群，走进一座小山背后，他一直跟随着。有座山叫“杂日贡桑”，它的背后是一片乱石山岭，悬崖峭壁，连那些能爬善跑的野物也难过得去。山正面是一片绿茵茵的草地，草地上开满了鲜艳的花朵。他看见白母羊正在花丛中为八尊佛像献奶汁。羊倌想轻轻走过去看个清楚。可惜，他脚下的一块石子滚下去的声响，惊动了佛像，它们正准备飞上天空。这时候，羊倌以最快的速度跑到佛像跟前磕头。结果其中的三尊佛像被染上了秽气未能飞成，只好留在人间。于是羊倌朝这三尊佛像磕了无数的头。三尊佛像说：“如今我们已染上了你的秽气而飞不了天了。现在，只要你问我们三个去哪里，我们就告诉你送到什么地方。”羊倌高兴得满口答应并磕了头。

门巴杰布佛像说：“送我到雅砻拉日庙去。”顿巴参列佛像说：“送我到琼结瑞康庙去。”仁青达娃佛像说：“送我到桑耶寺去。”于是，羊倌照三尊佛像旨意，克服重重困难，（将它们）一一迎请到各自的圣地。从此，普天下人才有了朝拜这三尊主佛的机遇。[①]

（二）人物传说

人物传说是以某些历史人物为中心，围绕他们的生平事迹产生的传说故事。这些人物传说，有的是为了表彰某些历史人物的贡献，记载他们的丰功伟绩，为他们树碑立传；有的是为了揭露讽刺某些历史上的反面人物，暴露他们的反动面貌，抨击他们的丑恶行为；也有的是为了怀念某些能工巧匠、画家、诗人的事迹，记述他们的传奇性活动。[②]

---

① 山南地区民族文化遗产抢救领导小组办公室、山南地区民间文学三套集成总编委会编：《山南民间故事集成》（第一册），山南地区民族文化遗产抢救·民间文学三套集成领导小组办公室1991年版（内部发行），第37—38页。

② 李景江、李文焕：《中国各民族民间文学基础》，吉林大学出版社1986年版，第125页。

由于山南藏族民众拥有积极乐观的心态，在虚构人物传说中，较少表现为民造福、可歌可泣的历史英雄，反而是对身边熟悉的普通群众角色的塑造更为常见。例如，《才旺仁增》《琼结·达娃卓玛》等为群众减少差役苦力、带来福祉的虚构人物传说在山南地区流传得更为广泛。

琼结县的一则人物传说《琼结·达娃卓玛》，寥寥数语就刻画出了普通百姓达娃卓玛姑娘在支差役时利用歌声为乡亲们成功免去拔芦苇的差役之生动事迹。

> 从前，琼结“雪”（村的意思）的差民们，每年都要到拉萨市布达拉宫后面的龙王潭中拔芦苇支差役。有一年，一位年轻美丽的女差民，在泥潭里边拔芦苇边唱起了这样的歌：
>
> 我们都是琼结“雪”的人，
> 是五世达赖家乡的人，
> 是瓦罐里种大蒜的人，
> 是靠手指找生活的人，
> 是靠天窗晒太阳的人。
>
> 她的歌声如泣如诉，五世达赖听到之后，非常感动，心中不由产生了对同乡的同情之感。于是，他传旨下去——从此免除琼结“雪”的差民来拉萨拔芦苇的差税。后来，人们都传说当时唱歌的女差民就是琼结·达娃卓玛。[①]

（三）风物传说

所谓风物传说，李景江等在《中国各民族民间文学基础》中定义为：

① 山南地区民族文化遗产抢救领导小组办公室、山南地区民间文学三套集成总编委会编：《山南民间故事集成》（第一册），山南地区民族文化遗产抢救·民间文学三套集成领导小组办公室1991年版（内部发行），第47页。

“讲述各地山水风物、各地特产、古迹文物、风俗习惯等的由来、命名或特征的传说故事称为风物传说。它用劳动人民的想象，解释这些风物的特点或附会上某些历史人物的事迹，从而表达出劳动人民爱祖国爱家乡的思想情感。”[①] 风物传说是民间传说中流传最广的一种文学样式，是我国各民族悠久文明历史生动形象的艺术再现，是民族文化教育中的百科全书。风物传说充满了劳动人民热爱乡土、热爱祖国大好河山、热爱民族文化的思想感情。

西藏山南地区作为西藏古文明发源地，有着悠久的历史。千百年来，辛劳勇敢的藏族群众创造了丰富的物质文明和精神文明，在山南各地藏族聚居区都有丰富多彩的风物传说。在山南藏族流传较为广泛的风物传说主要有《从猴子洞说起》《苏卡儿的石佛塔》《“德吉林”的传说》等。这些风物传说包含了藏民族的宗教信仰，内容以讲述各寺院的来历或现存宗教古迹文物为主。

收集于乃东县且流传于山南大部分地区的《从猴子洞说起》，即讲述了和山南地区名寺——昌珠寺来历有关的传说。

泽当贡布山的西北面有三个岩洞，其中右面的是父猴的，左面是母罗刹的。传说父猴与母罗刹是藏民族的祖先。中上方的那个洞穴是法王松赞干布修炼成大鹏的地方，人称“鹏窝深寝”。当年松赞干布正打算在雅砻地方海龙宫上面修建昌珠寺，可是，由于龙妖作祟，使这个想法不得实现。于是，松赞干布就在这个岩洞中修行三年零三天，为了降伏龙妖们使自己修炼成了大鹏。龙妖被降伏后，纷纷朝西南方向逃窜，它们逃到了贡唐村下面时只好边吼着边逃散了。这个地方因此得名“卡多”（分散开之意）。为首的龙妖化作隼的躯体，发出雷鸣般的吼声后逃之夭夭。因此，这块地方得名“昌珠”（隼和雷声之意）。昌珠寺也是因此而

① 李景江、李文焕 :《中国各民族民间文学基础》，吉林大学出版社 1986 年版，第 127 页。

得名。

绕着贡布山朝拜下山时，有一座小寺叫“卓索滚巴”。当年松赞干布修建昌珠寺后，按照他的梦境，寺内的主佛从贡布山顶迎请时，为了表示庆典，就在此地吃了“卓索切玛”(即麦穗酥糕点，每逢新年或喜事，用酥油白糖拌糌粑同炒麦花装满长方形木器各半边，上插麦穗和花枝，等客人新到，即奉献以表欢迎接待之意)，为了纪念为昌珠寺迎请主佛的第一次典礼，特修建这座小寺，取名“卓索滚巴”。

松赞干布从贡布山顶上迎请的主佛是著名的“五佛如来”(大日如来、不动如来、宝石如来、无量光如来、不空成就如来)。因此他们开口讲了话：“一定要从这里把我们请下山是十分艰难的，不如我们自己飞下来。”说完便朝昌珠寺方向飞去。一位有福的少女首先看到后喊：“你们快看，为何大石也能飞到天上去呢?”结果，五佛未能继续飞行，只好留在了此地。后人将阻挡五佛前行的宫堡简称为“董卡尔”(阻挡前行之意)。①

民间传说有其浓厚的地区性和强烈的民族性，是民族特性的烙印和民族生活、民族精神的标记。山南藏族有着不同于其他地域民族的生活习惯和心理素质，山南藏族群众在民间传说的艺术创作和表现手法上都体现着山南藏族的独特个性。

第二节　山南藏族民间故事

人类度过蒙昧时代逐渐走向文明，民间故事是社会生产力和想象力发展到一定阶段后才逐步发展形成的。阶级社会出现后，民间故事淋漓尽致

① 山南地区民族文化遗产抢救领导小组办公室、山南地区民间文学三套集成总编委会编：《山南民间故事集成》(第一册)，山南地区民族文化遗产抢救·民间文学三套集成领导小组办公室1991年版(内部发行)，第35—36页。

地表现了不同时代劳动人民的思想感情及他们对幸福生活的憧憬。从民间故事中，我们可了解不同社会时代各民族的生活习俗、宗教信仰、伦理道德等众多信息。

随着西藏社会生活的发展变化，山南藏族民间故事的艺术表现形式也越来越丰富，主要有表现人民理想、愿望和道德的传奇故事；将人民价值观通过动物的对话及行为表现出来的动物故事；表现各阶层人民日常生活的生活故事；表现争取婚姻自由内容的爱情故事。这些故事为我国民间故事宝库提供了丰富多彩的素材。山南藏族民间故事可分为四大类：爱情故事、动物故事、机智人物故事和笑话故事。

一、爱情故事

爱情题材的民间传奇故事，主要有《爱情与忧伤》《姐妹之间的嫉妒和怨恨》《身披狗皮的国王》《病人塑像》《富人的儿子和穷人的女儿》《厌恶汉子的少女》《才旺绕丹和次仁杰姆》等。这些爱情故事大部分是描写男女青年之间彼此虽有爱慕之情，但由于有权有势的人从中作祟，他们的爱情屡遭挫折，让人产生怜悯之情。但有的主人公为爱情努力，最终也结出了幸福之果。

其中一则《富人的儿子和穷人的女儿》讲述的是：

从前，有个大村庄里，住着一户财势显赫的富贵之家。家中的老两口早已过世，留下一子，他娶了一个穷人的闺女做妻子。她是个勤劳而善良的主妇，为这家的富裕和兴旺历经艰辛。正当他俩过着幸福美满的生活时，不幸的莫大变故来临了。

富人的儿子喜欢看热闹的戏。有一次他到城里看戏，来到人群中突然因剧烈头痛而失去知觉。邻居们帮着把他送回家中。第二天头痛稍有好转，他就到他们家附近的那个巫婆那儿卜卦去了。由于平日里他妻子对巫婆不信任，还嘲讽过她，于是她一直怀恨在心，乘机对富人的儿子说："您的病非常危险，但假如您照我说的做，就可以脱离生命危险。"富人的儿子说："您怎么说我就怎么办。"于是巫婆说："那好，我告诉您，在您的家里有个不祥的倒霉人。不是别人，正是您的妻子。如不尽快将她撵出家门，您的性命就实在难保啊！"

富人的儿子回到家中，两手抱着头一句话也不说，妻子问："您怎么啦？"他就说："从今天起，你不要留在我家。你要什么东西带走好啦！"妻子一听就起了疑心，她说："您可不能听信了坏人的话，我不能离您而去呀。"她一次又一次恳求，可是他就是不答应。因此，她气愤地说："那好，我走。往后如果你再后悔就晚了。"她说完便带了一只公鸡和一辆马车就离去了。从此，穷人的女儿成了车夫，照公鸡啼鸣的时辰，用马车接送客人和货物，日子过的（得）还算不错。

有一次，她到一个很远的地方跑运输，在山下一户人家处借宿。这户只有一位老阿妈在家，因此她就多住了些日子。这期间，她为老阿妈背水、做饭，可勤快了。阿妈为她的勤劳和善良所感动。当她临走时阿妈拦住了她说："我有个独生子外出经商快回来了，您能留下来做我的儿媳妇吗？论我儿子的长相和能力等各方面，您不会不满意的。"听了阿妈几句话，她想了想就答应了。没多久，（阿妈的）儿子回来了。他们三个和和睦睦过着幸福愉快的日子。接着，家中添了一个小宝贝，日子过得更圆满了。

富人的儿子呢？他又娶了一个富家女做妻子。他俩过着奢侈铺张的生活，这位富家女什么活也不会干，他俩连为烧茶的事也拌嘴。时间长了，日子越过越穷，最后，富家女径自回了娘家。富人的儿子不仅孤苦伶仃，而且因眼病发作致使双目失明。他只好手持木棍到处流浪乞讨为生。

有一天，富人的儿子讨饭讨到前妻家门口。穷人的女儿一眼认出了他是自己从前的丈夫，却装作不认识把他领进家中，让他吃了个饱。晚上，又给他吃了他最爱吃的“吐巴”和辣椒。他吃着吃着掉下一串串泪珠。她问：“您怎么啦？是否辣椒呛着您了？”富人的儿子说：“不是的，我想起过去我有个非常好的妻子，她也常给我做这么好吃的吐巴。”她又问：“现在后悔了吗？”“我无限地后悔。”她给他倒青稞酒时，在酒碗里放进从前他送给自己的金戒指。当戒指喝到口中时，他急忙吐到手上，反复抚摸。当他恍然得知跟前这位善良的女主人正是自己的从前的妻子时，便昏了过去。醒来时她安慰道：“您不用悲伤，我可以从今日起养活您。不过，您可不能给这家的母子讲咱俩从前的情况。”她给富人的瞎儿子找了间屋，搬去被褥等安顿好，在阿妈和丈夫跟前装作是对一个不相识的要饭瞎子的怜悯之心。可惜这天夜里，富人的儿子又后悔又痛苦，身心都经不起这番折腾，一命呜呼了。①

这些浪漫故事曲折地反映了现实生活，男女主人公孜孜不倦地追求幸福生活的决心和努力，大胆地表现了人们的生活理想，故事的幸福结局使人对未来生活充满希望。

二、动物故事

动物故事在民间故事中，属虚幻性较强的一类。顾名思义，动物故事的主人公是动物，主要叙述动物的活动，这些动物是被人格化的动物。故事按照人类社会关系和人们对生活的观点来描绘动物的活动。通过拟人化的艺术手法反映人类的社会生活，从而起到了传教知识和进行道德教育的作用。②

---

① 山南地区民族文化遗产抢救领导小组办公室、山南地区民间文学三套集成总编委会编：《山南民间故事集成》（第一册），山南地区民族文化遗产抢救·民间文学三套集成领导小组办公室 1991 年版（内部发行），第 64—66 页。

② 李景江、李文焕：《中国各民族民间文学基础》，吉林大学出版社 1986 年版，第 222 页。

山南大部分地方流传的动物故事主要有《岩鼠和地鼠的故事》《老虎选大臣》《青蛙与乌鸦》《百灵鸟的传说》《猫头鹰的六假》《众鸟聚会听佛经》《聪明的兔子》《岗播差吉》《证人是我》《猴子钓鱼》《豁唇兔》等。

流行于措美等地区的神话故事《奇怪的蛤蟆》形象生动地宣扬了聪明机智的行为：

有个地方住着两个老人。老太太因身上有病，干不动活儿，连来回走动都困难。有一天，老头儿让老伴儿去打水。老太太说："我的膝盖有病，怎么去打水？"老头一气，骂了一句："你这个懒鬼！"一边便朝老伴儿的膝头狠劲踢一脚过去。结果，从老伴儿的膝盖上踢下一只蛤蟆来。老两口自然是惊恐万状，目瞪口呆。蛤蟆望着两位老人，眨巴眨巴眼睛说："从今天起，我可以做你们两位的儿子。你们需要什么我就带来什么。"老头儿说："那好，你给我们带点儿牛肉来。"于是，蛤蟆来到一个大牧场。

它悄悄躲在一头牦牛的尾巴底下，打算慢慢钻进牦牛的腹中，然后把这头牦牛弄死。可是，这头牦牛却将尾巴摇来晃去个不停，结果把蛤蟆摔到地上不说，还往它身上拉了一堆牛粪。这时候，蛤蟆在牛粪底下急得团团转也没有什么办法。过了一会儿，来了三个贼。其中一个说："咱们把那堆牛粪当靶子，看谁用石块打中牛粪，谁就多分牛肉。"这时候蛤蟆喊道："牛粪底下有个贼哟！"三个贼奇怪极了，掀开一看，原来是一只会讲话的蛤蟆，就问："你在牛粪底下干什么呢？""我想偷一头牦牛后只要它的尾巴和尿脬。"三个贼也告诉他："我们也是来偷牦牛的，不如大家一起干，走吧！"他们走啊走啊，来到了一个更大的牧场。蛤蟆说："今晚咱们就停在此地干吧。我先去牵来一头牦牛，杀掉之后肉全分给你们，只要把牛尾巴和尿脬给我就行。"三个贼高兴地答应了。

仔细一想他们谁也没有带刀来。于是让蛤蟆先到人家库房里偷刀。蛤蟆刚进去，看见有许多种刀，不知拿哪种好，于是就大声朝外面问：“要长的有腰刀，要利的有刺刀。到底想要哪一种？”三个贼回答：“拿刺刀来！”这时，这家人听到了喊声，跑库房一看什么也没发现，就回去了。原来蛤蟆藏在刺刀底下。三个贼拿到刺刀，又想起来没绳子，蛤蟆又进库房偷绳子。它看绳子那么多，又喊：“要长的有毛绳，要结实的有皮绳，到底想要哪一种？”“拿皮绳！”这家的人又听到喊声跑来看，蛤蟆藏在绳子底下，他们又什么也没有发现就走了。

蛤蟆对三个贼说：“我先到牦牛圈里套好牦牛，然后你们拉出去宰好了。”蛤蟆到牦牛圈一看，啊——一大群牦牛，于是又喊：“要肥的有康巴肥牛，要大的有黑色大牛。究竟想要哪一种？”“康巴肥牛！”牛主人又一次听到喊声来到牛圈里查看，没有发现一个人影。只有那头康巴肥牛的耳朵一晃一晃地动，主人一点儿也没有察觉。蛤蟆就躲在康巴肥牛的耳朵里。等牛主人一走，蛤蟆把绳子套在康巴肥牛鼻孔里拉出牛圈，然后再由三个贼牵到一条河谷里杀掉了。蛤蟆对他们说：“你们带上肉先走吧，我拿着牛尾巴和尿脬跟在后面，看有没有人追赶。假如有人来追赶，我就用牛尾巴朝天摇摆，尿脬里装石头甩响时，你们就赶紧逃跑。”这样，三个贼走在前，蛤蟆在后。快到两位老人家门口时，蛤蟆喊：“有人，快跑呀！”三个贼吓得丢下牛肉就跑，跑得无影无踪了。蛤蟆这才不慌不忙（地）把牛肉搬进了老人的家里。

这天晚上，两位老人非常高兴，直夸蛤蟆是他俩的好孩子，说一定要给它娶个好媳妇。蛤蟆说：“我的媳妇得我亲自去娶。本地国王有个似鲜花般美丽的公主，最好是娶她来。”老太太说：“你一只蛤蟆，国王怎肯把公主嫁给你呢？”“国王如果瞧不起我，我就给他显神通。看他肯不肯把公主许给我。”两位老人听了乐得直点头。

第二天天刚亮，蛤蟆就朝国王的宫殿走去了。一到门口就大声朝里吼："国王！我要娶你的女儿为妻！你若不答应，我要开怀大笑啦！"国王听了又气又恨，他嘲讽说："你疯了吗！我怎么会把鲜花般的女儿许给一个鼓着大眼的癞蛤蟆！你想笑，就笑好了。"话音刚落，蛤蟆便："哈！——哈！——哈！——"笑个不停。随着蛤蟆的笑声，地动山摇。眼看王宫也要倒塌下来，急坏了国王，他高声喊："你别笑啦！我把女儿许给你呀！"于是，蛤蟆立刻停止发笑。它被请进宫里热情款待了一番。最后国王说："我女儿不愿意嫁给您。请原谅，我决定把半个国土奉送与你。"蛤蟆说："我不是冲着您的国土来的，而是冲着您的女儿来的。"您如果说话不算数不想把女儿许给我，那么我就号啕大哭啦。"说着便放开喉咙哭。顷刻间一场暴风雨下来淹没了一个个村庄，鲜血流成的大水眼看就要冲走宫殿。国王吓得缩成一团，他恳求道："你，你别哭啦。我这就把女儿许给你。"

国王来到公主跟前，对她说："我的女儿啊，今天，你得嫁人了。"公主一听高兴极了，她问："要做哪个国王的王妃呢？"国王说："今天，来了一只蛤蟆，它说要娶你，我不答应。结果它显神通，真是厉害极了。无奈，我已答应了它。望你为国家和父母着想，嫁给它吧。否则，我们的国家和我们大家统统都要完蛋了。"公主听了思索了一会儿，她想这只蛤蟆一定不一般，因此，答应嫁给它了。

国王送给公主许多陪嫁和随从，一路出发。当他们来到老两口住地时，蛤蟆变成了一个英俊可爱的小伙子。人们又惊又喜，沉浸在无限的欢乐中。乡亲们为他们举行了隆重的婚礼。从此，小伙子和姑娘之间互敬互爱。老头儿和他的老伴儿也过上了幸福美满的生活。①

① 山南地区民族文化遗产抢救领导小组办公室、山南地区民间文学三套集成总编委会编：《山南民间故事集成》（第一册），山南地区民族文化遗产抢救·民间文学三套集成领导小组办公室1991年版（内部发行），第15—18页。

这些动物故事表达了深刻的哲理，横行霸道的所谓强者常被受欺侮的弱小者们战胜；狡猾奸诈的家伙常做出愚蠢可笑的行为，终而遭受失败的命运；诚实善良的小动物们常表现出它们的聪明才智，取得最后的胜利。山南藏族动物故事积淀了山南藏族群众的生活经验、智慧哲理和审美取向，是藏族人民对下一代进行启蒙和品德教育的活教材。

三、机智人物故事

山南流传较多的机智人物故事有《珍宝撒宝尿》《室内学游泳》《还"踔"》《鬼神妙果》《医治颈瘿》《诺儿达》《录、金、甲是个鬼地方》《树枝上的串串》《山与山皮》《看不见的话音》《酥油差税》《栽头发》《国王学狗叫》等。这些故事反映了藏族人民对待生活的态度和道德观念。

阿古顿巴是藏族民间故事里赫赫有名的机智人物，阿古顿巴的故事在藏区流传很广，他常常用计谋惩治愚蠢的国王、残暴的领主、贪心的商人、伪善的喇嘛，教育人民群众中那些自私自利、爱慕虚荣的人。同时又以自己的智慧和技能帮助穷苦兄弟们渡过难关、寻找幸福。而这一切，往往是在他幽默的嘲讽和巧妙的智慧中进行的。例如，《栽头发》就活灵活现地刻画了阿古顿巴机智勇敢的一面：

阿古顿巴家里断炊已经两天了。

天刚亮，他从床上爬起来，一边抖抖干瘪的糌粑袋，一边瞅瞅面黄肌瘦、饥饿难忍的老婆和孩子，然后不声不响地从破箱子里拿出一块又粗又硬的布条子和一根（把）锐利的铁锤子，迈着轻捷的步子向门外走去。

他老婆虽然还躺在床上，但早已醒了，见他要出门，忙叫住他，问道：

"上哪儿去？"

阿古顿巴被她这样突然一问，愣住了。过了好大一会儿，他才结结巴巴地答道：

“上财主那儿要点儿粮食去。”

“还上财主那儿去要粮食？春季借一扯[①]，秋季还三簸[②]。利上加利的高利贷，早已把咱穷人压得连气都喘不过来了，还去？”

“瞧你挺会算账的！你会算，你能算算河东那个财主头上有多少根头发吗？”

他老婆被问得莫名其妙，但她知道自己丈夫的个性，同时她也知道什么时候也没有辩赢过他，似乎觉得阿古顿巴无论做什么或是怎么做都是对的，所以就没有再跟他说下去了。

阿古顿巴过了河，来到财主家门口大声喊道：

“谁栽头发？谁栽头发？”

财主是个秃子，头上连半根头发也没有。因为这，他苦恼了大半辈子。他不知请多少活佛摸过顶，请多少喇嘛念过经；他也（不知）曾去过多少药房，请过多少名医，但都毫无效果，头顶上仍旧是光溜溜的。现在他一听到这喊声，真是喜出望外，立即打发佣人将这个会栽头发的人请进来。

财主向阿古顿巴问道：“栽头发，要多少钱？”

“要粮不要钱。花秃，一口袋糌粑；全秃，两口袋糌粑。”

财主听后，二话没说，问明阿古顿巴详细住址后，马上就打发人给他家送去两口袋糌粑。显然，他认为价钱是很便宜的。

于是，阿古顿巴就动手给秃头财主栽起头发来了。

他首先用那块又粗又硬的布条儿，使劲儿地在财主的光脑袋上来回地掸了几掸，接着就从袋里掏出锋利的铁锤子，故意在财

---

① 扯：藏族容积单位，1 扯约等于 1 升。

② 簸：藏族容积单位，1 簸约等于 14 公斤。

主面前晃了两晃，做出猛砸的样子。财主刚才已经被他撑得够呛了，此刻，又瞧见那锋利的铁锤将要朝着自己的脑袋猛砸下去，不禁胆怯起来，赶忙偏着脑袋，向阿古顿巴问道："呃，别忙。我问你，你给多少人栽过头发？"

"给五个人栽过头发。"

"有没有被栽死了的？"

"有，被栽死过三个人。"

"那么，其余的两个人呢？"

"他们每人给了我十块酥油了事。"

"饶命，饶命！我也给你十块酥油吧。"①

曲松县的《国王学狗叫》以寥寥数语便呈现出一个活灵活现的机智人物。

乃东王是个十分要面子的人，他总以为没有人能比得过自己。因此，尼曲桑布对百姓们说："今年藏历新年除夕那天，我要让国王学狗叫。"对此，人们半信半疑。

除夕那天，尼曲桑布来到国王跟前："国王大人，我看见街上有人卖一条上等的家狗。"国王问："这条狗的声音怎么样？"尼曲桑布说："这条狗这样叫——噢！噢！噢！"国王说："嗯，这种声音不行。若是条好狗，那声音又粗又威风。像这样——昂乌！昂乌！昂乌！"②

机智人物故事是山南藏族人民智慧的结晶，表现的题材和角色十分广

① 扎西卓玛整理：《阿古顿巴的故事》，河北少年儿童出版社2000年版，第141—143页。

② 山南地区民族文化遗产抢救领导小组办公室、山南地区民间文学三套集成总编委会编：《山南民间故事集成》（第一册），山南地区民族文化遗产抢救·民间文学三套集成领导小组办公室1991年版（内部发行），第142页。

泛，农夫、渔民、工匠、樵夫、巧女、徒工等多为故事主角；故事鞭挞的反面人物主要有国王、牧主、贪婪小人、奸商等。内容涉及生活的方方面面，歌颂生产劳动、勤俭持家，鄙视好逸恶劳、贪婪成性；赞扬民族团结、真挚友谊，反对制造分裂、互相残杀；赞美纯真爱情，反对礼教束缚；等等；还有向后代传授生产知识和生活经验的功能。这些机智人物故事具有浓郁的高原色彩和鲜明的藏民族特点，同时富有幽默智慧，能使人们获得乐趣、受到教育，悟出一些人生哲理来。

四、笑话故事

山南藏族笑话故事以虚构的形象和幽默的情节，通过诙谐的故事语言反映出藏族人民爱憎分明的性格特征，这些诙谐的笑话故事除赞扬劳动群众的聪明才智，描绘特殊劳动技能外，还反映了旧西藏的社会现实矛盾、农奴饱受农奴主压迫的阶级关系。山南藏族笑话故事对认识山南藏族的性格特征及历史回顾具有认知教育作用和艺术欣赏价值。

山南藏族笑话故事主要有《热山羊皮扣在秃脑袋上》《苏地牟地岁》《兄弟俩》《县官学诵经》《豁嘴人偷羊子》《裁缝与主人》《古怪的习俗》《爱讲大话的木匠》《话丢了》《“富人”的麻袋被》《连连走运》《买月亮梳子》等。

流传于山南大部分地方的《爱讲大话的木匠》：

从前有个木匠，本来他只会削木头，可特别喜讲大话，总是对别人讲自己如何如何能干。有一天，他给人家做门。这家院子里堆放着木料，当家的父亲看到他用锛子的动作不像别的木匠，看着挺危险的，就好心地说：“木匠先生，小心锛子砍在脚上啊！”木匠说：“干木匠已有三年了，做过老爷的茶桌也没挨过锛子。”可不到一会儿工夫，脚就挨了一锛子。他双手抱着脚痛哭大叫不已："啊呀呀，痛死我了。怎么又砍在原来的伤痕上了啊！"[①]

山南藏族笑话故事常用夸张的艺术手法塑造人物、环境及故事情节，使故事中正反面人物形象清晰，事物美丑分明，能让听者受到强烈感染，同讲述人产生情感共鸣。这些夸张的情节和语言形象地表现了山南藏族人民判明是非善恶的标准，同时使故事更为生动活泼、引人入胜。

第三节　山南藏族民间歌谣

古代以合乐为歌，徒歌为谣，现代则统称为歌谣。《诗・魏风・园有桃》："心之忧矣，我歌且谣。"《毛诗故训传》："曲合乐曰歌，徒歌曰谣。"此外，《汉书・艺文志》："自孝武立乐府而采歌谣，于是有代赵之讴，秦楚之风，皆感于哀乐，缘事而发，亦可以观风俗，知薄厚云。"民间歌谣系劳动人民口头创作，贴近群众生活，形象生动地表达了人民的思想感情及意志愿望。

生活在山南的藏族人民同其他地区藏族人民一样，勤劳勇敢且能歌善舞，在日常劳作和自身的发展过程中创造了极其丰富多彩的民族文化，他们通过歌谣的形式呈现了山南藏族的生产生活、思维方式和风俗习惯等。山南藏族民间歌谣不仅历史悠久，内容丰富，且艺术性颇高，是中华民族文化大观园中一朵娇艳的花。

山南藏族民间歌谣不仅种类繁多，且各县的表演形式各具特色。在扎囊县，一套完整的果谐含有慢歌、舞蹈、对白和歌尾等程式，而乃东县主要有慢歌和舞蹈两种表达形式。山南果谐歌词内容相当丰富，不同歌词的曲调不同，曲调不同的又具有不同的表演形式。现今主要分类有生活歌、酒歌、情歌、对歌、讽喻歌、仪式歌、劳动歌、儿歌、果谐和牧歌等几大

---

① 山南地区民族文化遗产抢救领导小组办公室、山南地区民间文学三套集成总编委会编：《山南民间故事集成》（第一册），山南地区民族文化遗产抢救・民间文学三套集成领导小组办公室 1991 年版（内部发行），第 154 页。

类。其中，生活歌、酒歌、情歌和对歌等在山南 12 个县都广为流传，尤其在扎囊、贡嘎、浪卡子和琼结等县域流传更为广泛。

一、藏族生活歌

山南藏族人民在日常生活中，创造了名目繁多的反映喜怒哀乐及表达生活愿景的歌曲。生活歌多数情况下没有演唱地点和时间的限制，一般在劳作过程中或劳动之余演唱。现采集收录的生活歌有一百余首，在山南地区民族文化遗产抢救领导小组办公室及山南地区民间文学三套集成总编委会搜集整理出版的《山南民间歌谣集成》（第一册）里就收录有 17 首生活歌。生活歌题材各异，表现形式丰富，内容繁多。其中一首流传于乃东县的生活歌如是唱道：

荣地红柳峡谷里，
只能见到蓝蓝天；
空中飘荡的白云，
心想是我的父母。

在那乐地噶伦堡，
闭上眼睛睡一觉；
恩重如山之父母，
来到了我的梦中。

进入佛门修行时，
就由法师伤害我；
早该病死的法师，
还我美丽的发辫。

一心进行佛事，
若是佛变仇敌；
在那宁静洞里，
待也有何用处。

血肉组成的身躯，
是由父母保护着；
但被权大的官人，
无端地霸占去了。①

这首生活歌短小精练，生动直白地讴歌怀念了恩重如山的父母，揭露了封建统治的黑暗和人民生活的痛苦，鞭挞了那些披着宗教外衣、道貌岸然的法师的狰狞面目，隐喻被权大位高的官者控制人身自由的群众繁重的乌拉差役。在山南藏族民歌中常常出现农奴、奴隶、扎巴（僧人）、老爷、喇嘛、活佛等角色，反映旧西藏阶级社会中支乌拉、派差役、人身奴役、逃亡流浪、欠债难偿等悲惨现象，以夸张的手法，深刻地揭露了封建农奴制社会的本质。这些都是藏族社会特有的，是与藏族人民生活密不可分的事物，它们在民间歌谣中出现会让听众和读者感受到藏族社会的强烈气息和浓重色彩。②

二、藏族酒歌

酒歌，一般在喜庆节日和人们欢聚饮酒时演唱。在山南藏族传统习俗中，送亲友远行敬酒时亦演唱酒歌。《山南民间歌谣集成》（第一册）里收录有 14 首酒歌。

---

① 山南地区民族文化遗产抢救领导小组办公室、山南地区民间文学三套集成总编委会搜集整理：《山南民间歌谣集成》（第一册），西藏人民出版社 1995 年版，第 4—5 页。

② 马学良、恰白·次旦平措、佟锦华：《藏族文学史》，四川民族出版社 1994 年版，第 893 页。

酒歌按应用场合划分，有日常待客酒歌、祭祀酒歌、婚礼酒歌、祝寿酒歌、满月酒歌、节日酒歌、贺新房酒歌、丧礼酒歌等十多种；按内容和功能划分，有劝酒歌、敬酒歌、谢酒歌、拒酒歌等几种。藏族人民性格豪迈、热情好客，每位客人都能享受到宾至如归的热情款待，因而山南藏族酒歌演唱频率最高的是敬酒歌。这首流传于贡嘎县、采录于甘登乡的敬酒歌如是唱道：

右手为你敬酒，
左手显得空闲？
若是左手敬酒，
觉得袖子太短，
身心并起所敬，
美酒请你干杯。

过去虽不相识，
如今有幸见面；
有幸见面的人，
但愿不受灾难。

在这四方屋里，
聚了八方朋友，
所敬头道好酒，
请喝三口一杯。

生活只会富裕，
不会再有贫穷；
富裕向上之酒，
客人请你干杯。

好官像那岩山，
仆人像那雄鹰；
雄鹰依托之地，
只有高高岩山。[①]

山南藏族酒歌多表现主人的待客之道，表示对客人的热烈欢迎、自我谦虚、相互祝福等的敬酒歌的词句包含了激情的即兴创作，表现了藏族人民的聪明才智和热情好客。山南藏族酒歌中，经常出现青稞、青稞酒、糌粑、酥油茶、哈达、藏袍、氆氇等藏族群众日常生活中的常见物品。山南藏族人民善于在酒歌中通过代表祝福和祈愿的日常生活物品，用鲜明的形象和生动的比喻表达该民族强烈而细腻的祝愿祈福之情。

三、藏族情歌

情歌，乃人类性爱文明产生后，在青年男女之间逐步发展而成的一种特定音乐类别。不同种族或族群民间青年男女间广为流传或传唱的情歌，因地域、人种、社会经济发展及自然生态环境等因素的不同而呈现出大为不同的形式。

山南藏族情歌有其特定的地域性和民族性。情歌的演唱一般为相爱的青年男女在幽静无人的地方演唱，主要表达了青年男女之间的相互爱慕和相思之情。山南藏族情歌内容丰富多彩，有试探歌、赞美歌、求爱歌、定情歌、热恋歌、思念歌、盟誓歌、失恋歌等种类，反映了藏族青年男女从恋爱到结合的全过程。[②] 此外，还有较多的讽喻情歌，讽喻恋爱中的负心

① 山南地区民族文化遗产抢救领导小组办公室、山南地区民间文学三套集成总编委会搜集整理：《山南民间歌谣集成》（第一册），西藏人民出版社 1995 年版，第 46—47 页。

② 山南地区民族文化遗产抢救领导小组办公室、山南地区民间文学三套集成总编委会搜集整理：《山南民间歌谣集成》（第一册），西藏人民出版社 1995 年版，第 3 页。

人或描述为争取婚姻自主、反抗旧礼教而进行的斗争。

《山南民间歌谣集成》（第一册）里收录有39首情歌。下面这首流传于贡嘎县、采录于阳索乡的情歌表达了主人公对新生活的渴望和追求，以及对心爱姑娘热切的思念之情。

心中若有痛苦，
请把它说出来；
请你转告亲人，
姑娘身体健康。

夏季八月已到，
邦锦开始盛开；
邦锦盛开之时，
思念青梅竹马。

柳树树梢整齐，
甲竹林的柳树；
倘若我是小鸟，
飞向甲竹林去。[①]

四、藏族仪式歌

仪式歌在山南有数种不同的名称，一般乃东、桑日等县叫“谐钦”（大歌），贡嘎县称“达通”，扎囊上部地区叫“吉鲁”（公歌），措美县等地称“代鲁”（坐歌）。此歌若全由妇女演唱，扎囊等地又称“冲谐”。尽管各

① 山南地区民族文化遗产抢救领导小组办公室、山南地区民间文学三套集成总编委会搜集整理：《山南民间歌谣集成》（第一册），西藏人民出版社1995年版，第73页。

地的仪式歌在名称、表演手法、曲调等方面有些细小的差别，但表演的场合及歌词形式基本相同，歌词多为赞颂词。传统表演的主要场合是上师、官员就职上任的坐床典礼和大户人家的婚嫁喜宴。此外，在传统的节日和集体共同祭神时也表演谐钦。现在虽已不再举行官员就职上任的仪式，但民间祭神时仍要演出谐钦。尤其是山南农牧地区的群众举行婚礼时，多会表演谐钦。[①]《山南民间歌谣集成》（第一册）里收录有 48 首风格各异的仪式歌。

流传于扎囊县、采录于结林乡的迎亲歌《青年手中敬捧》体现了藏族人民的生活方式、风俗习惯，表达了他们对美好生活的向往。

青年手中敬捧，
稀世白银宝碗，
珍贵宝碗里面，
绘有黄金图案，
可向高贵人儿，
斟满美酒敬献。

青年手中敬捧，
稀世黄金宝碗，
珍贵宝碗里面，
绘有海螺图案，
可向善良人儿，
斟满美酒敬献。[②]

① 山南地区民族文化遗产抢救领导小组办公室、山南地区民间文学三套集成总编委会搜集整理：《山南民间歌谣集成》（第一册），西藏人民出版社 1995 年版，第 5—6 页。

② 山南地区民族文化遗产抢救领导小组办公室、山南地区民间文学三套集成总编委会搜集整理：《山南民间歌谣集成》（第一册），西藏人民出版社 1995 年版，第 159—160 页。

五、藏族劳动歌

劳动歌是山南藏族人民在劳作时为减轻和消除疲劳而演唱的劳动号子。不同工种有不同的劳动歌与之匹配，收割庄稼时唱收割歌，打夯时唱夯歌（也叫“阿谐”）。同样，打场、搅奶、种地等都有不同演唱风格的歌。这些劳动歌调子的长短快慢等主要视各工种的劳动性质、操作方法、出力大小等而定。不同的劳动歌唱法有些区别，一般根据劳动内容而定歌曲种类：有的节拍自由，近似山歌；有的节拍规整，接近歌舞曲；有的高亢激扬，犹如号子；有的节奏明快，衔接紧凑，气氛热烈；有的节奏舒缓，曲调悠扬。劳动歌中有独唱、齐唱和词曲相同的重句对唱等形式。

《山南民间歌谣集成》（第一册）里收录有33首内容不同的劳动歌。流传于曲松县、采录于曲松县贡麦一村的《收割歌》表现了人们收获时溢于言表的喜悦之情。

麦子割是要割，
割的方位不妥，
若是方位对头，
割得很是痛快。

从右方干过来，
从左方干过来，
左右同时干来，
中间也要割完。

我们年轻精干，
像白母鸡的蛋，
干活不在话下，

干得轰轰烈烈。①

六、藏族儿歌

日本学者平野建次主编的《日本音乐大辞典》中对儿歌的定义为：“儿童在游戏等生活当中，伙伴们之间口头传唱下来，或加以改变而演唱的歌。儿童玩游戏、搞活动时或在日常的行动中经常随意唱歌。”山南藏族儿歌内容多为反映藏族儿童的生活情趣，将伙伴之间游戏的过程与演唱结合，传播生活及生产等方面的知识。《山南民间歌谣集成》（第一册）里收录有8首儿歌，如《玩石子歌》《踢毽子歌》《跳绳歌》《拾麦穗歌》《说鸟》等。流传于扎囊县、采录于结林乡的《踢毽子歌》将生产、生活中的常识和细节同儿歌有机地结合了起来。

大哥织氇氇，
织氇氇手冻了；
手冻了放嘴里，
手放嘴里呕吐了。
吐的东西哪（儿）去了？
吐的东西狗吃了；
狗到哪（儿）去了？
狗上山坡去了；
山上哪（儿）去了？
山被雪掩了；
雪上哪（儿）去了？
雪被阳光化了；

① 山南地区民族文化遗产抢救领导小组办公室、山南地区民间文学三套集成总编会搜集整理：《山南民间歌谣集成》（第一册），西藏人民出版社1995年版，第178—179页。

太阳上哪（儿）去了？
明天日子一，
后天日子二，
大后天日子三，
到三时候“斯”。①

七、藏族果谐

果谐是男女携手成环形起舞，是既可以唱又可以跳的歌舞。山南地区果谐歌词特别多，不同歌词有不同的曲调，不同曲调又有不同的演出形式。果谐的词曲内容相当丰富，既有赞美绚丽人生、多彩自然的词曲内容，也有祈愿吉祥幸福生活的祝词。随着时代发展，农奴翻身做主后出现了歌颂共产党和毛主席的歌词内容，使表演者和观者都能从歌词舞步中学习到很多启蒙知识。果谐的歌词内容大致可分为九大类：“述山、述故乡、述圣地、述植物、述动物、述民俗、述历史及名人、述气候、述爱情。”②表演果谐的时间为藏历新年、节日和大宴会。另外，众人相聚、欢度喜庆日子时也表演果谐。③一般来说，可随意加入正在表演果谐的群众中，没有严格的时间顺序规定或特定的组织要求。当不同村庄或不同乡镇的村民进行果谐赛歌时，演唱的果谐多为劝说类和讽喻歌。

《山南民间歌谣集成》（第一册）里收录有 112 首涉及内容甚广的各类果谐歌词。流传于琼结县、采录于琼结县它仁乡的《不要伤心》是一首劝说类果谐：

---

① 山南地区民族文化遗产抢救领导小组办公室、山南地区民间文学三套集成总编委会搜集整理：《山南民间歌谣集成》（第一册），西藏人民出版社 1995 年版，第 215—216 页。

② 中国民族民间舞蹈集成编辑部编：《中国民族民间舞蹈集成（西藏卷）》，中国 ISBN 中心 2000 年版，第 79 页。

③ 山南地区民族文化遗产抢救领导小组办公室、山南地区民间文学三套集成总编委会搜集整理：《山南民间歌谣集成》（第一册），西藏人民出版社 1995 年版，第 3 页。

骡子说要去那康定地，
骡子的父母不要伤心；
在康定地方不会久住，
学好走势步法会返回。

少年说要去法轮拉萨，
少年的父母不要伤心；
在法轮拉萨不会久留，
学好语文数学会返回。

姑娘说要去那扎囊地，
姑娘的父母不要伤心；
在扎囊地方不会久留，
学好编织氆氇会返回。①

山南藏族民间歌谣，为生活在山南地区的藏族劳动人民口头创作，想象力丰富高超，语言生动，表达手法灵活多样，呈现出来的既有鲜明生动的艺术形象，又有耐人寻味的深刻哲理。“一滴水可窥见大海”，山南藏族民间歌谣发自藏族劳动人民的肺腑，植根于藏族群众世代生活的土壤。这些语言清新朴实的民间歌谣，通俗而生动地再现了山南藏族群众浓郁的浪漫主义色彩和绚烂绮丽的想象。既彰显了生活在山南地区的藏族人民豪爽的气概和宽广的胸怀，更传递了山南藏族人民主动热情的浪漫主义性格特征。

20 世纪 80 年代，由山南地区文化部门牵头成立的民族文化遗产抢救领导小组办公室将采集收录的民间歌谣编辑成册并出版了藏语、汉语两个版本；如今在山南市、县两级文化工作人员联动搜集、普查、整理出来的

① 山南地区民族文化遗产抢救领导小组办公室、山南地区民间文学三套集成总编委会搜集整理：《山南民间歌谣集成》（第一册），西藏人民出版社 1995 年版，第 346—347 页。

录音、录像、文字、图片等资料的基础上，为进一步提高社会对山南非物质文化遗产的认知，增加全社会了解山南非物质文化遗产的途径，又先后整理编辑出版了《山南民间歌曲集成》《山南民间曲艺音乐集成》《非物质文化遗产丛书——山南民间文学三套集成（民间故事、民间歌谣、民间谚语）》。这些成果的顺利出版，除了可切实提高社会对山南非物质文化遗产的认知度，更对山南藏族传统文化的传承和民族情感的发扬传播起到了积极的推动作用。

第四节　山南藏族口头传说与表述的社会功能

山南藏族口头传说与表述作为一种传统的艺术形式在山南藏族群众中广泛传播，成为民间艺术的重要组成部分。流传于山南大街小巷、乡镇村寨的民间神话和传说、民间故事及民间歌谣等口头传统民族文化对藏族的持续发展有着举足轻重的作用。

一、增强山南藏族族群记忆

在人类文明发展进程中，几乎所有的族群都是从口传记忆开始族群记忆的，口头传说从本质上说属于一种集体记忆（collective memory）。关于集体记忆理论最早可追溯至在人类学界及社会学界有着深远影响的法国社会年鉴学派，其中莫里斯·哈布瓦赫（Maurice Halbwachs）的观点是该领域中有关集体记忆研究的理论起点。在哈布瓦赫看来："集体记忆不是一个既定的概念，而是一个社会建构的概念。也就是说，记忆并不是集体而是个体的功能。但作为记忆的基本单位的个体与所处的社会群体之间有着密切的联系，个体的记忆总是在特定的群体情境中发生，且个体也总是利用这个特定的群体情境去记忆或再现过去。社会中有多少群体和机构，就有多少集体记忆，这些不同的记忆都是其成员通常经历很长的时间才建构起来的。”[1]能形象生动地呈现藏族族群集体记忆的山南藏族口头传说与表述乃山南全体藏族人民在历史长河中对过去形成的集体记忆的一种共同表象。

山南藏族民间口头表述以较为固定的文本在藏族内部流传，其承载的族群教育意义一直较为稳定，是山南藏族人民思想观念的形象表达。通过这些口头传说与表述，听众及读者能很好地理解山南藏族族群文化的深层结构及其本质特征。很多流传至今的山南藏族民间故事或歌谣对当代社会中诸如人与自然、人与人、人与自己内心世界的关系等问题具有重要的启发作用。

二、为族群社会史研究提供依据

民间口头传说与表述既可作为人类历史过程发展状态的一种表达，亦可作为历史产物的一种另类呈现或遗留。口述作为历史产物，基于传达原始形态的信息；作为历史过程，将口耳相传的转述和传递信息的历史方式加以呈现和突出。所以，当我们把人类的口述传统置于历史的过程和历史的语境时，便产生了对人类自我认识的一个新的境界。人类的口述传统不单是一种特殊的文化遗产，更是理解人类之所以成为人类的历史逻辑。综合而言，口述的价值在于其是历史证据，却不仅仅是历史证据；口述的价值在于其反映历史的事件，却不仅仅反映历史的事件；口述是一种叙事方式，却不仅仅是一种叙事方式；口述的价值在于呈现不同族群和地缘的文化特色，却不仅仅突出族群和地缘的文化特色；口述传统促使人们对社会结构分层的了解和理解，却不仅仅有助于人们对社会结构分层的了解和理解；口述传统的价值在于呈现人类演变的一个镜像，却不仅仅是人类演变的镜像；口述传统的价值体现于展演的实践，却不仅仅是展演的实

---

① ［法］莫里斯·哈布瓦赫：《论集体记忆》，毕然、郭金华译，上海人民出版社2002年版，第39—40页。

践；口述传统的价值在于加深对政治话语的理解，却不仅仅是话语权力的揭示。[①]

山南藏族口头传说与表述的内容和形式的发展变化是山南藏族社会发展变迁的缩影，具有鲜明的时代特征，反映的几乎都是生活在山南的藏族最关切的现实问题，折射出当时山南藏族所处社会的历史特征。山南藏族民间口头传说与表述恰当地反映了山南藏族人民对生活、对情感、对社会的认知和体验等多方面的民间意识形态；记录了山南藏族人民的生活状态，是一部活生生的山南藏族社会生活史；是山南藏族社会生活风貌、人民思想实践的直接反映，尤其是一些具有特殊意义的民谣或顺口溜对山南农区或牧区的区域生活特征的描述，很具有代表性。

三、彰显群众思想艺术特征

山南藏族民间口头传说与表述是山南藏族人民在滚滚历史长河中经年累月逐渐形成的劳动成果，彰显了山南藏族人民的思想特征。山南藏族民间口头传说与表述绝大部分来自劳动人民的生活，它们往往产生在田间、作坊、码头或工地。这些在劳动和生活中爆发出的思想火花，具有真挚的感情和和谐的韵律。它们有的直接配合了劳动的节奏，有的服从充满喜怒哀乐的节令仪式的需要，也有的抒发心中的不平与欢快。总之，人民群众的敢怒、敢骂、大喜、大悲的情绪溢于言表。[②]

从审美艺术层面分析，山南藏族民间口头传说与表述使用了非常丰富的比喻手法和生动的形象思维，呈现了一个个质朴清新、婉转含蓄的艺术风格和鲜明生动的艺术形象。这些口耳相传的山南藏族民间口头传说与表述以物状人，形象鲜明，活泼多姿；以物喻理，深入浅出，通俗易懂。运

① 马莉：《非物质文化遗产与历史变迁中的地方社会——以歌谣为中心的解读》，人民出版社 2011 年版，第 119—120 页。

② 李景江、李文焕：《中国各民族民间文学基础》，吉林大学出版社 1986 年版，第 203 页。

用形象思维表达理性认识，从而获得高度的艺术效果。[①]采用大量拟人手法的动物神话故事极具情节编排的浪漫色彩，简短的神话故事体现了山南藏族民间口头传说与表述所具有的深刻的教育作用及回味性强的特点。这种充满浪漫主义色彩的口头表述表达了山南藏族人民朴素的道德思想和伦理观念，就如充盈着超强想象力、正瑰丽绽放的语言艺术花朵，使听众和读者不仅收获思想上的启迪教益，同时也享受着绚丽至极的语言艺术盛宴，尤其对藏族儿童和青少年更具有陶冶情操、启蒙人生的活教材之功能，对各族人民也具有品德教育的作用。

四、丰富群众娱乐生活

山南大部分藏族聚居村落位于交通闭塞的偏僻地带，藏族群众的日常生活单调枯燥，娱乐活动同样贫乏。山南藏族民间口头传说与表述为山南藏族劳动人民利用劳作机会或闲暇相互讲述古老的神话、传说、民间故事，或以边劳动边唱劳动歌、和邻近村民或身边人对歌等形式达到自娱自乐的休闲目的。

在山南藏族口头传说与表述的各种形式中，山南藏族群众打破了人们惯常思维里的那种以家庭为单位的单调冷清的村寨生活节奏，而代之以集体、热闹、欢快的气氛。[②]尤其以民间歌谣为媒介的互动方式有效地缓解了山南藏族村落，尤其是偏远村落藏族民众日常生活中娱乐活动匮乏的境况。更何况，在任何一种民族文化中，酒歌都可以促进和催化人与人之间情感联系的纽带，原始质朴的酒歌使歌唱双方在一唱一和中迅速找到感情的交集。在这种简单传统的山南藏族民间歌谣娱乐活动中，可以窥见山南藏族独特的民族艺术的本真性。以娱乐为主的山南藏族口头传说与表述，无论采用什么样的艺术表现风格或艺术形式，只有与山南藏族劳动人民的

① 马学良、恰白·次旦平措、佟锦华：《藏族文学史》，四川民族出版社 1994 年版，第 957 页。

② 郑长天：《瑶族“坐歌堂”的结构与功能》，民族出版社 2009 年版，第 173 页。

现实生活息息相关，反映生活在山南这个区域的藏族人民真实的生活处境和社会现状，才会具有强大的生命力。口头传说与表述生动形象又逼真地反映了山南藏族劳动人民在日常生活中的真实感受，使他们以自娱自乐的方式消解了内心的困顿不安，才能真正成为山南藏族群众日居生活的一部分，才会获得鲜活而又永恒的生命力及进一步发扬的永动力。

包罗万象的山南藏族口头传说与表述是一部涵盖山南藏族群众生活方方面面的百科全书。在山南长期的社会发展过程中，凝聚了藏族人民集体智慧和人生经验的口头传说与表述包含着恢宏灿烂的藏族传统文化信息。不同形式的民间口头表述呈现了山南地域内藏族的集体价值观和口头语言的艺术高度，于平凡的故事和唱词中传递出不平凡的山南藏族人民的情感寄托和对未来的期望。

第三章

山南藏族传统表演艺术

山南藏族民间传统表演艺术主要依靠藏族群众世代口授和长期演绎延续传承至今。各种形式的传统艺术表演反映了山南的社会历史、生活习俗和思想情感，表现了山南藏族人民的审美观和艺术情趣，具有鲜明的民族风格和艺术特色。藏族劳动人民，无论劳动还是休闲总离不开歌舞。劳动时，他们用歌声统一劳动节奏，传播劳动知识，鼓舞劳动干劲。比如，播种时有播种歌，收割时有收割歌，放羊时有放羊歌，挤奶时有挤奶歌，盖房夯土时有打夯歌舞“阿谐”，打墙时有打墙歌舞“强谐”等。[①]山南藏族传统表演艺术的创作灵感大都来自藏族群众的劳动生活和宗教影响。在山南藏族社会内部，许多节气、节日、婚嫁丧事等场合，民间传统表演空前活跃，几乎每个山南藏族人都是传统歌舞的天然表演者，其天赋来自藏族的传统性格特点和日积月累的艺术智慧集成。

第一节　山南藏族民间歌舞

民间歌舞艺术伴随人类历史的产生而产生。在人类童年时期，它便是氏族和部落不可或缺的集群活动。在长期的社会发展过程中，舞蹈艺术得到逐步完善与发展。[②]藏族民间传统歌舞内容丰富、题材广泛、体裁多样，从音乐的角度来讲，大体可分为“噜”（静态的歌，泛指节奏不规整的歌谣，如山歌、牧歌）和“谐”（动态的歌，泛指节奏规整的歌舞曲）两

---

① 丹增次仁：《西藏民间歌舞概说》，民族出版社2014年版，第43页。

② 钟敬文主编：《民俗学概论》，上海文艺出版社1998年版，第338页。

大系。从舞蹈的角度来讲，大体可分为“谐”——歌舞，“卓”——舞蹈，“噶尔”——乐舞，“羌姆”——跳神、宗教舞四大类。[①]截至2019年，山南民间歌舞已入选国家级和西藏自治区级非物质文化遗产名录的项目多达35项。

表3–1　山南民间歌舞入选国家级、西藏自治区级非物质文化遗产名录[②]

序号	名称	非遗名录级别	流传地区
1	山南昌果卓舞	国家级	山南地区
2	曲德寺阿羌姆	国家级	贡嘎县
3	拉康加羌姆	国家级	洛扎县
4	桑耶寺羌姆	国家级	扎囊县
5	琼结久河卓舞	国家级	琼结县
6	噶尔巴谐玛舞	西藏自治区级	山南地区
7	扎唐果谐	西藏自治区级	山南地区
8	羊卓姜谐	西藏自治区级	山南地区
9	洛扎县白林羌姆	西藏自治区级	洛扎县白林寺
10	琼结县拉玉谐钦	西藏自治区级	琼结县拉玉乡
11	乃东县多颇章卓舞	西藏自治区级	乃东县多颇章乡
12	雪沙亚羌姆	西藏自治区级	隆子县
13	羊卓果谐	西藏自治区级	浪卡子县
14	甲日果谐	西藏自治区级	贡嘎县
15	达古扎念	西藏自治区级	桑日县
16	邱多江卓舞	西藏自治区级	曲松县
17	哲巴卓舞	西藏自治区级	加查县
18	巴朗卓舞	西藏自治区级	桑日县
19	增期贡卓舞	西藏自治区级	桑日县
20	洋嘎卓舞	西藏自治区级	扎囊县

① 《西藏风物志》编委会编：《西藏风物志》，西藏人民出版社2005年版，第109页。

② 根据中国西藏新闻网（http://www.chinatibetnews.com）发布的国家级、西藏自治区级非物质文化遗产名录总结而成。

（续表）

序号	名称	非遗名录级别	流传地区
21	农巴“郭孜”	西藏自治区级	贡嘎县
22	若朗霞布卓	西藏自治区级	洛扎县
23	堆随果谐	西藏自治区级	曲松县
24	仲嘎曲德寺羌姆	西藏自治区级	隆子县仲嘎曲德寺
25	那若劳动歌舞	西藏自治区级	贡嘎县甲竹林镇
26	曲松县喇嘛玛尼说唱	西藏自治区级	曲松县曲松镇
27	隆子县加玉古尔鲁（道歌）	西藏自治区级	隆子县加玉乡
28	普玛江塘孔丝（口弦）	西藏自治区级	浪卡子县
29	扎洞扎念弹唱	西藏自治区级	错那县
30	曲宗谐旺	西藏自治区级	浪卡子县
31	江塘果巴果孜	西藏自治区级	贡嘎县
32	巴郎卓巴谐玛	西藏自治区级	桑日县
33	多吉扎寺羌姆	西藏自治区级	贡嘎县
34	卡尔久寺普羌姆	西藏自治区级	洛扎县
35	德庆曲果寺嘎尔羌姆	西藏自治区级	贡嘎县

一、果谐

果谐主要盛行于山南广大农村。山南农村地区一年有两个主要节日——藏历新年和望果节。在传统藏历新年和望果节的欢庆活动中，山南藏族群众会举行赛马、赛跑、抱石头、射箭等各种传统体育项目来欢庆佳节。其中必不可少的保留节目和压轴节目就是全体人员一起跳当地原汁原味的民间传统歌舞——果谐。

果谐又称为“农民舞”。果谐的兴起与西藏农业的发展密切相关，它和春季播种及秋收打场时的劳动节奏和男女老少的劳作形式有直接联系。

因此，果谐的步伐、手势、韵律和歌声都充满了农业劳动气息。[①] 大部分农村出生、农村长大的人，一直在果谐的耳濡目染中成长，几乎所有生活在山南农区的人，无论男女长幼均擅长跳唱果谐。

果谐有颂歌也有对歌。唱对歌时，因为内容是具有挑战性的歌词，故男女双方或两地的舞者常常进行比赛，气氛非常激昂，特别是采取“日嘎曲嘎”（即“山对山、水对水”）的方法展开竞赛时。[②] 由于对歌的歌词内容及曲风都异常丰富，参赛的双方都铆足劲儿互不相让，因而一场对歌比赛通常需用很长时间方能分出胜负。民间流传一种果谐的赛歌说法：“果谐要跳三天三夜。”如果参加果谐比赛的双方是本村人，对歌结束后集体要跳吉祥步来收场；而不同村寨之间进行果谐对歌时，双方村寨都会各备好几个后备歌队，队员们轮番上场参加对歌比赛，为了一决胜负，果谐比赛所需的时间更长更久。

果谐是一种社会性的群众集体歌舞，任何人均可参加跳果谐，每个人既是舞者，又是欣赏者，兴起即加入舞蹈队伍；跳累了，可随时退出，来去自由，毫无约束。跳果谐无需固定的表演场所，室内、屋外、打麦场、平坝、大院等能容纳下舞者的场所均可。

在山南，果谐的表演形式各地大同小异，舞者相互手拉手面向圆心围成圆圈，男女舞者各半圈，男、女半圈排头各有一名“谐本”（歌师）领舞，舞时男方唱一段，男女一起舞，女方唱一段，男女一起舞，边唱边舞，向顺时针方向移动。唱跳过程中，先由男谐本以慢速领唱《曲登嘎布》的第一段词，边唱边跳“台谐组合”，其余男女舞者双手相拉，随着谐本的歌声顺时针方向移动起舞。“台谐组合”唱跳完毕后，男谐本“说板”并按节奏有规律地击打串铃，男女舞者松开原本拉着的手，齐跳“说板舞步”，并按《曲登嘎布》乐曲中的“松加点”跳“松加步之一”。接着，全体舞者一起快速唱《曲登嘎布》第二段词，同时跳“觉谐组合”和

---

① 丹增次仁：《西藏民间歌舞概说》，民族出版社 2014 年版，第 69 页。

② 中国民族民间舞蹈集成编辑部编：《中国民族民间舞蹈集成（西藏卷）》，中国 ISBN 中心 2000 年版，第 79 页。

“松加步之二”。然后唱每段词时的跳法，都和唱第二段词时一样，直至唱完最后一段词，再唱《谐体》并跳“谐休组合”，然后再跳“松加步之二”数遍。

果谐的主要动作是脚的跺、踏、踢、撩，膝盖的颤动及手臂的甩动，其中跺、踏、撩是果谐的步伐核心。跺脚有力、踏步清脆、撩腿敏捷，每个动作有快有慢、有收有放，收放适度，刚柔并济。基本步伐有“两步两跺”“双晃手”“三步一跶”“围腰手”“前踢步”“双甩手”等，步伐铿锵有力、热烈活泼，歌声粗犷昂扬。果谐的音乐节奏分快板和慢板两种，先跳慢板，慢板以唱为主，舞蹈很少，慢板结束之后众舞者齐声喊：去去 去去｜去去 去去｜去去｜；或说几段活泼而又风趣的快板词。快板词说完紧接着的是快板舞，快板舞结束之后所有舞者又齐声喊：去去 去去｜去去 去去｜去去｜。[①]

在跳果谐的过程中，为了统一众人的节奏和步伐，谐本会手摇串铃相和。谐本的动作特点是重拍起步，节奏鲜明，踏地为节，从膝盖到脚掌基本硬直落地、稳当坚实，动作淳朴刚健、激情豪迈。音乐分为“台谐”（慢板）、“觉谐”（快板）和“谐休”（尾歌舞）三大部分。[②] 这三大部分的曲子虽各不相同，但仍有共通之处：有一种快板就是慢板旋律的简化和压缩。果谐大量使用了山南农区特有的“卡谐”（说板）道白和“去去”喊声，使得果谐这一古老歌舞充满了浓郁的乡土原生态气息。[③]

果谐的舞蹈动作是山南藏族群众农业劳动的再现，是现实生活艺术升华的结果。从舞蹈动作来解析，果谐中常用的步伐“三步一提”是从踩麦穗中提炼的动作，舞蹈中左走三步提一次，非常具有节奏感和艺术感；“双甩手”动作是从筛麦子动作中提炼而来的，原先的劳动动作是双手扶住筛子，然后上下用力甩动，提炼后的动作是双手有节奏地大幅度向前后

① 丹增次仁：《西藏民间歌舞概说》，民族出版社 2014 年版，第 70—71 页。

② 中国民族民间舞蹈集成编辑部编：《中国民族民间舞蹈集成（西藏卷）》，中国 ISBN 中心 2000 年版，第 79 页。

③ 王希华（云聪·索朗次仁）：《西藏舞蹈与民俗》，西藏人民出版社 2015 年版，第 91 页。

甩动；“双晃手”动作是从撒种子的动作中提炼出来的，而本来的劳动动作是左手抱住装有种子的筐子，右手撒种子。这些动作虽然是较简单的加工提炼，但它们既具有浓郁的生活气息，又具有较高的艺术水准。①

二、谐钦

谐钦一直广泛流传于山南12个县区，各县在对“谐钦”的称呼上略有不同：乃东、琼结、桑日、贡嘎等县称“谐钦”；扎囊县有的乡称“吉鲁”（公歌）；措美等县称“代鲁”（坐歌）；加查、洛扎等县称“达都”；有些地方亦称“冲谐”“带谐”“谐望”等。②

在谐类歌舞中，谐钦的产生晚于“鲁”，藏区普遍流行一种说法是：吐蕃早期德·肖德赞普时期（约2世纪）盛行“鲁”和“卓”。在“鲁”的基础上逐渐形成了“谐玛”（女歌手），后来才出现“谐巴”（男歌手）。谐巴、谐玛同时俱全时，才形成现代谐钦的完整形式。例如，山南浪卡子县谐望歌中唱道：

“在那辽阔的天空，
请借个歌舞场地。”
“歌舞场可以借，
你有多少谐玛？”
“谐玛有十五名，
加上我就是十六名。”

“这‘十六名谐玛’，在7世纪就已出现。据史书记载：松赞干布颁布‘十善法’时，举行盛大的庆典仪式，组织表演了当时流行的面具舞、鼓

① 丹增次仁：《西藏民间歌舞概说》，民族出版社2014年版，第69页。

② 中国民族民间舞蹈集成编辑部编：《中国民族民间舞蹈集成（西藏卷）》，中国ISBN中心2000年版，第123页。

舞、狮子舞、牛舞、虎舞，同时还有‘如意美妙十六少女，装饰巧丽持诸鲜花，酣歌曼舞，尽情欢娱’。‘十六少女’即指十六名谐玛。”[①]从现今流传的民歌及古老壁画中已找到7世纪有关谐玛表演的情景。贡嘎县甲竹林镇歌者多吉白玛的一首曲目如此唱道：

> ……请（文成）公主到西藏来，到西藏来，请别怕曲绒的水，有百匹马头木船在迎候；请别怕白玛塘，有百名骑士在迎候；请别怕拉萨的街道，有百名卓巴（鼓手）谐玛在迎候……

同样，在大昭寺、布达拉宫等历史悠久的寺院中看到的《文成公主进藏图》和《松赞干布迎娶文成公主》等壁画，其中表现松赞干布隆重欢迎文成公主进藏时举行歌舞的画面中，就有鼓手和谐玛的形象。

关于谐钦的歌词数量，目前尚无定论。据山南贡嘎县甲日乡艺人扎西和洛卓讲述，甲日乡谐钦原本有18首歌词，现在只传下4首：《生长在大海深处》《心想圣地桑耶》《竹子生长在杂日圣地》《盖房需要四柱八梁》；山南羊卓地方的谐本次仁顿珠称谐钦共有18首歌词：《生长在大海深处》《扎下丰收的根子》《青年人望山顶》《翻越到一座山的那边》《仁钦岗泉水的诸神们》《宗巴大姐的鞋》《盖房需要四柱八梁》《在金制盘里倒牛奶》《竹子生长在杂日圣地》《心想圣地桑耶》《本尊佛身是金制的》《洛扎桑嘎古多寺》《在四柱八梁的屋下》《请听谐玛你的亲友们》《在那高高的天上》《年轻人攀登那高峰》《秋到从山顶上看》《向东方的太阳处祝吉祥》。[②]

谐钦通常由多首带有标题的歌舞曲构成，其曲子的首尾乐曲分别称为“谐果”及“扎西”。组成谐钦的每首歌舞曲由慢板、快板，或快板、中板、慢板组成。谐钦音乐古朴、表现力热情直接。谐钦歌词内容丰富，多为关于人类起源、赞颂祝福、历史传说等方面的内容。多表达祝愿吉祥、

---

① 中国民族民间舞蹈集成编辑部编：《中国民族民间舞蹈集成（西藏卷）》，中国ISBN中心2000年版，第123—124页。

② 王希华（云聪·索朗次仁）：《西藏舞蹈与民俗》，西藏人民出版社2015年版，第103页。

祈求风调雨顺和四季五谷丰登等吉祥寓意。谐钦的演出一般分为“台谐”（慢歌），“松加舞步”（哑巴舞），“卡谐”（说板舞）三段。

谐钦的服饰造型，以谐巴的造型最具代表性。谐巴的服饰造型一般是头戴一个“索霞”（平顶围穗蒙古帽），缀一根红色的长辫子，左边耳朵上挂“索金”（以绿松石为主的长约5厘米条形耳饰），右边耳朵上挂红玛瑙耳饰，身穿白色“普美文久”（无袖上衣）及黄缎子制作而成的“曲巴”（藏装），最外一层披长袖红外套，脚穿黑色平绒靴子。谐玛的整体造型为头戴制作精美的“巴珠”（珊瑚、松石等制作而成的头饰），两边耳朵各挂漂亮的“爱果”（主要以金、银等制作的长形耳环），同谐巴一样身穿白色“普美文久”和“麦要”（氆氇纺织的长及脚踝的半身系带长裙），外面套上“波米”（氆氇编织的无袖或短袖女士藏袍）及“当杂”（带花纹的无袖藏袍），腰系彩色“邦典”（彩色围群），脚穿“莫松”（女式彩靴），胸前挂上“嘎乌”（佩戴于胸前作为护身符的小型佛龛）和长长的串珠项链。

谐钦多数情况下仅在重大庆典或嫁娶等隆重喜庆集会时进行表演，被藏族称为“吉祥歌舞”。具体表演情况在山南各区县不完全相同，曲松县拉加里几十年才跳一次，每次拉加里赤钦新任命时，便在当地举行七天七夜的庆典，仪式中首先表演谐钦。有的谐钦表演中谐巴和谐玛各16名，表演结束后，当地的鼓手队再轮流上场表演卓舞（鼓舞）。但措美县乃西乡每过一次望果节，就跳一次谐钦：每年藏历六月十六日早晨，每户出一名背经书的姑娘，在乃西寺的大院内聚集，等僧人念经后，“望果”的仪仗大队去绕田野。排头有若干举各种旗幡的人，接着，有僧人的鼓号队、背经书的妇女们和仪仗大队会到一处，由僧人念经祈祷。绕完田野后，便到乃西寺的大院里集中，妇女们放下经书，举着“切玛”，手持“达答”（彩箭），有的拿酒壶，有的捧酒杯，先由本寺的僧人跳几段羌姆后，谐玛们便站着边唱谐钦，边向坐在垫子上的男人们敬酒。最后，谐玛们来到寺内的本尊佛像跟前表演谐钦。[①] 据《中国民族民间舞蹈集成（西藏卷）》记

① 王希华（云聪·索朗次仁）:《西藏舞蹈与民俗》，西藏人民出版社2015年版，第104页。

载，富户人家婚庆嫁娶时谐钦的一种表演方式为："男方家庭派六至十六名谐钦歌手骑马去女方家迎亲。其中排头就是谐本，此时他要兼演'响钦'（即"大舅"）的角色，承担着说一系列赞美新娘家的吉庆词，所赞的对象有二十五个，赞美故乡、赞大门、赞新娘、赞父亲、赞母亲、赞哈达等。迎新娘的骑士们一边赶路，一边在马背上唱谐钦慢板歌，到了对方新娘家门前，由谐本带头跳谐钦的第二段和第三段（即松加舞步和艺诀舞步）。此时，新娘家的代表接待骑士们后开始提问，由响钦一一以赞美的道白来回答，边说边向对方献上洁白的哈达。"① 这是谐钦的一种特殊演出方式。

三、卓舞

（一）卓舞的起源及概述

卓舞是藏族古老的民间歌舞艺术品种之一，即现今主要流传于山南、日喀则、拉萨等地的腰鼓舞，又称"果卓"，藏语为圆圈舞的意思。乃民间震慑邪魔、祈求吉祥的一种仪式性舞蹈。"鼓是藏民古老的一种乐器，在民间传统节日和娱乐活动中必不可少。"② 卓舞起源于西藏工布，盛行在山南。山南地区共有 13 个县，其中有 10 个县有卓舞队。③ 西藏民主改革前，规定卓舞只能在迎送达赖喇嘛、班禅大师出行及归来、西藏地方政府和影响深远的著名大寺院举行庆典活动、各区县卓舞队奉命支差时方允许表演。卓舞在山南 10 个县里广泛流传，历史十分悠久。鼓是藏族古老乐器之一，《西藏王统记》中记载：在吐蕃王朝直贡赞普之时，苯教巫师们"诸派作法，皆摇动手鼓单钹为声"。④

① 中国民族民间舞蹈集成编辑部编：《中国民族民间舞蹈集成（西藏卷）》，中国 ISBN 中心 2000 年版，第 125 页。

② 曲杰：《久河卓舞》，《中国西藏》2011 年第 4 期。

③ 中国民族民间舞蹈集成编辑部编：《中国民族民间舞蹈集成（西藏卷）》，中国 ISBN 中心 2000 年版，第 201 页。

④ 王希华（云聪·索朗次仁）：《西藏舞蹈与民俗》，西藏人民出版社 2015 年版，第 15 页。

卓舞主要分为“朗卓”“萨卓”和“拔卓”三种。“朗”指天，“萨”指地，“拔”指天地之间，以区别在舞蹈过程中甩发时上身向前塌腰深浅的程度。“朗卓”即甩发时，上身向前基本直立，含胸梗头；“萨卓”即甩发时，上身向前塌腰到最大限度，要求头发拍打在地上；“拔卓”即甩发时上身向前塌腰 90° 左右。舞者的发型有两种：一种是散发，发尖用绳子绑住；另一种是将头发拢至头顶编成一条辫子，辫尾接上红丝辫穗（扎修），然后戴上用白布或花布做成的空心圆帽“阿斯巴日”（也称“郭加”）。①

卓舞的表演场面气势恢宏，舞蹈动作时而舒缓，时而奔放。舞蹈动作舒缓时，表演者边唱边舞，曲调优雅动听，击鼓动作休闲自得；舞蹈动作奔放时，表演者只舞不唱，动作幅度大，击出的隆隆鼓点声犹如滚滚春雷。据在山南工作达 25 年之久的文艺工作者王希华同志总结，卓舞的表演方式主要为：卓舞开场，由阿热带头出场，随后所有鼓手们跟着出场，跳成一个大圆圈后，大家做“虚颤端腿”“跨腿双蹲步”的动作，此为卓舞的第一层次。接着卓本高声喊“齐西”后，众鼓手做“反跨打点”“甩发展翅”“单跪展翅”“大象斜躺”等连贯的组合动作。② 此为卓舞的第二层次，同时这也是将整个舞蹈推向高潮的重要环节，技巧性相当高。仅仅甩头发的动作就多达五种：前后甩、旁侧甩、回圈甩、单八字、双八字。卓舞的基本队形图案同样有五种：左转圈、半圆圈、龙摆尾、交叉形、麻花形。击鼓时的鼓点有六种：一鼓点、二鼓点、三鼓点、五鼓点、七鼓点、九鼓点，使用频率最多的基本鼓点是三鼓点。此外，山南地区跳卓舞时的挎鼓方法为“在鼓帮上拴有两条鼓带，一条围扎在腰上，一条围扎在左大腿根部，将圆鼓竖着固定于腰左”③。多数情况下，参加卓舞演出的人员为偶数，以方便穿插和改变队形，“卓本”（领舞者）在卓舞表演中占有

---

① 丹增次仁：《西藏民间歌舞概说》，民族出版社 2014 年版，第 125 页。

② 王希华：《山南“卓”（鼓）舞》，《西藏艺术研究》1992 年第 4 期。

③ 中国民族民间舞蹈集成编辑部编：《中国民族民间舞蹈集成（西藏卷）》，中国 ISBN 中心 2000 年版，第 200 页。

重要地位，一个舞蹈队里跳舞跳得最好且在舞者中具有相当高威望的人才能被推举为卓本。身披羊皮、头戴一顶羊皮面具的卓本手持“达答”出场，站立在由舞者围成的圆圈中央，大声地向周围的舞者喊击鼓点，指挥并统一整个舞蹈的步伐和节奏。

山南约10个县有卓舞队。现在演员人数、服装道具、鼓点伴奏、表演形式都已有了较大的发展，早期演出人员只有十几个人，现已发展为四五十个人；早期的卓舞道具——鼓，没有鼓把，后来卓舞队的鼓都装上了鼓把；早期卓舞演出只能由男性参加，后来加进了女性，这种男女混合参加演出的卓舞队称为“卓巴谐玛”，“卓巴”指男性舞者，“谐玛”即歌女。谐玛在卓舞队中的角色主要以唱为主，她们的表演穿插在卓巴中间，“卓巴谐玛”后来逐渐演变为民间祭祀性的歌舞。

在山南卓舞表演过程中，“卓巴”“谐玛”的表演交叉进行。主要有三种形式：①卓巴演员跳完舞后，接着歌唱；②卓巴演员跳完后，另一批男性歌手上场唱歌；③卓巴演员跳完后谐玛队上场歌唱，唱的大都是酒歌、卓谐歌和谐钦歌，歌词的内容有吉祥招福、颂扬公德及叙述劳动过程等。[①]

（二）琼结久河卓舞

笔者曾于2014年2月、2014年7月、2015年8月和2018年8月四次前往位于东经91°43′、北纬29°03′，海拔约3600米，距离琼结县城约4公里，曾经名为“命墩”，1989年政府更名为“久河村”的山南琼结县下水乡久河村，对久负盛名的山南久河卓舞进行田野调查。久河村因起源于1300多年前的久河卓舞而远近闻名。在田野调查期间，笔者多次亲历久河卓舞队在设于村活动场所的“西藏自治区级非物质文化遗产项目传习基地”排练的场景。所有参与久河卓舞的演出人员均为久河村村民，热情奔放的村民在舞师卓本的带领下时而舒缓，时而奔放地变换着队形，跳着“乌鸦行金刚步”“雄鹰展翅”“大象斜躺”等模仿动物的舞步动作。最具特色的是甩辫击鼓中的“单跪击鼓”“跨退击鼓”“跨转击鼓”等动作，众

---

① 王希华：《山南“卓”（鼓）舞》，《西藏艺术研究》1992年第4期。

人在肆意变幻、犹如滚滚春雷的击鼓声中来回甩动着一大把绑于头顶的浓密修长的黑头发时，将整个卓舞的那种粗犷奔放、庄严肃穆又高昂激烈的恢宏场面表现得淋漓尽致。

1. 独特的艺术风格

（1）鼓手的服饰造型

琼结久河卓舞的鼓手在服饰造型方面存在如下与众不同的风格。①披散的发型。和其他卓舞鼓手扎一根辫子不同，琼结久河卓舞鼓手是披散的发型，这种发型和桑耶寺古壁画中的完全相同。②不同的多褶式裙子。琼结久河卓舞鼓手的裙子做得十分规范，从桑耶寺壁画中可证实这种裙子同雅隆部落时代历代赞普所穿的裙子一样。③不同的上衣和佛盒。其他卓舞队鼓手一般身后不背佛盒，穿两件上衣，加查、曲松、浪卡子等县的卓舞队鼓手穿长袖衬衣和短袖马褂，乃东、桑日、贡嘎等县的卓舞队鼓手穿短袖衬衣和长袖上衣。琼结久河卓舞队鼓手身上背着各种造型精美的佛盒，最多时一鼓手身后背九个佛盒，每个鼓手穿三件上衣，在长袖衬衣和短袖马褂外加一件藏族传统单袖上衣，下身着深色多褶式长裙。④不同的彩带。山南卓舞队鼓手背五色哈达或绸带的方式共有八种：浪卡子鼓手将五色哈达纵向并排背于双肩，下垂至腰间；乃东鼓手上身背三色风幡，下垂五色彩带至腰间；扎囊鼓手五色彩带直垂到小腿但腰部压了一道带（以上三种基本造型都是平行，只有长短区别）；贡嘎鼓手，双手袖口有五色道，戴四角脖套；曲松鼓手将五色彩带在腰部各扎一个疙瘩；桑日鼓手则将五色哈达从两肩交叉缠于腰间，并在背上打五个好看的结；加查鼓手将五色哈达斜扎在一根带上，腰部压一道彩带下垂至大腿；琼结鼓手将十二条彩带斜扎在一根带上下垂同裙子平行（腰部不用带子压），带上系着佛盒。琼结鼓手的彩带大方庄重，便于飘动。⑤有不同的串铃。山南其他卓舞队鼓手一般腰系一条串铃，铃大多数较小，跳动时铃声为“晒晒晒！晒晒晒！”或“森森森！森森森！”，而琼结卓舞队鼓手多数时候系两条串铃，铃声在跳动时为“啜啜啜！啜啜啜！”。[①]

（2）鼓手独特的舞蹈动作

琼结久河卓舞的鼓手在舞蹈动作方面有着其独特的风格。①甩发路线不同。除了乃东、扎囊县卓舞队鼓手以甩8字形为主，其他卓舞队鼓手一般甩发路线为：前、后、左、右。而琼结卓舞队鼓手以右前方连续甩三圈为主。②鼓槌的用法不同。其他卓舞队鼓手一般做“右跨反转”时依次用右手、左手、右手击三下鼓，而琼结卓舞队鼓手做“右跨反转”时左手连击三下鼓，右手拉“单山膀”，用食指将鼓槌向右绕三圈。③击鼓的开端动作不同。其他卓舞队鼓手开始击鼓时，双手胸前交叉并用右手击鼓，这是第一鼓；双手前打开用左手击鼓，这是第二鼓；第三鼓与第一鼓动作相同，同时右脚迈前。而琼结卓舞队鼓手击鼓开端时，右腿向右后方撤步，用右手将鼓槌向右绕三圈，同时左手连击三下鼓。每当琼结卓舞队鼓手们跳基本动作之一“右跨反转”时，那披散的发型，多褶式的裙子，飘动的彩带，摇转的鼓槌，“啜！啜！啜！”的铃声，和富有立体感的旋转舞姿，便使人们享受到一种古朴庄重、威武刚健的艺术美。[②]

（3）阿热的服饰及动作

琼结卓舞阿热（歌手和说道白者）一般戴着用整张白山羊皮做的面具，同琼结宾顿藏戏的巴嘎布（即白面具）完全一样，它的胡须和毛发很长（一般卓舞队阿热的面具毛很短）。内穿白衬衣，细格长袖藏袍，胸前吊有花格手巾，上衣袖子左穿右不穿，穿靴子。身后有“加赤普秀”，即小刀和装碗套，身背长彩绸加佛盒、串铃。右手持彩箭即达答，腰插一尺长的藏刀，右手戴手镯，左手无名指戴戒指，同大部分卓舞队阿热服饰造型最大的区别在于腰间不系象肠绳。

琼结卓舞阿热的动作不同。大部分卓舞队阿热因系有象肠绳，所以基本动作以左右平转为主。而琼结卓舞队阿热因跳古老的当地民间歌舞果谐

---

① 王希华（云聪·索朗次仁）:《西藏舞蹈与民俗》，西藏人民出版社2015年版，第17—18页。

② 王希华（云聪·索朗次仁）:《西藏舞蹈与民俗》，西藏人民出版社2015年版，第18页。

和谐钦，以上两种舞中没有旋转类动作，所以琼结阿热不用系象肠绳。[①]

2. 特殊的舞蹈形式、结构、内容

山南多数卓舞队有10名至14名鼓手，2名卓本和2名阿热，而琼结卓舞队有8名阿热。在琼结久河卓舞中，果谐和谐钦表演交叉进行，即在12个舞段当中，6个果谐和6个谐钦交叉表演。跳果谐时舞步向顺时针方向移动，跳谐钦时在原地进行。果谐和谐钦的表演层次结构为四段组合式：唱慢歌（果谐的慢歌比谐钦的慢歌速度要快一些）；说“松加”道白；跳快板歌舞（此段是多次重复唱一首曲子、每次重唱之前跳个“两步两跺”动作）；在说“松加”道白中结束。果谐和谐钦以顿足为节，载歌载舞，灵活热烈，它善于抒发群体的热烈情绪。琼结久河卓舞队阿热并不专门道白什么，主要是唱所跳果谐和谐钦的歌词，而除头一个和最后一个舞段中的果谐或谐钦的歌词是基本固定的以外，其余10个果谐和谐钦的歌词和曲子是都由谐本临场自由领唱。歌词内容范围很广。[②]

3. 逐渐繁荣的传承发展

琼结久河卓舞，内容上同山南其他卓舞基本一致，以反映8世纪修建桑耶寺的劳动过程为主，但琼结久河卓舞受特殊的地域文化影响，形成了自己独特的艺术风格，深受广大观众的喜爱。随着全国非物质文化遗产保护工作的全面展开，琼结县久河卓舞保护与继承工作在中央政府、自治区政府的扶持下，由琼结县文化局非物质文化遗产保护中心直接负责并逐渐恢复发展起来。2008年2月，久河卓舞入选第二批西藏自治区级非物质文化遗产名录；2011年入选第四批国家级非物质文化遗产代表性项目名录；2009年2月参加西藏电视台藏历新年晚会演出；2009年6月，参加在北京由原文化部主办、中国非物质文化遗产中心承办的“中国少数民族民间传统音乐舞蹈展演”，荣获中央电视台舞蹈大赛民族民间舞蹈类银奖；2009年11月，原文化部在台湾举办主题为“守望精神家园——首届中华

---

① 王希华（云聪·索朗次仁）:《西藏舞蹈与民俗》，西藏人民出版社2015年版，第19页。

② 王希华（云聪·索朗次仁）:《西藏舞蹈与民俗》，西藏人民出版社2015年版，第19—20页。

非物质文化遗产月”活动，琼结久河卓舞队的《雅砻春潮》舞蹈应邀出演活动子项目“国风——中华非物质文化遗产专场”的舞蹈演出，久河卓舞作为压轴节目演出，获得观众热烈反响；2010年9月久河卓舞参加上海世博会“西藏周”的节目会演；2011年2月久河卓舞《吉祥鼓韵》成功进入央视元宵节晚会……每年在山南组织的藏历新年文艺会演及山南雅砻物资文化交流会等大型活动及望果节、雅砻文化节等重大节日中，久河卓舞演出时的隆隆鼓声，观众的呐喊声便响彻整个山谷，气势极为磅礴。

图3-1　久河卓舞户外演出（伦珠泽仁摄）

图3-2　久河卓舞室内演出（伦珠泽仁摄）

四、羌姆

“羌姆”在藏文中是个动词，是“跳”或“舞”的意思，它和宗教内容毫无关系，但因长期以来被用在宗教舞蹈名称上，久而久之便成了宗教舞蹈专用名词。[①]众多学者认为羌姆的前身是西藏本土宗教苯教的巫术舞和图腾舞，但“羌姆”作为一个专有名词，特指从莲花生建立桑耶寺后所编创流传下来的藏传佛教（即喇嘛教）的寺院舞蹈。[②]从一些西藏典籍的有关记录中能找到一些羌姆发端的文字佐证，如五世达赖喇嘛撰写的《西藏王臣记》中就有对8世纪赤松德赞时期（742—797）桑耶寺建成后开光典礼上僧人所跳的镇魔驱邪的跳神舞的记录：“制定诸所喜的祭祀物品，

① 丹增次仁：《羌姆》，《西藏艺术研究》2001年第2期。

② 高历霆：《藏传佛教寺院舞蹈羌“姆”探源》，《西藏艺术研究》1988年第3期。

又说出了镇伏凶神的歌词，在虚空中作金刚舞。”[①]大部分学者和众多藏传佛教信众的看法相似，认为羌姆是从印度西北部乌仗那（今为巴基斯坦境内）而来，莲花生大师（即贝玛迥内）在吸取并综合了吐蕃本土宗教苯教的拟兽面具舞及鼓舞等舞蹈的基础上，根据佛祖释迦牟尼佛教密宗四部学说中的瑜伽部、无上瑜伽部里的“金刚舞”一节，组织跳神法会，驱鬼酬神，为寺院开光。[②]根据王尧先生的《莲花遗教》所记载，莲花生大师“第一个将舞蹈形式用来表演降魔伏怪”[③]。

羌姆只能由指定的僧人在宗教规定的固定时间和地点里进行表演，这条规定适用于所有寺院。寺院不可随意表演羌姆，更不可将羌姆舞步及技巧传授给俗人。在当代社会新的形势下，羌姆正式开场前举行牲祭的传统仪式保留了下来，但不再像民主改革前弑杀牲口来献祭，多数情况下采用图案器物代替真正的牲口。举行献祭仪式时，场上长号、唢呐、鼓钹齐鸣，众“神”纷纷登场，缓缓而舞，绕场巡转一圈，由此正式揭开羌姆舞表演的序幕。按照出场顺序，依次出现凶神舞、骷髅舞、牛神舞、鹿神舞、手持兵器的金刚力士舞、护法神舞，一段一段地跳下去，每段舞蹈都有宗教情节内容。段与段之间的空隙，穿插喇嘛的摔跤、决斗等嬉戏表演以娱乐观众。有的还要表演宣扬利他主义的佛经故事，如哑剧“舍身饲虎”，好善乐施、长命富贵的寿星舞、仙鹤舞等。最后一场是排甲兵驱鬼，众神兵出动携火花兵器送“朵玛”（用酥油和糌粑制作而成的想象中的鬼首），将其押送至寺外旷地点火焚烧，以驱一年之邪，祈来年之福。[④]

羌姆舞表演，不同寺庙有不同的风格，其内容、乐器道具、服饰面具和节奏舒缓快慢略有差异。但一些人物角色或舞步是必须在每场羌姆中出现的。①夏（鹿舞）——独舞或双人舞。由少年扎巴表演，夏的出场是吉祥的象征，其动作欢快热烈。②土追达布（尸陀林）天葬台尸主——集体

① 五世达赖喇嘛：《西藏王臣记》，郭和卿译，民族出版社 1982 年版，第 57 页。

② 赤烈曲扎：《西藏风土志》，西藏人民出版社 1982 年版，第 233 页。

③ 王尧：《藏剧故事集》，中国戏剧出版社 1963 年版，第 174 页。

④ 《西藏风物志》编委会编：《西藏风物志》，西藏人民出版社 2005 年版，第 117 页。

舞。由4位或6位年轻高大的扎巴表演在土追达布的出场，寓意着那些邪魔鬼怪、招灾惹祸者不管藏匿于何处都能被找出。赤裸裸地暴露在光天化日之下的鬼魔被一一劈杀。山南羌姆舞中土追达布的内容、特点、表演形式基本上趋于一致，其动作轻快明朗。③霞纳（黑帽咒师，另有“斯吉姆”“拉龙百多”“阿巴”等称谓）——集体舞蹈。由7位、9位、11位或21位奇数壮年扎巴表演。霞纳舞的出场寓意祈祷事业无灾无难，任运（美满之意）完成，其动作缓慢庄重、奔放激烈。④阿杂热（印度游乡僧人、瑜伽咒师）——集体舞。同样由4位或6位青年扎巴表演，阿杂热的出场具有招财之意，其动作小巧玲珑、花样多变且含有很多逗乐观众的嬉戏场面。⑤哈香［和尚，亦有“甲那哈香”（汉地或内地和尚）的称呼］。哈香由一名高个健壮的扎巴扮演，后面紧跟5名由少年扎巴扮演的“哈珠”（小罗汉），没有任何舞蹈动作，6位表演者出场后绕场转一圈后回场，也有的是在羌姆表演的中间段出场，或者在羌姆舞最后结束时出场绕场转两圈回场。[①]

总体而言，山南羌姆表演中没有特别复杂的人物和情节，伴奏的器乐也只有鼓和钹两样，鼓由舞者自己背在背上，边敲边舞。鼓不仅体积大，而且很重。羌姆的表演队形主要有顺时针方向绕圆圈进行和竖排进行两种，其中穿插鼓舞的表演，威严稳健的气氛贯穿始终。[②]

五、噶尔巴谐玛舞

（一）噶尔巴谐玛舞的起源及概述

“噶尔巴谐玛”是藏族古老的民间祭祀歌舞，流传于雅砻河谷中游的山南市昌珠镇和下游泽当镇。“噶尔巴”为男舞者，“谐玛”指歌女。泽当噶尔巴谐玛是民间祭祀歌舞，历史悠久，风格古朴独特，是泽当镇群众喜

---

① 参见丹增次仁《羌姆》，《西藏艺术研究》2001年第2期。

② 中国民族民间舞蹈集成编辑部编：《中国民族民间舞蹈集成（西藏卷）》，中国ISBN中心2000年版，第660页。

闻乐见的民间歌舞。旧西藏时期，“噶尔巴”演出相较于现当代要多得多。例如，官场宴会上的噶尔巴谐玛舞的表演是为提升高级官员的宴会档次和规格、以歌舞助兴，“舞童一半持斧一半持鼓，其脚步之声与鼓相应，视为一阕，进食五次，歌舞五阕”[①]，谓之宴乐舞；噶尔巴谐玛舞也出现在寺院宗教仪式表演场合，谓之祭祀乐舞；也出现在对达赖喇嘛、班禅等宗教领袖或政府高官等达官贵人的喜迎恭送的场合，谓之礼乐舞。简言之，旧西藏的噶尔巴歌舞队专为上层政要权贵服务，在一些重大特殊的场合，也奉命为普通群众演出，但只允许演出世俗性的歌舞节目。关于泽当噶尔巴谐玛的历史渊源未查到确切的文字记载，从噶尔巴舞中大量模拟猴子的动作及谐玛清唱谐钦的情况看，噶尔巴谐玛舞蹈应是很古老的。

后来，民俗祭祀活动汲取了歌舞的精华，噶尔巴谐玛舞逐渐成为专在泽当每年藏历五月十五日的祭祀活动上跳的舞。藏历五月十五日这天，西藏各寺院皆举行盛大的宗教祭祀仪式。雅砻河谷一带庄稼开始结穗，藏族群众用噶尔巴谐玛祭祀泽当地方神丹玛·多吉玉珍玛，她原为苯教十二丹玛中的主要女神，后被莲花生大师降伏，成为藏传佛教中的重要女护法神。泽当镇中心处有一座专门供奉丹玛神的“阿曲扎仓”。藏历五月十五日，人们穿上盛装，带上供品，纷纷来到阿曲扎仓煨桑朝圣，表演噶尔巴谐玛隆重祭祀丹玛·多吉玉珍玛，供世俗人们欣赏。现今又发展成雅砻一带文化艺术节——“泽当金支”。

传统的噶尔巴谐玛表演是在藏历五月十五日这天的祭祀活动中演出，由泽当镇民间团体轮流负责演出活动的所有准备事宜。藏历五月十五日，约上午八点，泽当全体藏族群众身着节日盛装，全家携带着一顶大帐篷和各种野餐食品，来到“丹玛拉康”（丹玛神殿）前。噶尔巴谐玛演员全部集中在“鲁赞巧”（或称“鲁赞玛”）的神殿内，由当地小头人“德巴米本”检阅其服饰、道具、动作、歌词等。检阅完毕后则到阿曲扎仓寺（也称“丹玛神殿”）里集中。随后，在阿曲扎仓寺举行隆重的展佛仪式，该寺僧

---

① 《西藏风物志》编委会编：《西藏风物志》，西藏人民出版社 2005 年版，第 116 页。

人们吹奏“年删”赞颂曲，群众烧香并向佛像敬献哈达。阿曲扎仓寺护法神“曲琼”和“拉姆”（即丹玛神）分别降临，两位护法神在降神者身上附体后，做着神灵的各种手势动作。泽当噶尔巴谐玛正式上演。表演完毕后由“次阿巴”把扮演“丹玛佛”的人请出来。阳光升起普照整个城镇时，“次阿巴”将由谐玛扮演的“丹玛佛”恭敬请出，走在群众仪仗队的最前面，群众跟随“丹玛佛”绕行泽当镇一周，至贡布日山东面的泉水下，绕行结束，随后将“丹玛佛”请上宗教里的专用座床，为其“醒酒”。醒酒之后，扮演“丹玛佛”的人回到“次阿巴”帐篷内和其他没有演出任务的群众痛痛快快地玩。

约中午时分，“次阿巴”成员再次将“丹玛佛”请回到座床上，四面八方燃起缭绕的桑烟，“丹玛佛”端坐于座床上开始接受群众的祝福和祈祷，“先由鲁赞玛向丹玛佛敬礼：有的喇嘛持鼓，四名喇嘛击钹，两名喇嘛吹长号角（铜钦），两名喇嘛吹唢呐（加林）。当鼓乐齐鸣时，丹玛佛上床，即表演丹玛神态；尔后，鲁赞玛来到噶尔巴谐玛演员跟前，开始检阅歌舞。如发现有人跳错或唱错的情况，演员将挨打。演员演出完毕，丹玛神返回天界，丹玛佛情绪恢复正常”①。降神者也恢复常态，被扶回帐篷休息，噶尔巴谐玛边走边舞送“丹玛神”。由此，祭祀仪式活动拉上帷幕。

午后，“丹玛神”和“鲁赞玛”演员继续一路表演着回到各自的专属殿堂，噶尔巴演员手执象征招财迎祥和权力的红牛尾道具，后背佩戴五色哈达跟随其后表演“挥牛尾”动作，人们相信只有这样当年才会风调雨顺、五谷丰登、人畜兴旺。演出结束后便是群众自娱。整个噶尔巴谐玛演出仪仗庄严、隆重优雅，形式完整。

“泽当金支”的活动后，“噶尔巴”“谐玛”的演出任务并没有结束。从藏历五月十六日开始，他们还要到泽当各大户人家进行“噶尔龙”（巡回募捐演出），多数情况下不演全场，只演噶尔巴谐玛其中的片段，演出完

① 中国民族民间舞蹈集成编辑部编：《中国民族民间舞蹈集成（西藏卷）》，中国 ISBN 中心 2000 年版，第 282 页。

毕主人会给演员们布施青稞、糌粑、茶叶、酥油等食物作为演出报酬。[①]

（二）噶尔巴谐玛舞的演出内容

泽当噶尔巴谐玛的演出成员包括“噶尔巴”（男演员）6名，“谐玛”6名，扮“多吉玉珍玛”演员1名（女性），鼓手、钹手各1名（均为男性），代多吉玉珍玛检查歌舞的男性“鲁赞玛”1名，侍候多吉玉珍玛的“巴姆”（意为“圣洁姑娘”，由年轻漂亮的女性扮演，这几人不担任任何舞蹈演出角色，只是站在丹玛神左右，起到威震的作用）4—6名，演员共计20人左右。

泽当噶尔巴谐玛由舞蹈、歌曲和打击乐三部分组成。整个噶尔巴谐玛谐钦的表演程序及内容分四个段落。第一段：噶尔巴跳“果修藏赤”（“从头到尾”的意思）。以噶尔巴舞为主，且模拟猴子的动作全部在此舞段中，舞蹈性很强。第二段：谐玛清唱“桑多白日”（赞美莲花生修行圣地）的谐钦。谐玛边唱边做简单的手势动作，显示金银做的戒指。噶尔巴面对面站成两竖排，基本站立不动，偶尔做“抬腿跳步”等动作。第三段：噶尔巴清唱“嘎基嘎布达觉”（用白布做的圣洁的经幡）的谐钦。噶尔巴站成一排，演唱时上身向前塌腰90°，双手抱住双膝，清唱完毕后接着说“卡谐”（道白），边说边舞，谐玛站在后面不动。第四段：“扎西谐”（吉祥结尾歌舞）。这段以谐玛集体清唱谐钦为主，表演形式同第一大段“果修藏赤”。清唱完毕后紧接着起鼓钹由噶尔巴领头，谐玛跟随噶尔巴边舞边走进场。舞蹈时有鼓钹伴奏，清唱时无乐器伴奏。清唱分有词和无词两种，先唱有词的，后唱无词的。[②③]男演员的表演以鼓为主，女演员则以歌为主。噶尔巴演唱曲目的内容，除驱邪镇魔、赞颂莲花生功德外，还有禳灾招福、祈吉祥如意等。

---

① 丹增次仁：《西藏民间歌舞概说》，民族出版社2014年版，第151页。

② 参见中国民族民间舞蹈集成编辑部编《中国民族民间舞蹈集成（西藏卷）》，中国ISBN中心2000年版，第283页。

③ 丹增次仁：《西藏民间歌舞概说》，民族出版社2014年版，第151—152页。

（三）噶尔巴谐玛舞的表演特点

噶尔巴谐玛舞的表演队形主要有圆圈、横排、竖排等几种方式。表演圆圈队形时边唱边舞，向顺时针方向移动，有时也可在原地舞动；表演横排队形时边唱边舞，向前后移动；表演竖排队形时在原地舞动。谐玛演员的服饰是根据“吉桑玛”（盛装之女）的古老习俗要求穿戴的，服饰奢华，穿戴的珠宝繁多名贵，故表演时身体的动作幅度不能太大，只能做些小范围的甩臂动作或轻踏几步，谐玛的整体舞姿含蓄优美、庄重文雅；噶尔巴表演时动作丰富且幅度较大，轻快灵巧，富有生活气息。噶尔巴的舞蹈动作有“双跨挠痒”“遮阳颤转”“腋下挠痒”“赶羊式”“横步跳跃”“踂腿跳跃”“牛尾扛肩”等 31 个基本动作，具有粗犷诙谐、苍劲有力、潇洒自然的特点。

噶尔巴谐玛舞的演出服饰珠光宝气。“丹玛佛”身穿降神的专用服饰，噶尔巴头戴“锅佳”（一种空心圆帽，底色白，中间彩色），左耳戴“阿龙”（用金、银、松石做的圆形耳环），上穿“堆东”（白色藏式衬衫），下穿“古东”（裤子），上身罩“当杂”，背后披“甲杂”（用五彩哈达做的装饰），肩挂“哲彭”（护身佛盒），腰系“艾卡”（串铃）和“嘎尔赤”（嘎尔舞专用大刀），脚穿“卡鲁”（藏式彩靴），右手执“阿妈”（红色牛尾），左大拇指戴“夏债”（用象牙做的戒指）。谐玛头戴“姆帝图郭”（珍珠冠），双耳戴“爱果”，上穿“朗布曲巴”（用氆氇做的黑色藏袍），前腰系“邦典”，上身罩“当杂”，胸前戴“嘎乌”，十指均戴用金子做的“次过”（戒指），脚穿“莫松”。“巴姆”除不戴“姆帝图郭”之外，其他和谐玛相同。鼓钹手头戴“波度”（一种黄色小圆帽），右耳戴“索金”，上穿“堆东”，下穿“古东”，外罩“朗布曲巴”，后腰系“甲赤普修”（汉刀）、碗套（彩包），脚穿“波松”（男式彩靴）。[1]

---

① 丹增次仁：《西藏民间歌舞概说》，民族出版社 2014 年版，第 153 页。

第二节　藏族传统戏曲——藏戏

藏戏，又称藏剧，“藏戏是熔文学、歌舞、说唱、美术等为一炉的综合性的艺术表现形式，是藏民族的艺术之花”[①]。《辞海》对其定义如下：“藏族戏曲剧种。流行于西藏和青海、甘肃、四川、云南的部分地区。相传 14 世纪末、15 世纪初僧人汤东杰布为化募修桥而创。17 世纪脱离寺院宗教仪式，出现专业班社。演出分‘顿’（开场戏）、‘雄’（正戏）、‘扎西’（演出结尾的集体歌舞）三部分。伴奏以鼓、镲为主。唱时有帮腔。过去多在广场演出，人物大多戴面具。剧目具有一定的神话和宗教色彩。1960 年后成为舞台剧，并整理演出了《朗莎雯波》《文成公主》《诺桑王子》《白玛文巴》等传统戏。”[②] 藏族传统戏剧有诸多地方剧种，在大的剧种中又有许多不同的艺术流派，每一流派内又有不同风格的演出团体。

发展到现在，“藏戏”实际上是我国藏区戏剧系统中诸多剧种、流派的统称。[③] 从源头看，藏语文中称为“阿吉拉姆”，原西藏地方政府的各种文件里都把藏戏写成“阿吉拉姆”，群众在口头上也称为“阿吉拉姆”。“阿吉”乃大姐、妻子的意思，“拉姆”则是仙女、天母、女神、神女等意思，合起来即为“仙女大姐”。这样称谓与其最初的创立和发展过程有着密切的关系。[④] 藏戏是以歌舞的形式表现综合性文学内容的艺术，属歌舞剧范畴，为藏族人民喜闻乐见的古老戏剧，主要流传于我国西藏、青海、四川、甘肃、云南以及境外的不丹、印度、尼泊尔等藏族聚居区。在悠久历史岁月中逐渐积淀而成，代表着藏族古老独特艺术文化的藏戏，是藏族也是我国民族文化的珍贵遗产。

---

① 刘志群：《中国藏戏史》，西藏人民出版社 2009 年版，第 1 页。

② 夏征农、陈至立主编：《辞海》（第六版缩印本），上海辞书出版社 2014 年版，第 2371 页。

③ 刘志群：《中国藏戏史》，西藏人民出版社 2009 年版，第 1 页。

④ 参见雪康·索南塔杰《西藏各藏戏流派的艺术特征与琼结扎西雪巴白面具藏戏的起源》，何宗英译，《西藏艺术研究》2003 年第 4 期。

一、藏戏的发端渊源

随着藏学的日趋显热，近些年来不少专家学者及民间从艺人员对藏戏进行了较为深入系统的理论研究。对于藏戏艺术的发端来源，众说纷纭，有的学者认为藏戏的发端可以追溯到青藏高原的旧石器时代。刘志群认为从藏戏艺术本身可以清晰地看到许多原始艺术表演和祭祀歌舞的残迹。① 本书采用大多数学者认同的在西藏民间流传甚广的民间传说关于藏戏发端的说法。铁狗年（1430），香巴噶举派高僧珠钦·汤东杰布主持营建西藏的第一座铁索桥。汤东杰布在政府官员和格桑为主的大施主及众多信徒的支持下，筹集款项修建曲水铁索桥。由于工程量巨大、人力缺乏、资金短缺，造桥工作无法顺利进行。苦于资金的缺口巨大，汤东杰布又难以向信徒们开口求援，要求布施。汤东杰布冥思苦想，突然发现建桥民工中有七个能歌善舞且模样俊俏的姊妹，一个绝妙的想法在汤东杰布脑海中闪过。他决定对原民间表演形式选择性地加以继承和创新，在白面具戏、西藏民间歌舞和说唱艺术的基础上穿插佛“本生”大型故事，吸收佛经传说和民间传说中带有戏剧因素的内容编排表演节目、设计唱腔动作和鼓钹伴奏，使整个表演形式更加完整、演唱形式更为生动。藏戏遂之产生。汤东杰布亲自教授这七位貌若天仙的女子如何表演，以募集造桥经费。七位姊妹果然不负重托，不仅美丽非凡还舞姿优美。观看她们演出的观众无不为其容貌和舞姿征服，叹为观止的观众们都踊跃地慷慨解囊为造桥捐助，赞道：“看到阿吉拉姆下凡跳舞了！”藏戏“阿吉拉姆”的名称也由此而来。

《西藏风土志》对藏戏的释义为：汤东杰布为建铁索桥，组织虔诚信徒中生得俊俏聪明、能歌善舞的七姊妹到各地演出，以佛教故事为内容，自编自导成具有简单故事情节的歌舞剧，以化导人众、募集经费，这就是藏戏的雏形。为此，人们把汤东杰布视为藏戏的祖师，又因藏戏最初由美

① 刘志群：《藏戏与藏俗》，西藏人民出版社2000年版，第9页。

貌出众的、仙女般的七姊妹演出，人们又把藏戏叫作“阿姐拉姆”。①

二、藏戏的主要派别及传统剧目

（一）传统藏戏的主要派别

传统藏戏主要有白面具藏戏和蓝面具藏戏（藏语称“拔温布”）。白面具戏因其早期的面具是用白山羊皮制作而得名，桑耶寺的大型壁画中所描绘的当时桑耶寺落成后的庆典场面中，就有白面具藏戏剧的演出场面，如今以卡卓扎西宾顿为代表的白面具藏戏的演出服装、面具及道具都和桑耶寺壁画内容如出一辙。相较白面具藏戏的原始性，蓝面具藏戏是在白面具藏戏的基础上发展变化而成。二者区别主要在于：“白面藏戏唱腔从古老的‘勒谐’发展而来，很少运用藏族特殊的演唱技巧‘仲古’，声调平直欢快，并有模仿动物的鸣叫声，演唱的正戏只有《诺桑王子》一个剧目，而且只演前半部，很少演全本；蓝面具戏，其声腔从‘谐钦’等发展而来，有人声帮腔伴唱，鼓钹伴奏，唱腔以散为主，运用‘仲古’较多，旋律婉转，唱腔丰富，并在演唱上有一定程式，表演继承了白面具藏戏的传统技巧，并有较大发展，演出剧目丰富，八大传统藏戏是它的常演剧目。”② 以卡卓扎西宾顿为代表的白面具戏舞蹈动作更为欢快热烈喜庆，适合于大型庆典场合演出，而蓝面具藏戏的舞蹈动作更为威武稳健，多于较庄重严肃的场合表演。

（二）藏戏的传统剧目

传统藏戏主要取材于民间故事、佛教经典、历史传说或生活世事等。现今影响较大的传统藏戏剧目有民间故事《诺桑王子》（又名《曲杰诺桑》），历史传说剧《文成公主》，根据佛经故事改编的《赤美滚登》，根据民间故事改编的生活剧目《卓娃桑姆》《白玛文巴》和《苏吉尼玛》，歌颂

---

① 赤烈曲扎：《西藏风土志》，西藏人民出版社 1982 年版，第 234 页。

② 刘志群：《中国藏戏史》，西藏人民出版社 2009 年版，第 156—157 页。

藏族劳动妇女善良纯真并揭露西藏封建农奴主凶残本性的《朗萨雯蚌》，以及描写旧西藏时期狠毒后母虐待前妻孩子及深厚的兄弟手足之情的《顿月顿珠》等。这八大藏戏所讲述的故事情节分别概述如下。

《诺桑王子》中主要讲述诺桑英俊聪明，深受群众拥戴。其属下一猎人从龙王那里得到一个“捆仙索”，捆住仙女益超拉姆献给诺桑王子为妃，受到王子宠爱的益超拉姆遭到其他嫔妃嫉恨，妃嫔们勾结宫廷巫师，使诺桑远征异地，并企图杀害益超拉姆。仙女不得已飞回天宫，王子征战归来见人去楼空，便排除万难，赴天宫迎回自己心爱的益超拉姆，过上美满幸福的生活。

《文成公主》主要讲述松赞干布派禄东赞到唐朝首都长安向唐太宗请婚，迎娶文成公主；派吞米桑布扎到尼泊尔迎娶赤尊公主。两位公主到西藏之后，对西藏的经济发展、文化交流、佛教传播等做出了巨大贡献。这是一出颂扬民族团结友好的戏，深受广大藏族人民欢迎。

《赤美滚登》讲述白岱国藏有无数奇珍异宝，闻名四海。白岱国王子叫赤美滚登，乐善好施，经常把国库财宝慷慨地布施众人。老国王为了控制王子无休止地布施，便为王子选娶了一个美女为妃以管理钱财。王子与王妃虽然恩爱有加并生了两个儿子，但他依旧大放布施，且把价值连城的如意宝“管多蚌觉”送给了一个花言巧语的婆罗门。老国王大怒，给予王子流放 12 年的处分。王子在路上又把所携带的一切财物甚至把妻子、儿子和自己的眼睛，都布施给了众人。流放期满，王子在返回途中，重新获得了布施出去的妻子、儿子和如意宝，并且重见光明，老国王便把王位禅让给他。赤美滚登把白岱国治理得井井有条，后把国政交给小王子，自己与王后一起学法修禅，最后化作红、黄两朵莲花。两位小王子为了完成双亲遗愿，用金粉书写了一千部《般若经》。

《卓娃桑姆》讲述在曼遮岗地方，有一对老年婆罗门生了一个空行母化身的美丽姑娘，取名叫卓娃桑姆，长大后被当地国王看中并抢去为妃，并为国王生下一儿一女。原来一妖妃哈姜堆姆嫉妒卓娃桑姆，阴谋加害卓娃桑姆母子三人。卓娃桑姆无奈只得升天而去，妖妃又把国王关入监牢，并数次派人杀害卓娃桑姆留下的姐弟二人，所幸的是姐弟俩被人搭救。王子逃到另一个国家当了国王，后妖妃带兵前来攻打，被王子杀死，最后王子治理两国，得到幸福安乐。

《白玛文巴》分两部分，第一部分讲述商人奴布桑波为国王辛苦经商，使国王大发横财，不料国王嫉妒商人才能，强迫他入海取宝，想借恶龙将他杀害。后来，奴布桑波被马王搭救，从魔国转入仙界。第二部分内容为奴布桑波的儿子白玛文巴，精明能干，国王怕他为父报仇，又迫使他下海取宝。白玛文巴借助空行母的法力，从大海取得宝贝平安归来，黑心的国王更加不安，便派他到罗刹国去取会飞的金锅铜匙，而妄图让罗刹把他吃掉。不料，白玛文巴历经千难万险，不但取到金锅铜匙，而且把罗刹女王及其四个罗刹女点化成仙并娶为妻子，胜利回归。国王却夺走金锅铜匙，强占五位仙女，并将白玛文巴活活烧死。之后五位仙女将国王送往罗刹国喂了罗刹，将白玛文巴救活。众人推举白玛文巴当上了国王。

《苏吉尼玛》讲述一个国王先娶了一个魔女为后，又娶了一个漂亮的修行者之女苏吉尼玛为妃。魔女嫉恨，暗地杀害王族并诬陷是苏吉尼玛所为。国王不加以调查就信以为真，命令屠夫将苏吉尼玛押送到刑场杀害，屠夫不忍，遂把苏吉尼玛放走，苏吉尼玛周游各地，宣扬佛法。此事传到国王耳内，国王懊悔前非，便把王位传给王子，自己与苏吉尼玛一起修行去了。

《顿月顿珠》讲述顿月和顿珠为同父异母的两兄弟，顿月的母亲唯恐自己的小儿子不能继承王位，便装病要求国王将顿珠杀掉，国王不忍，便把顿珠流放。顿月不愿与哥哥分离，便偷偷地背着父母，伴同顿珠一起出走，不料顿月经不起饥渴和疲劳，不幸死于山中。顿珠独自一人流浪，被一老喇嘛收养。此时，当地要寻一个属龙的青年投入湖中祭祀龙王，顿珠恰好属龙，便被大臣带入王宫。宫中一位美丽的公主，一见顿珠心生爱慕，国王因疼爱女儿，拟另找属龙青年代替顿珠祭龙，顿珠坚决不肯贻害他人，自动投湖，这种高贵品质感动了龙王，龙王便把顿珠送回岸上同公主结为夫妇，公主的父亲也将王位转让给顿珠。顿珠思念流放途中病逝的弟弟顿月，到山中看望，恰好与仙人救活的顿月相逢，于是兄弟二人一同回国探望父母，年迈的父亲将王位传给顿月，顿珠则回到自己的王宫，他们兄弟各治其国。

《朗萨雯蚌》中描述的朗萨是一个善良、美丽、聪明的姑娘，在一次庙会上被当地山官看中，山官依仗权势逼其为儿媳，受尽欺凌虐待的朗萨遍体鳞伤，含恨而死。山官火烧朗萨遗体时，朗萨化为一缕青烟徐徐升入高空，山官则被烈火烧死了。①

三、藏戏独特的演出形式

藏戏舞蹈动作不同于一般的藏族民间舞蹈，藏戏有其独特的演出形式，其舞蹈动作与藏族民间舞的发展关系密切，但又不同于民间舞那种更多强调自娱性和随意性的动作。“藏戏是娱人的舞蹈，在表演形式、舞蹈动作、动作幅度、基本技巧、风格特点等方面，与热巴有很多相似的地方。”② 藏戏舞蹈动作是根据剧情内容、人物角色的要求而设计的高度规范、程式化的动作，有优美柔软的慢步“台叉布”，有欢乐敏捷的快步“觉叉布”，有刚健有力的中步“赤叉布”，有朴实无华的正面人物动作，有狡猾狠毒的反面人物动作。因此，“从藏戏舞蹈的表演手势、舞步、舞姿上就能清楚地辨别剧中人物的正、反面性格特征，或从剧中人物所戴面具来分辨。有些舞蹈动作是从劳动中直接提炼出的，如表现狩猎的张弓射箭动作、捻毛线的动作、表现渡船过河的划船动作等”③。这些舞蹈动作既表现出藏民族人民浓郁的生活气息，又用夸张的艺术手段给观众以和谐优美的直观感受。

西藏民主改革前，藏戏的主要演出场所为历代达赖喇嘛夏宫——罗布

① 参见颜其香主编《中国少数民族风土漫记》，农村读物出版社 2001 年版，第 38—40 页。

② 中国民族民间舞蹈集成编辑部编：《中国民族民间舞蹈集成（西藏卷）》，中国 ISBN 中心 2000 年版，第 297 页。

③ 中国民族民间舞蹈集成编辑部编：《中国民族民间舞蹈集成（西藏卷）》，中国 ISBN 中心 2000 年版，第 297 页。

林卡内的露天舞台，女性演员因此被禁止登台表演，女性角色由男扮女装者演出。一出完整的藏戏剧目可以演上几天。不管归属于哪个派别，藏戏演出一般都遵循三大段模式，即以舞蹈为主的开场戏“温巴顿”和结尾戏“扎西”，以说唱剧情为主的重点中间段“雄”。

第一大段为开场戏，叫“温巴顿”（猎人净地）。它在整个剧中的主要作用是介绍演员、吸引观众注目、讲解剧情内容，为正戏开始做准备工作。剧中有三种人物，一是“温巴”（猎人），身穿猎人装的7位演员手持“达答”登场，高歌祝福歌，清扫场地。二是“甲鲁钦培”（太子降福），该称谓是借用了“丈夫”一词，是藏戏演出的领班，祈神驱邪。着太子装的演员登场，以法力加持舞台，给观众带去福泽恩惠。“甲鲁”的扮演者都由嗓门洪亮、仪表端庄、精通剧本、熟练韵白、人品正直、备受爱戴的男性担当。三是“拉姆堆嘎”（仙女歌舞），身着仙女装的7名演出者慢慢起舞出场，以代表汤东杰布为造铁索桥募捐而请的七姐妹，亦寓意仙女下至凡间，与人共享欢乐。此为藏戏开场的序幕。

第二大段为“雄”（正戏）。由温巴用行板式的念白向观众讲解，介绍剧情和各个演员扮演的角色，随即开始正式演出。

第三大段为“扎西”（吉祥），演出结束前的尾声，祝福迎祥的仪式，和剧情本身没有实际联系。传统戏剧演出人员以集体歌舞形式进行祈福迎祥并接受观众敬献的哈达和募捐的各种财物。

四、山南藏戏瑰宝：雅隆扎西雪巴、琼结卡卓扎西宾顿

（一）雅隆扎西雪巴

山南乃东区昌珠镇扎西曲登村的雅隆扎西雪巴是早期白面具戏中最具影响力的戏班。“雅隆扎西雪巴”实际上是由当地五个非常祥瑞的名字而来：扎西雪巴（村名）、扎西妥门（村名）、扎西孜（宗名）、扎西桑巴（桥名）、扎西曲登（寺名），因而亦被称为“扎西昂椎”（五瑞聚全的吉祥戏班）。扎西曲登村因雅隆扎西雪巴而备受瞩目，于2002年被西藏自治区

人民政府命名为“民间艺术之乡”。雅隆扎西雪巴 2006 年入选国家级非物质文化遗产代表性项目名录，是到目前为止乃东区唯一的国家级非物质文化遗产传承项目，其传承人次仁旺堆、尼玛次仁于 2008 年 1 月入选第二批国家级非物质文化遗产项目代表性传承人。

雅隆扎西雪巴是白面具戏流派中的一个特殊分支，西藏和平解放以后，扎西雪巴曾和蓝面具戏乃东戏班联合排练演出了《文成公主》，在艺术上进一步向蓝面具学习。[①] 在进一步了解融合的基础上，扎西雪巴逐步综合蓝面具的样式特点对白山羊皮面具进行了再加工装饰，逐渐在白面具基础上发展成一种独特的黄面具——白色边子、脸部为黄色呢子底纹的面具。

任何事物的发展必然会经历一个曲折的过程，雅隆扎西雪巴亦不例外。五世达赖喇嘛时期，雅隆扎西雪巴必须每年前往拉萨支藏戏差，参加“哲蚌雪顿”的藏戏演出，支差期间还要到拉萨各寺院和地方政府高级官员府邸免费演出，每年藏历年期间（藏历一月四日）到架桑寺献演。1959 年民主改革以后，为庆祝广大农奴翻身解放，扎西雪巴在山南地委小礼堂专门进行了演出。“文化大革命”中演出活动被迫停止。1978 年中共十一届三中全会以后，由山南地区群众艺术馆组织，白玛顿珠给年轻演员进行了一次技艺传授。[②] 剧团恢复后，除了重点排练经典剧目《诺桑法王》，还演出《朗萨雯蚌》《卓娃桑姆》等传统剧目。改革开放后雅隆扎西雪巴的发展更为迅速，1987 年扎西曲登村组建了一支由 28 位演出成员组成的剧组，每年演出好几十场次，除了参加传统的雪顿节演出，亦在藏历新年、本村和附近村镇的望果节、桑耶寺和昌珠寺等寺院的宗教节日、物资交流会、文化节、迎接贵宾等重大节庆时为群众或重要来宾登台献艺。

雅隆扎西雪巴的唱腔与古老的谐钦接近，运用的“仲古”较少且简单，穿插有模仿动物的鸣叫声，更富民间音乐明快、清新的特点。其舞蹈

---

① 《中国戏曲志·西藏卷》编辑委员会编：《中国戏曲志·西藏卷》，文化艺术出版社 1993 年版，第 223 页。

② 《中国戏曲志·西藏卷》编辑委员会编：《中国戏曲志·西藏卷》，文化艺术出版社 1993 年版，第 223 页。

动作具有明朗轻快、自然活泼的特点。扎西雪巴历史上就有参加雪顿节献演的传统，在雪顿节演出的最后一天，将演出由扎西雪巴作吉祥祝贺的收尾仪式——“扎西”。

历史上，雅隆扎西雪巴著名的戏师有嘎玛欧珠、次仁顿珠、嘎玛、扎西群佩、白玛顿珠等。其中扎西群佩的好几代祖先都当过戏师，如多吉、多吉占堆和嘎玛欧珠等。[①] 如今新一代技艺精湛的著名戏师主要有国家级非物质文化遗产传承人次仁旺堆、尼玛次仁等。时代随着经济的发展发生着日新月异的变化，但代表民族传统文化精髓和习俗的扎西雪巴剧团一直传承至今。每遇外出表演，扎西雪巴全体演职人员都会按照传统习俗在村主任带领下，自发性地来到位于村口的扎西曲德寺和山口的“拉孜”（挂经幡的山峰）以传统仪式祭祀山神，祈祷成员出行平安、演出顺利。

（二）琼结卡卓扎西宾顿

1. 奔堆村地理环境

琼结县位于西藏自治区东南部，雅鲁藏布江沿岸，山南地区的腹中地带，喜马拉雅山北坡，整个县域三面环山。其地理坐标位于东经 91°61′—91°72′、北纬 29°01′—30°36′。县域内总面积约 1030 平方公里。拥有众多文物古迹，赤松德赞记功碑和基碑、藏王墓石狮等著名吐蕃王朝时期藏王墓群均已被列入全国重点文物保护单位。

隶属于琼结县下水乡唐布齐村辖区的 3 个自然村之一奔堆村，是有“西藏第一部藏戏”美誉的琼结卡卓扎西宾顿藏戏的著名演出剧团——卡卓扎西宾顿的所在地。奔堆村距离琼结县县城约 20 公里，截至 2013 年年底该村人口总数为 375 人（男性 202 人、女性 173 人），主要劳动力为 131 人，共计 75 户。耕地面积据官方统计有 1300 多亩、草地面积约 7100 亩、林地面积约 2500 亩。奔堆村以农业为主、兼营畜牧业，主要经济收入为外出务工，人均收入约 6197 元，其中人均现金收入约 3887 元。[②]

---

① 《中国戏曲志 · 西藏卷》编辑委员会编：《中国戏曲志 · 西藏卷》，文化艺术出版社 1993 年版，第 223 页。

② 参考琼结县下水乡唐布齐村村委会提供的内部统计数据。

该地气候条件属高原温带半干旱季风气候，干湿季节分明，气候干燥，年降水量345毫米，降水主要集中于夏季6—8月，春冬多风，年无霜期125—153天。主要有旱灾、洪水、冰雹、病虫等自然灾害。拥有锑矿、玉石、铬铁、铅矿等矿产资源。有黑颈鹤、秃鹫、羚羊、水獭、天鹅、獐子、雪莲花、虫草、贝母、红景天、麻黄等动植物资源。

2. 独具特色的演出形式

属白面具戏流派的琼结卡卓扎西宾顿藏戏距今有600多年历史，以其独具特色的唱腔、引人入胜的情节和原汁原味的传统演出闻名于整个藏区及海内外。

（1）琼结卡卓扎西宾顿藏戏的由来

琼结卡卓扎西宾顿藏戏被誉为“西藏第一部藏戏”，与民间关于藏戏祖师汤东杰布的传说及出生于琼结的五世达赖喇嘛的极力推动不无关联。14—15世纪汤东杰布为建造铁索桥的资金募捐而创建了西藏第一个戏班，即如今的琼结卡卓扎西宾顿前身。“据考证，汤东杰布时代之前已建立了一个白面具戏戏班，开场戏中有五个戴白面具者，叫作‘阿若娃’。五世达赖喇嘛当政时期，他对他家乡的这个戏班格外关心，指令以宾顿巴村中一条小河为界，河一边多数人家组成‘琼结——扎西宾顿巴’，河另一边的盘纳小村里的人组成‘盘纳——若捏宾顿巴’，规定每年要参加雪顿节的演出。扎西宾顿演员佩戴的白面具上的眼睛呈鸡眼形，即上眼皮不能动，开合用下眼皮，下眼皮的眼梢压住上眼皮的眼梢。据说因五世达赖喇嘛长的就是这种特殊眼形，为了纪念五世达赖喇嘛才特意模仿绘制成这种面具表情形式。”① 从五世达赖喇嘛时期起，拉萨雪顿节共有12个藏戏演出团队进行仪式表演，因为卡卓扎西宾顿藏戏剧团为最古老、最正统的戏班；所以被安排第一个上场演出。卡卓扎西宾顿藏戏剧团只演出其正统剧目《诺桑法王》(亦名《曲杰诺桑》《诺桑王子》)，在拉萨雪顿节上只演开

① 《中国戏曲志・西藏卷》编辑委员会编：《中国戏曲志・西藏卷》，文化艺术出版社1993年版，第222页。

场仪式，其他重大节庆表演时会视具体情况演出半本或整本剧情。

（2）独特的演出形式

通过与其他藏戏剧团演出形式的比较可知，琼结卡卓扎西宾顿藏戏剧目表演中有一段《吉祥九重》的歌舞演出，这是琼结卡卓扎西宾顿藏戏独一无二的桥段。此外，琼结卡卓扎西宾顿藏戏剧团一直遵从藏戏历史传统，所有演出人员均为男性，女性角色由男扮女装者完成；其他藏戏剧团皆是男女演员混编的演出形式，这也是琼结卡卓扎西宾顿藏戏剧团区别于其他藏戏剧团的又一主要特征。

3. 饱经沧桑的传承发展之路

尽管琼结卡卓扎西宾顿前期在藏戏演出队中的影响力巨大，被视为具有最正统血缘的藏戏演出队，然其发展历程的艰难程度并不亚于同为白面具戏流派的另一个国家级非物质文化遗产项目——雅隆扎西雪巴。西藏民主改革后，1961 年，西藏歌舞团的工作人员阿佳哈巴、才旦卓玛等前来琼结县收集藏剧音乐时曾演出过一次，此后基本上再没有大型演出活动。尤其是“文化大革命”时期，整个琼结卡卓扎西宾顿几乎处于停滞状态。令人欣喜的是，中共十三届三中全会后，西藏自治区文化部门、山南地区群众艺术馆对琼结县卡卓扎西宾顿藏戏艺术进行了抢救性的恢复。琼结卡卓扎西宾顿和雅隆扎西雪巴于 2006 年入选国家级非物质文化遗产代表性项目名录。技艺精湛的琼结卡卓扎西宾顿传承人白梅、嘎玛次仁于 2008 年 1 月入选第二批国家级非物质文化遗产项目代表性传承人。

图 3-3　琼结卡卓扎西宾顿藏戏传习所

笔者于2014年2—3月、2014年7—8月、2015年8月和2018年8月四次前往隶属于琼结县下水乡唐布齐村的3个自然村之一的奔堆村对琼结卡卓扎西宾顿进行实地田野调查。

从现今琼结卡卓扎西宾顿剧团的基本组织模式（见图3-4）可见，琼结卡卓扎西宾顿直接由山南琼结县文化局指导。村里两位技艺精湛、德高望重的国家级非物质文化遗产传承人白梅和嘎玛次仁，主要负责剧团的上下衔接事务，组织安排队员排练，找队员商议剧团其他待解决事宜等。遇到大型演出活动时，西藏自治区或山南市通知到琼结县文化局非物质文化遗产办公室负责人，文化局工作人员将具体信息传达给白梅或嘎玛次仁，由他们负责人员统筹和具体事务的协商安排。

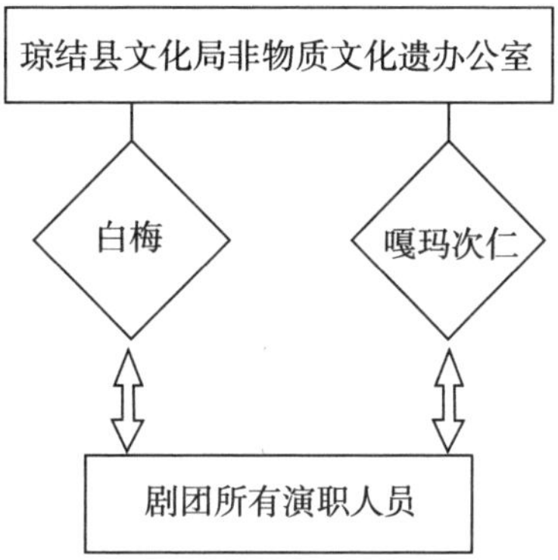

图3-4　琼结卡卓扎西宾顿剧团组织模式

国家加强政策扶持力度后，卡卓扎西宾顿白面具戏演出队伍才逐渐发展壮大。新卡卓扎西宾顿白面具戏于1985年成立，在此之前，村里的长者很多都会唱，但年轻一辈后生并不会主动学习唱藏戏。刚成立新藏戏队时，《诺桑王子》的演出服饰几乎绝迹，西藏自治区政府为保护和传承民族传统文化，投资置备了传统演出服装，卡卓扎西宾顿藏戏剧团的戏服基本都是从拉萨购置或按照图文资料中的戏服样子制作而成。[①] 根据传承人

① 根据笔者于2014年7月31日对琼结卡卓扎西宾顿的国家级非物质文化遗产传承人白梅、嘎玛次仁的访谈记录整理而成。

嘎玛次仁回忆，新卡卓扎西宾顿藏戏剧团成立后，自治区政府出资置备了剧团演出服饰和演出道具，却面临没有足够数量的演员穿演出服装、使用道具进行演出的尴尬境地。老戏师巴珠等认为既然服饰都已受到保护，被要求完整传承下去，那藏戏本身就更应该传承和发扬。为了恢复卡卓扎西宾顿的正常演出，老一辈著名藏戏大师巴珠老人等在卡卓扎西宾顿剧团的重建上倾注了大量心血，在村内自发组织并宣传藏戏，招收徒弟并在农闲时间免费传授各种角色的唱腔技巧和表演手法等，亲自解读分析剧本及角色等背景知识。老一辈大师们身体力行地传承教授卡卓扎西宾顿，使村里加入藏戏演出团的人越来越多，慢慢发展成现在的规模。

图 3–5　诺桑王子扮演者

图 3–6　扮演仙女的两个演员

在各级政府的财力、物力扶持和社会各界的支持下，如今的卡卓扎西宾顿藏戏剧团逐渐开始走上正轨。卡卓扎西宾顿现已发展成为拥有 28 名演出人员，平均年龄为 27 岁的颇具规模的半专职藏戏团（20 岁左右的年轻人占藏戏团成员一半人数）。卡卓扎西宾顿的年轻演员多数是初中毕业没考上高中，返家务工学手艺的年轻人。村里 40 岁以上的人几乎都在家里料理田地农活和家庭事务，年轻人则外出挣钱，多数人于藏历新年结束后去拉萨或山南地区务工，家中无重大事情一般不返家。但遇藏戏队有演出或安排统一排练时，所有演员都主动地放下手中工作请假或辞工回来参加排练及演出。无演出安排时，卡卓扎西宾顿藏戏团约一个月组织所有演员集训排练一次，每次训练约3天时间。有演出安排则会连续练习20多天或整月排练。平时排练均有误工补贴，70—80元/天；演出补贴约100元/天（参加雪顿节、雅砻文化节等大型演出活动）。补贴费用主要由琼结县文化局非遗办工作人员划拨给剧团两位负责人白梅和嘎玛次仁，两位负责人再将贴补费直接分发给参加排练和演出的队员。访谈期间，笔者发现尽管外出务工的收入最少150元/天，但作为肩负民族文化传承人的卡卓扎西宾顿队员们认为即使因藏戏排练和演出致使收入降低，他们仍会一直坚持下去。希望能通过他们的努力将奔堆村的卡卓扎西宾顿藏戏发扬光大。[①]

从西藏自治区政府、山南市政府到琼结县地方政府都对卡卓扎西宾顿这个西藏历史上最正统的藏戏剧团加大了财政资金及人才资源的投入。为了使卡卓扎西宾顿藏戏得到进一步的保护传承和发展，2010年由琼结县文化局牵头筹资约10万元，村委会批准提供空地，村民出工出力，总投资约25万元，建成了占地面积1320平方米、建筑面积876平方米的琼结卡卓扎西宾顿藏戏传习所，同时配备了音响设备，建立了卡卓扎西宾顿藏戏展览室。琼结卡卓扎西宾顿藏戏传习所既是村民活动室也作公共场所用。房屋主要由藏戏团和村委共同使用，其中有3间专门用于存放演员服装、道具等剧团物品，还有1间约10多平方米作为琼结卡卓扎西宾顿藏戏的会议室。

为保证传承人安心带徒授艺，琼结县文化局非物质文化遗产办公室及时兑现2名国家级传承人每人每年2万元的补贴。县财政划拨专项资金用于保障演员排练及演出期间的误工补贴。演员的排练及误工补贴已从2016年前的每人100元/天增加到现在的130元/天。为进一步促进该村的干部群众关心关注琼结卡卓扎西宾顿藏戏的保护传承与发展，从2014年开

---

① 根据笔者2015年田野调查记录整理而成。

始琼结县文化局每年专门对长期坚守一线、努力推动藏戏保护传承的村干部及非遗传承人进行节日慰问。

图 3-7 卡卓扎西宾顿户外演出（1）

（伦珠泽仁摄）

图 3-8 卡卓扎西宾顿户外演出（2）

笔者第二次前往奔堆村做田野调查时，恰逢上海某影视剧组来奔堆村拍摄《诺桑王子》的演出片段，为剧情取景。剧团所有成员已从务工地赶回村子参加演出、配合拍摄。对于琼结卡卓扎西宾顿的未来，剧团成员普遍担忧的是，随着社会的发展，村内的孩子多选择进一步接受教育，上学的孩子越来越多，留在村内的年轻人必将日趋减少，如此长期下去，下一辈琼结卡卓扎西宾顿恐后继无人。卡卓扎西宾顿人的忧虑，大概也是所有非物质文化遗产传承人同样待解开的心结吧！

第三节　山南藏族传统表演艺术的社会功能

山南藏族传统表演艺术形式具有强烈且鲜明的藏民族风格，充分显示了长期生活在西藏雪域高原特定族群的发展历史和藏族人民的精神风貌，有着重要的文化人类学和历史研究价值。

一、群体整合功能

演员可以看作群体中定期、定点却非自觉地负责强化集体意识、整合民族、促进团结的一类人。据藏族朋友讲，能跳藏戏是很荣幸的一件事，那种氛围、那种同胞间的聚会是很惬意、很振奋人心的。[①] 山南藏族传统表演艺术作为我国的一种非物质文化遗产“活化石”，荟萃了藏族文化艺术的精华部分，为中华民族的艺术瑰宝之库增光添彩。

山南藏族传统表演艺术深深植根于西藏传统文化的沃土中，是一种源自人民且属于人民的艺术。其故事情节和背景寓意充分表现了藏族群众在面对很多现实境况时的挣扎、对欢乐世界的向往和对现世的祈愿，通过这种途径宣泄被压抑的悲哀和痛苦及表达欢乐祥和的状态。在传统歌舞表演中，观众通过宣泄和累积而重新回归社会，藏戏中“善恶有报”“福报大团圆”的美好结局更是寄语美好社会的艺术表征，这是伦理世界能保持平稳和谐的一种寄托。此外，大部分藏戏剧情是按照藏家人的尚美习风及全民信教的礼俗来构织的，剧中充满欲望的个人在理性和欲望间抉择，不断挣扎，最终选择理性。从而使观众情绪得到满足而补全了伦理世界圆圈。[②]

山南乃至几乎整个藏区，尤其是牧区的各个家庭居住分散度很大，空间距离使如何巩固、强化藏族群体意识这个难题显得尤为突出。而定期、不定期的传统表演则将分散居住的山南藏族聚集在了一个公共场所内。各种祭祀活动的歌舞表演、重大节庆的藏戏演出等公共活动是一种很好的群体整合方式。演员的服装、道具、面具及舞蹈、说唱动作等一系列增强感官刺激的手段，以不同频率重申着群体意识，强化了山南藏族团结的共性纽带。

“民族的语言配以民族的艺术手法，演绎民族的精神整合，这就是藏戏的最大特点。”[③] 山南藏族传统表演艺术是一种社会化的手段，通过这一手段的有效运作，藏族的群体意识、民族语言、宗教信仰等被内化为相似的人格系统。这种传统表演艺术能有效地从侧面处理生活中的某些突发事件，对成员情感稳定和族群团结起到一定的隐性促进作用，在日常生活中制约成员

---

① 戴康生、彭耀：《宗教社会学》，社会科学文献出版社 2000 年版，第 102 页。

② 高翔：《“觉木隆”职业藏戏及唱腔音乐研究——以西藏藏剧团为例》，博士学位论文，中央民族大学，2012 年。

③ 徐睿、胡冰霜、秦伟：《浅谈藏戏的群体整合功能》，《西藏研究》2003 年第 2 期。

自觉地接受群体意识及民族标签等人格需求特征。

二、教育启示功能

于山南藏族群众而言，他们从出生那天起就开始在这种传统文化空间氛围中接受卓舞、藏戏、谐钦等众多传统表演艺术耳濡目染的熏陶。“艺术，尤其是戏剧艺术，首先要有一个供其展现自身的场所，然后才能谈其作用的问题。”[①] 对于非物质文化遗产，如果单靠外界力量是无法真正持久传承的。族群维持自身文化精神的积极性是基于自觉传承意识形成的内在动力。唯有突出文化遗产的认同意义，让传承人群体自信、自觉地传习，以开放和自信心态，才能使得非物质文化遗产有序、有效、真实地传承。[②] 藏戏也不例外，所宣扬和推广的集体价值、民族情感、宗教信仰等是藏族人民所自觉遵从的民族精神源泉。藏戏剧情中对恶霸及黑暗势力的惩治，进一步强化了宗教所推崇的以真善美为核心价值的集体意识，在这种人格社会化过程中潜移默化地影响着观众的价值观的选择。

山南藏族传统表演艺术内容博大精深、形式多样、题材广泛且结构缜密严谨，深受广大民众喜爱，同时又运用多种文化符号在互动过程中使再教育成为可能，通过表演形式再现人们业已内化的集体意识。通过表演所塑造和传达的基本信仰和情感使观众的价值观得到整合促使观众在潜意识层面不自觉地遵守表演中所重申的楷模行为。尤其是佛经故事改编的剧情部分及一些和宗教祭祀仪式相关的庄严肃静场面，利用宗教推崇的真善美、因果报应对恶势力和反面角色的宣判惩罚及对来世的美好期盼，缓和人类在社会迅猛发展过程中面临的各种冲突矛盾，并向观众提供一种较为温和的世界观，使观者在观看藏戏传统表演艺术的休闲娱乐中收获启迪，接受教育。

---

① 李春熹：《作为演出艺术的戏剧》，中国戏剧出版社 1989 年版，第 10 页。

② 梁莉莉：《传承行为与保护实践：回族非物质文化遗产传承人研究》，宁夏人民出版社 2016 年版，第 229 页。

三、群众性娱乐功能

山南藏族传统表演艺术汇集了藏族众多民间传统表演艺术样式，通过各种趣味横生的说唱、杂耍、歌舞等在轻松愉悦的氛围中，将日常生活细节如什锦拼盘似的在演出中艺术性地呈现，其娱乐性和特殊的内涵笑点深深地吸引了观众，并在笑声中引起观众的情感共鸣。

在民族学家林耀华先生看来："舞蹈同歌唱一样，在原始时代人们的劳动和社会生活中具有重要作用。无论是在狩猎、种植、收割，还是择偶、嫁娶、生育、丧葬、祭祀，氏族的乃至部落的成员都要跳舞，以表达他们的思想感情。"[①] 在重大节庆场合，山南藏族群众同传统表演艺术的演出人员一起，通过形式多样的表演形式达到娱神娱人娱己的目的，放松身心，表达自己或悲伤或快乐的思想情感。

娱乐是指人们通过具体的审美文化活动而获得的感性愉悦（包括松弛、满足、快乐或自娱享受等）。游戏强调的是游戏人参与游戏并从中享受乐趣，而娱乐就在游戏之中。[②] 山南藏族群众在观看传统表演艺术时与演员的互动过程，类似游戏的娱乐方式，如在藏戏演出过程中，饰演"甲鲁"和"温巴"的演员即兴发挥时，其幽默诙谐的语言、风趣搞笑的动作时不时逗得观众们忍俊不禁、笑声不断，不仅有效调动起在场观众的参与激情，而且形成台上台下互动"戏乐"的欢快语境。有助于帮助观者和表演者双方在这种愉快、祥和的娱乐氛围中屏蔽现实生活中的积怨或阴影，再次以乐观的态度和勇敢的心境积极面对仍然扑朔迷离的未来。正所谓"娱乐还可以转移人们的紧张情绪，达到心理的平衡"[③]。

---

① 林耀华主编：《民族学通论》，中央民族大学出版社 1997 年版，第 484 页。

② 高翔：《"觉木隆"职业藏戏及唱腔音乐研究——以西藏藏剧团为例》，博士学位论文，中央民族大学，2012 年。

③ 陈华文：《民俗文化学》，浙江工商大学出版社 2014 年版，第 244 页。

四、民俗记录功能

民俗文化的记录功能是一个一直以来都易被忽略的功能，绝大部分民俗文化只存在于人们的行为模式或口头语言之中。不像其他文化事项多数能以文字的形式进行记录保存。因而，这种主要以人们行为模式和口头语言进行记录或传承的民俗文化事项，需要后来人更多地参与或以直接进入的方式去体味和感受。传统表演艺术作为藏族民俗文化的重要组成部分，折射出藏族民众对周遭世界的认知、对所处社会的解读、对人性善恶的奖惩，记录着藏族走过的风雨岁月。根据民间故事改编的《诺桑王子》、历史传说剧《文成公主》等藏戏剧本以及各种根据生产生活改编而成的舞蹈动作，都是藏族对自己历史的记忆和解读。每次传统表演艺术的演出，都是对本民族民俗文化事项及社会发展的再记录和传承。这种活态的传承方式比干瘪的文字记录更为客观真实，使人们在今天还能直观立体地感受到藏族先民那种为生活努力奋斗的精神。

山南藏族传统表演艺术是传统文化的一种传播手段。在藏戏各剧种演出中，藏族的宇宙观、人生观及宗教所宣扬的真善恶及生死轮回观熔铸在传统表演艺术的各种桥段中，这种对过去历史的记忆和认知，在传统表演艺术中得到传承和发展。

第四章

山南藏族岁时节庆

非物质文化遗产的流传和保存形式并非单一存在，任何一种非物质文化遗产都处于一个系统的结构之中，牵涉到诸多的展演形式，这些展演形式构成互为依存的关系。尤其是民间信仰，它不能自我展示，一定要在仪式或传说中获得认定。[①]

岁时节日，主要是指与天时、物候的周期性转换相适应，在人们的社会生活中约定俗成的、具有某种风俗活动内容的特定时日。不同的节日有不同的民俗活动，且以年度为周期，循环往复，周而复始。[②]年节乃一个区域内民族整体文化记忆的表征及民族传统文化的传承纽带。

创造了西藏古文明雅砻文化的山南藏族群众，在历史长河中留下了其独具特色的岁时节庆民俗，本章主要深描以农事活动为主线的藏历新年、春播节和望果节。

第一节　山南藏族传统藏历新年

藏历新年亦称“洛萨尔”（新年），是藏族在长期社会发展中根据天文历算和民俗活动而确立的重要的节日。因各地岁首纪月推算方式的不同及生产劳作、生活习俗的特殊性，藏历新年的时间和习俗也不同。形成以拉萨为主的西藏大部分地区于藏历正月初一过新年，以日喀则为主的后藏部分地区藏历十二月一日过新年，阿里地区普兰县等地藏历十一月一日过新

---

① 董晓萍、万建中主编：《北师大民俗学论丛》，中华书局 2013 年版，第 679 页。

② 钟敬文主编：《民俗学概论》，上海文艺出版社 1998 年版，第 134 页。

年，工布的林芝县、米林县、江达县等地区则于藏历十月一日过新年。笔者田野调查地——山南贡嘎县东拉乡玉曲村的藏历新年则从藏历正月初一始，至藏历正月十五结束。[①]

图 4-1 玉曲村远景

一、藏历新年的传说及起源

关于藏历新年的起源众说纷纭，主要有苯教说、纺线老妇月算说、汉历说和时轮说四种观点。

藏历新年有着古老的历史，通过文字记载能追溯到原始苯教时期，那时西藏先民已掌握基本的天文历算，相信天地万物由水、土、木、火、空五种元素构成。以月亮的圆、缺、朔、望来计算月份，其运算方法颇为简易。按照此种推算法，藏历十一月初一为岁首，各地群众以精彩纷呈的原始歌舞和食物祭祀神灵，祈祷来年风调雨顺、吉祥平安。此为苯教说，乃藏历新年的雏形。

西藏农牧业早在吐蕃第八代藏王布德贡嘉时期已有很大发展。据载，居于山南雅砻河谷的一位名“嘎毛贝姆”的纺线老妪，在古老历法基础上发明了一种除了以月亮的圆缺、朔望外还以星辰运行规律推算春夏秋冬

① 调查时间为藏历水蛇年十二月至藏历木马年正月（2014 年 2 月至 3 月）。

四节气的新历法。新历法在雅砻人中使用率很高，一度非常流行。依此历法，雅拉善布神山脚下杏树开花时，即被视为一年岁首，举行欢庆仪式。后人称此历法为“纺线老妇月算”。

至唐代，西藏藏历新年岁首为以麦子成熟为标志。据《旧唐书·吐蕃传》记载：“不知节候，以麦熟为岁首。”而《新唐书·吐蕃传》载为：“其四时，以麦熟为岁首。”7世纪被松赞干布迎娶到西藏的文成公主、8世纪进藏的金城公主，都带去许多天文历算书籍及内地精湛成熟的先进生产技术和生产工具，促进了西藏经济文化的发展。同时，藏地历法吸收了汉族天文历法，有了欢庆年节岁首的习俗。此为汉历说。

传吉觉·达哇沃色、热·多吉札、卓·格伦西饶等译师们将印度佛教《时轮经》及其注疏译成藏文。藏族第一次以饶迥纪元，时值农历丁卯年，即以该年为藏历第一饶迥火阴兔年，计60年为一个“饶迥”。藏族群众据此年历进行生产劳作及岁时节庆活动，岁时年节逐步规范化。此乃时轮说。

二、藏历新年节日程式

本章中的田野调查点——西藏自治区山南市贡嘎县东拉乡玉曲村，位于喜马拉雅山北脉最大的内陆湖、西藏三大圣湖之一——羊卓雍措北岸，背依绵延起伏的群山，在蓝天白云、湖光山色映衬下有着绝世美景。该村距拉萨约100公里、离贡嘎县70多公里，从拉萨出发需翻越海拔5030米的岗巴拉山口方能抵达该村。整个村落依山傍水沿羊卓雍措而建，平均海拔4500米左右。玉曲村为贡嘎县地理位置最偏僻、交通最困难、海拔最高、气候最恶劣的村落之一，辖三个村民小组，是一个有村民52户294人的藏族聚居村，草原植被面积约23000亩，灌木丛树木面积约264亩，耕地面积约392亩，以畜牧业为主、农业为辅。[①]

① 参考玉曲村村委会2014年村况公告栏资料。

（一）藏历新年节前准备

玉曲村内的多数村民于藏历十二月开始准备年货。笔者田野调查期间入住的洛桑家约于藏历十二月二十日开始置办年货。同村里多数家庭情况相似，农闲时间段家里劳动力外出至周边县、市务工，很多年货由在外务工者购置。

1. 准备食物

藏历新年中必不可少的藏式酥饼——“卡塞”[①]反映了藏族人民饮食习惯中浓厚的高原特色。藏历十二月二十二日，洛桑一家从早十点至晚七点都在忙着和面、造型，在滚烫的油锅里炸制形状各异的“卡塞”。炸制“卡塞”仍保持着许多传统习俗：制作第一个“卡塞”需将面裹于一根长木棍上，炸好后从房顶四个角落向外扔出，此举寓意为将晦气赶出厨房，使“卡塞”制作不被扰乱及炸制“卡塞”时油不乱溅伤人；第二个为蝎子状，将该“卡塞”和一个微型五色经幡枝供奉于厨房藏柜顶端以祭祀灶神。在藏族人心目中，厨房是最干净的地方，也是他们最崇敬的地方，因为这里有掌管一家衣食富足的灶神，所以新年到来时供奉灶神是至关重要的。[②]洛桑念诵着感谢灶神经年累月保佑家人并祈愿新一年吉祥如意。“卡塞”有吉祥富足的象征之意，过年时对“卡塞”的需求量很大，敬奉各神灵需一部分；作为美味可口的休闲小吃，家庭成员众多也消耗很大；亲友数量庞大，“卡塞”是佳节馈赠的必备品。笔者调查结束离开时，洛桑将一大包“卡塞”、奶酪、奶渣等藏族传统食品作为礼物赠送笔者。

藏历十二月二十六日前后，主妇们陆续置备酿制青稞酒的材料。青稞酒是藏民族生活中不可或缺的饮品，隆重喜庆的年节需青稞酒相伴方更显节日的浓厚氛围。其酿制过程复杂烦琐：洗净后的青稞倒进大锅，加入约

---

① 卡塞：一种用酥油、面粉为主要原料，根据个人技艺及爱好制成形似大麻花、长油条，或蝴蝶状、椭圆形和耳朵形等诸多形状油炸而成的面食，吃起来香脆可口。有的会在刚出锅的“卡塞”上涂上各色颜料并裹一层白砂糖，形状及口感更佳。在藏族人眼中，“卡塞”的品种及花色常作为判断女主人是否勤劳、智慧和热情的标志和象征。

② 张鹰主编：《节庆礼仪》，上海人民出版社 2009 年版，第 91 页。

为青稞 2—3 倍的清水用旺火煮。水干后，降旺火为文火并用粗木棍上下搅拌翻炒，使青稞受热均匀熟透。翻炒过程中，需不时用手捏青稞粒儿以判断其生熟程度。八成熟时停火移锅下灶自然冷却约半小时，使青稞彻底吸干锅中余水。温热的青稞摊开于干净的布上，均匀撒上酒曲以发酵。撒酒曲属技术活儿，青稞太烫时撒曲，酒口感苦涩；青稞太凉时撒曲，则发酵不充分，酒口感生涩。撒曲后，将其装进大陶罐，用氆氇或厚衣物等包裹密实放置室内。夏季一两天出酒，冬季需三天左右。

笔者田野调查期间，入住家庭的女主人酿制青稞酒的技艺在村内首屈一指。她端出新酿的青稞酒请我们开坛尝新。喝到如此正宗的自制青稞酒，我们都很兴奋，青稞酒口感香醇甘洌、些许酸甜，后味有点苦辣，个人感觉青稞酒口味和内地醪糟差不多，但青稞酒后劲更大，容易醉人。

2. 清洁扫尘

藏族称打扫房屋为“古恰”，“古”九，意指二十九日，“恰”为清洁、清除、清扫之意。多数家庭于藏历十二月二十九日进行屋内外、庭院及村寨的清洁、装饰，亦有部分家庭通过查看藏历择良辰吉日进行清洁。藏历十二月二十九日，洛桑全家约早上六点就分头忙碌。孩童负责房间及庭院卫生。成人在楼梯上擦拭内外墙灰尘，用糌粑在房梁上画上许多白点寓意人寿粮丰，用石灰或糌粑等白色粉末在大门或主体外墙上画象征吉祥、幸福、永恒的“卍”雍宗符号及寓意吉祥如意、佛光普照、粮食丰收的月亮、太阳、星星或青稞麦穗图案。所有家什包括盛水的铜缸及炉灶里外都被擦拭一新，精美的新卡垫上搭着方形白纱更显华丽，藏式风格浓郁的年画使节日的氛围更浓厚。将正屋墙上象征吉祥、昌盛、圆满的“八吉祥徽”——宝伞、金鱼、宝瓶、莲花、右旋海螺、吉祥结、胜利幢、金轮用颜料重新临摹一遍。由三四个人合力挂好一年更换一次，垂挂于窗户门楣顶端寓意吉祥如意、辞旧迎新的“香布”①。清洁装饰后，整个房屋散发出庄重、喜庆

---

① 香布：藏式建筑的一种特殊装饰，主体颜色为白色，有的配上红、绿、蓝、黄等颜色边缘的五彩绸布垂挂于门窗顶部，一年更换一次。“香布”的颜色庄重且鲜艳夺目，风动其飘然撩起，整个建筑显得更加灵动。按照藏族的传统信仰，“香布”具有祈求如意吉祥和除旧迎新的寓意。

和洁净的怡人气息。这一切，都表示着主人举家祈愿新一年吉祥如意、日月常转、幸福永恒、人畜兴旺、粮食满仓。[①]

3. 制作过节用品

（1）切玛盒的制作

在藏族群众生活中，每当举行重大的庆典仪式或欢度藏历新年之时，切玛盒作为吉祥物是必不可少的，装饰漂亮的切玛盒在这些重大场合里充当着重要角色。精制的斗形木盒中间用隔板分开，分别盛入炒麦粒和糌粑，插上青稞穗、红穗花和酥油花，象征着人寿年丰、吉祥如意。每逢藏历新年来临之际，每家每户都要赶制切玛盒。

在露天公演的藏戏演出场上，场中树立一棵柳树，柳枝上挂一张藏戏创始人——汤东杰布的画像，底下放上斗装糌粑，上面放上几片酥油，中间插一支彩箭，表示吉祥圆满。这个简单而大方的吉祥物便是今天我们看到的小型精制的切玛盒的前身。由此看来，吉祥物切玛盒具有较长的历史，在漫长的历史进程中，切玛盒的外在形式也发生着变化，从粗糙、笨拙、简单的原始形式渐渐变为小巧精制的微型家用切玛盒。目前市面上看到的切玛盒四周画有彩色图案，有的甚至以浮雕形式出现，成为精美的、具有鲜明民族特色的工艺品，具有欣赏价值。尤其是切玛盒内插的酥油花板，更增添了工艺色彩。制作酥油花的工匠们在一片狭长的薄木板上，用彩色酥油勾画出美丽图案，图案大多为六长寿、六和睦等内容。工匠们在木板上勾勒的鸟兽、山树、长寿老人形象逼真。切玛盒上插上彩色酥油花板以后，不仅增添了美感，更加具备欣赏价值，同时也丰富了切玛盒的内涵意义，表达了家庭和睦、长者长寿的美好心愿。无论其形式变化多大，切玛盒表示吉祥美好祝福的内涵意义一如过往。盒内的炒麦粒和糌粑是未加任何修饰的原材料，炒麦粒象征好运，在藏语中，麦粒的谐音同好运无差别，糌粑象征人寿年丰。这些吉祥的象征意义定义了切玛盒的祈福功能，作为吉祥物的切玛盒在欢度藏历新年之际出现，自然顺理成章。

① 尕藏才旦、格桑本编著：《雪域气息的节日文化》，甘肃民族出版社 2000 年版，第 22 页。

作为吉祥物，切玛盒的制作应该是规范的。但许多人家在制作切玛盒时，对麦粒和糌粑的摆放究竟谁前谁后并不清楚，因此颠倒的现象经常出现。每年都要过藏历新年，但这两样东西的先后次序制作者未必心中有数。年岁高的长者们认为：炒麦粒在前，糌粑在后，原因是客人走到切玛盒前，首先捏一点炒麦粒，表示主人家走好运，再捏一点糌粑，表示来年人寿年丰。

（2）经幡的制作

更换屋顶经幡乃所有家庭一年最重要的事。玉曲村的传统是查阅藏历以择吉日更换经幡。那么经幡究竟有多少年的历史？它的颜色、图案以及这种形式又表达了什么样的内涵？根敦群培在其著作《白史》中对经幡做了如是论述：“大部分臣民皆牧民也，每户的门前立一根长矛，这是藏民族独有的习俗。此举最早表现为军威，以后演变为佛教行为。上至与印度毗邻的藏区和下至汉地城镇中居住的藏民，哪怕一户也要在门前立一根经幡，这种习俗一直保持到现在。”① 经幡的前身是兵器长矛，随着藏传佛教的深入，最早体现军威、插在每家门前的长矛逐渐演变成寓意祈求神灵消灾灭禳的经幡。可以说佛教的全面传播是导致经幡彻底变更的原因，更确切地说，经幡是佛教思想深入的产物。

玉曲村以草地植被为主，树木较少。挂经幡用的树枝需从贡嘎县城附近村寨购回。据村民讲述，每到年末，贡嘎县人驾驶着装满树枝的货车到各村寨出售。随着物价水平的上涨，现在的售价已由原来的每根约10元涨到每根20—30元。洛桑家有新旧两栋房屋，连同祭山神、水神、寺庙等每年约需15根树枝，费用支出颇高。家庭男性成员约于藏历十二月二十八开始缝制经幡，其中两个人将整块布裁剪为边长约20厘米的正方形，其他人用针线将方形幡布一张一张地缝于枝丫上。

经幡上的各种颜色是固定不变的，不能随意更改创新。各块颜色的排列顺序是严格规定的，不能有任何差错。经幡的寓意相当明确，不是为了

① 根敦群培：《白史》，载《根敦群培著作》（第3册），西藏藏文古籍出版社1994年版，第23页。

美化环境，而是祈求福运昌隆、消灾灭禳。在西藏，常常能看到的经幡是用柳树枝和几块带色的幡条组合而成。据说在西藏环境恶劣的边远地区经幡是在柳树枝上系上几朵绵羊羊毛，其意义相同。经杆上端的枝条上有两组至三组星火条，星火条的具体数目由柳树枝条的多少来确定。每组星火条由五种不同颜色的小幡条构成。这五块小幡条的颜色排列及它们所象征的意义是：最顶端为蓝色幡条，象征蓝天；蓝色幡条下面是白色幡条，象征白云；白色幡条下面是红色幡条，象征火焰；红色幡条下面是绿色幡条，象征绿水；最下面的幡条是黄色的，象征黄土，或者大地。幡条上的五种颜色象征自然界的五种物质存在的现象，这是生命赖以存在的物质基础。当自然界天平地安、风调雨顺的时候，人间便是太平祥和、幸福康乐；当自然界出现灾害的时候，人间便灾害重重、不得安宁。世世代代生活在高原上的人们对大自然的变化更为敏感。期盼人间太平幸福，首先应该希望大自然无灾无害，于是他们用经幡上五种不同颜色的幡条来表示这种心理寄托。

星火幡条的下面是一大型方块幡巾，它是体现整个经幡内容的主要部位，颜色有五种：蓝、白、红、黄、绿。主幡颜色代表藏族历算中的生辰年号，有铁、土、木、火、水五种。主幡颜色是根据一个家庭或者一个院子中最受人尊敬的一位长者的生辰年号来确定的。例如，长者的生辰年号是铁年，主幡颜色为白色；生辰年号是土年，主幡颜色是黄色；生辰年号是木年，主幡颜色是绿色；生辰年号是火年，主幡颜色是红色；生辰年号是水年，主幡颜色是蓝色。将根据长者的生辰年号来确定主幡颜色的经幡插立在房顶上，表示祝愿长者在新的一年里健康长寿，充分体现了藏族群众尊敬长辈的美德。

主幡的幡巾是用与其颜色不同的布条来镶边的，这有其专门的用意。主幡颜色与镶边布条颜色的搭配是根据藏族历算关于母子相生相克学说中的相生原理决定。如果主幡的颜色是绿色，镶边布条的颜色应该是蓝色，木水相生；主幡的颜色是红色，镶边布条的颜色是绿色；主幡的颜色是黄色，镶边布条的颜色是红色；主幡的颜色是白色，镶边布条的颜色是黄色；主幡颜色是蓝色，镶边布条的颜色是白色。以上论述的仅仅是经幡星火幡条和主幡颜色的搭配所传达出来的诸多象征意义，从中可以了解到经幡是表现人们美好愿望的载体，它的制作是在一定理论的指导下，按照严格的规定来进行，是融情感和理性为一体的产物。

经幡除了颜色的象征意义外，还有文字和图。主幡上密密麻麻的藏文字母和栩栩如生的鸟兽图案是用木刻版印刷的。经幡上印制的藏文多数是佛经说教文字，不像颜色和线条具有隐喻性，文字是直接的传情表意，能识别文字就可知道经幡文字的内容。经幡上的佛经说教文字，主要以劝说众生慈悲为怀、普度众生为主旨。

除文字外，经幡四个角上的鹏龙狮虎图和中央的骏马驮宝图又有何象征意义？意大利藏学家南喀诺布先生在其论著《南喀诺布选集》（藏文版，中国藏学出版社出版）中对这些图案作了详细阐释："隆"一词表示土、水、火、风、天中的天。这个字的本意指"大、全部、所有"，与别的字连在一起构成名词，如森林、大江，这些名词的词根有"大、全部、所有"的含义。"隆达"一词中，"达"就是马。古时，马是旅行中的重要交通工具，骑上骏马就能迅速到达目的地。骏马是神速的象征，祈愿受（自然界的）五种元素制约的（世间）一切事物，由对立转和谐，由坏转好，由恶转善，由凶转吉，由厄运转幸运，不仅能转变，且转变迅速。这就是骏马图案的吉祥寓意。风马旗中央画着一匹驮着宝瓶的骏马，四角画的是虎、狮、鹏、龙四兽形象。其象征意义是：老虎栖息在森林中，象征木或风；狮子居于山上，象征土；鹏飞翔在天空，双脚喷射出火焰，象征火；龙生活在大海里，象征水。风无处不在，风即天。风旗中央的骏马图寓意转变一切恶为善，转运速度就如骏马奔驰一样迅速，马背上的宝瓶就是实现人们心愿的如意宝瓶。

制作经幡前后花费洛桑家 6 个男性约两天时间。在藏传佛教的传统中，经幡随风飘动一下，寓意诵经一次，望着摆放于院内随风舞动的经幡，洛桑一家露出喜悦、虔诚的笑容，同时期待着新年初二更换经幡的神圣时刻来临。

（二）藏历新年过程

1. 辟邪吃“古突”

藏历十二月二十九日对藏族来说是忙碌又充满特殊意义的一天。孩子们出门找寻用来放置在大门前的寓意九尊佛[①]的九尊石堆上的小白石，男主人将寻回的白石虔诚地置于九尊石堆顶部。

在藏族人观念中，世间有神灵护佑，也有捣乱鬼及带来灾难、疾病的邪晦之物。年前必须将邪晦之物、鬼等赶出家门、撵到地狱。夜幕降临即进行驱邪仪式：女主人给每人分一小团糌粑，拿到糌粑团的人从额头至全身揉擦身体每个部位，亦将所有家畜全身擦拭一遍，去除动物身上的不洁、晦气。每人将沾满汗渍、污垢的糌粑团扔进破陶罐里，寓意所有的邪物晦气全已抹去。放于庭院中的两个破陶罐内还装有少许钱财、碎陶片、氆氇或旧衣物、山羊角、切玛等食物，以及扎成“X”形的青稞梗。天全黑下来，需紧闭家门，两个男性长者端着破陶罐，举着点燃的青稞梗迈出家门将陶罐扔至房屋反方向的十字路口。一路高喊着：“各路小鬼，吃穿用所需都已享用，请你们离开，一年邪晦都带走吧！”处理完陶罐返程路上不能开口说话，亦不能回望陶罐，否则邪晦之气会跟回到家。

结束驱邪仪式，全家人团聚在一起。主妇围着锅炉制作“古突”[②]，于传统家庭，“古突”制作成太阳、月亮、锅、勺、经书、茶杯等不同形状，中间分别包肉、糖、盐巴、辣椒、石子、羊毛、瓦片等九种象征物。[③]洛桑家女主人次仁白宗在“古突”里包进辣椒、羊毛、盐、桃、木炭、豌豆、臭奶渣、人参果九种物品。刚出锅的“古突”首先敬奉大门前的九尊佛及家神，感谢佛祖保佑。祭祀完毕，全家按长幼次序围坐于卡垫上，将“古突”给每人盛一碗，谁吃到包有特殊物品的“古突”必须及时向掌勺

---

① 九尊佛：大日如来、东方之宝幢如来、南方之开敷华王如来、北方之鼓音如来、西方之无量寿如来、东南方之普贤菩萨、东北方之观自在菩萨、西南方之妙吉祥童子、西北方之慈氏菩萨。

② 古突：藏历十二月二十九日藏族人吃“土巴”的专用名称。“古”是数字九。“突”是汤面食品的总称，主要由青稞粉或小麦粉和水揉捏后包裹进寓意不同的象征物，如羊毛、辣椒、盐等的面疙瘩，“突”乃“土巴”的简称。

③ 杨辉麟：《西藏的民俗》，青海人民出版社 2008 年版，第 303 页。

的女主人汇报。包裹进的每样物品都与食者的性格命运关联，在藏族人眼中，这是一种节日娱乐，也是一种占卜。吃到辣椒表示此人性格泼辣、性格急躁；羊毛则表示性情温顺、腼腆；吃到盐的人则有贪玩、好吃懒做之嫌，会遭到家人的嘲笑、调戏；而吃到包有桃的"古突"之人是当晚最令人羡慕的，桃在藏地有吉祥如意之意，其寓意最好；木炭则寓意手狠心黑，吃到木炭的人会急于否认自己属于此类人；豌豆表示此人圆滑、办事灵活；吃到臭奶渣的人会将当晚吃"古突"的欢乐气氛推向高潮，臭奶渣暗示此人是常在各个场合偷偷放屁的"臭蛋"；吃到人参果预示此人会身体健康、长命百岁，会引来一阵羡慕之声。

笔者在当晚的"古突"碗中吃到了寓意吉祥的"桃"，洛桑一家人围过来祝贺、恭喜，对笔者说了很多寓意吉祥的祝福话语，祝福笔者新的一年吉祥如意、平安顺利。那一刻，笔者有种热泪盈眶的感觉，感叹于藏族同胞们的善良质朴。

图 4–2　驱邪的陶罐

图 4–3　制作"古突"

2. 摆放供品

过藏历新年，藏柜顶的中央有两样必不可少的供品——"碟嘎"[①]和"卓苏切玛"[②]。除夕夜晚，主人在藏柜上把那些用于制作"碟嘎"的油炸果一

① 碟嘎：主要由"卡塞"、水果、糖等各种食物有序垒成的神佛供品。

② 卓苏切玛：简称"切玛"，制作精美的木质五谷斗内盛装糌粑和小麦颗粒成金字塔形，上插酥油花板和彩色青稞穗等，具有吉祥如意、年节快乐和五谷丰登之寓意，是藏历新年必不可少的供品之一。

层一层地往上摆放，摆成一个方形底座，然后将形状各异的“卡塞”、种类繁多的水果、口味丰富的硬块糖和酥油块，以及砖茶等食物层层叠加到60—70厘米高，最后郑重地为制作好的“碟嘎”献上洁白的哈达。丰盛的“碟嘎”寓意着家庭成员能在未来一年步步高升、丰衣足食。

紧挨“碟嘎”摆放着“卓苏切玛”，两个敞口内斗装满糌粑、小麦，几片酥油、糖果及人参果，插上一对酥油花捏制而成的俗称酥油花板的“仔卓”，寓万物祥和瑞气。羊头藏语同“年头”谐音，从古至今，藏族人崇拜羊，新年时，桌子上往往供上一只用酥油或陶瓷做的羊头，用意是庆祝丰收，祝福新的一年风调雨顺。[①]玉曲村延续了这一习俗，将羊头作为吉祥之物供于新年供桌上。白底的彩塑羊头端放于藏柜上，主人虔诚地在羊头眉宇、羊角处点上酥油，头顶插一个代表光明、幸福、吉祥并具驱魔辟邪功能的日月图案。

除了“碟嘎”和“卓苏切玛”外，还有“卓玛哲森”及各种糖果食品。煮熟的大米里放上融化的酥油盛在茶碗中，等酥油凝固以后撒上白糖粉，即为“卓玛哲森”。将人参果煮熟以后放进融化的酥油里，盛入茶碗中，稍候酥油凝固，把白糖粉撒在上面，“卓苏切玛”即大功告成。这一对食品作为吉祥的象征物在庆典仪式上缺一不可。

图 4-4　制作“碟嘎”

图 4-5　“碟嘎”成品

① 张鹰主编：《节庆礼仪》，上海人民出版社 2009 年版，第 90 页。

3. 合家欢庆迎初一

藏历正月初一清晨，女主人在晨光中去村里公用水房背新年第一桶吉祥水。女主人把祭品供在水房平台，抹些酥油在平台上祭祀完水神后方取水回家。藏族民间关于新年初一背水有个美丽的传说：阎罗法王辛者曲杰当天夜里要登上高峻的雪峰，喝雪山上的雪狮之奶。一边喝，一边让奶流到川里。狮奶顺着高山陡坡流进江河源头。谁起得最早，舀到了第一桶水，里面就有狮奶，人喝了就健康长寿。[①] 玉曲村没有江河，村民认为公用水房和江河相连，起得最早背到第一桶水的人，意同舀到雪狮甜美的奶汁。

启明星逐渐泛白，男主人上房顶将香草（该地自然地理环境决定了由香草替代香柏、桑枝）放进正东方位的祭祀用的大陶罐里点燃，供奉一些糖果、“卡塞”等食物于陶罐前的平台上。桑烟袅袅升起，在香草上撒些糌粑、青稞酒，放开嗓门歌颂神灵功德并祈愿赐予吉祥如意。

家庭成员互道“洛萨扎西德勒”（新年快乐、新年吉祥如意），至供品前用右手拇指和食指捏点“切玛”里的糌粑向天空撒三下，品尝点糌粑和酥油，虔诚地念诵“扎西德勒平松措、阿妈巴珠公康桑、旦度碟哇妥吧秀”（意为祝愿吉祥如意美满、女主人健康长寿、岁岁平安吉利）。祭完神灵后用女主人背回的第一桶吉祥水洗漱，洗漱水喂给牲口，人畜共享甘甜圣水。患难与共亦果实共享，是藏族人将牲畜视为家庭成员及其民族宽厚善良品质的表现。

洗漱打扮完毕，全家人身着传统民族服饰依长幼顺序围坐于卡垫上共进早餐。

初一的早晨特别要喝“供典”粥。其做法并不复杂，首先在青稞酒中放入一点糌粑，再加入奶渣、人参果、红糖，熬成稀粥就成了。“供典”粥的味道酸甜可口，无论大人还是孩子都特别喜爱。其次要喝“卓土”粥，这在藏历新年初一的庆典上同样是必不可少的。“卓土”粥做起来也相当简单：浸湿的青稞粒捣碎后放在骨头汤中与肉片、奶渣熬成稀饭，根

① 尕藏才旦、格桑本编著：《雪域气息的节日文化》，甘肃民族出版社 2000 年版，第 26 页。

据个人喜好放入调料即可。这些营养美味的粥品给大年初一的早晨增添了无限喜悦。

新年第一顿早餐菜品丰盛且用餐次序严谨，由女主人或长女捧着“切玛”至最长者前，请老人品尝“切玛”，老人右手拈些许糌粑向天空撒三下，同时念诵祝福语。后辈轮番敬献洁白哈达、敬奉青稞酒，祝福长者身体健康、吉祥如意。按照长幼之序依次品尝“切玛”和青稞酒。象征祝福美满幸福的开年仪式结束后，全家共享人参果饭、“土巴”面食，喝甜茶，互敬青稞酒送祝福，在庭院内围成圆圈载歌载舞、尽情欢跳，共享天伦之乐。玉曲村村民大年初一上午不出门，不花钱，亦不相互拜年。一家人聚首欢庆，为全家守住一年财气，初一出门花钱则有一年花钱如流水、财气不旺之嫌。

4. 祭祀祈福迎众神

藏历木马年大年初二是一年之始的第一个良辰吉日（每年家里男主人都会根据藏历选择一个吉日，每年的吉日时间都不一样），祭祀和更换经幡。太阳初升，全家身着传统藏族服饰登上屋顶布置祭台并煨桑祭祀，举行新年伊始的一次重要祭神仪式，藏语称作“托绥”。“托绥”仪式开始后，首先是男主人率队将香草或“桑”（一种野生灌木，点燃以后其烟有一股香味。烧“桑”表示敬神之前，先把神灵周围环境净化。这是在藏族民间活动中经常可以看到的一种现象）放进煨桑炉内点燃，袅袅桑烟沁人心脾，在燃烧的香草上撒些糌粑、青稞酒，将酒香随着桑烟敬献给佛祖神灵，随后将一些和着香油的糌粑、“卡塞”供于煨桑炉前的祭祀台上，于祭台边缘抹些酥油并念诵新年祈福语。男主人带领全家一起念诵祈祷经文，祈求神佛在新一年中，护佑全家消灾灭难、风调雨顺、五谷丰登、六畜兴旺。

煨桑仪式结束后，需把上一年的旧经幡取下换上崭新的经幡。男主人扛着新制的经幡在缭绕的桑烟中顺时针转三圈，借助桑烟以连接人神两界。按顺时针将经幡插在屋顶各个角落，每安插一个经幡都需煨桑祭祀。经幡更换结束，全家面向煨桑炉按长幼一字站开，长女端上“切玛”，由长者领头每人抓一把糌粑，在袅袅桑烟中大家围着香炉，唱颂四方神山圣灵，每赞颂一个圣山神灵都向空中抛撒一次糌粑。最后以“拉索罗”（天神制胜）的高喊声结束唱颂，全家一起将手中糌粑抛向空中（这是一种约定俗成的民间敬神方式。往往在庄重的仪式结束时，以这样的形式为将要完成的仪式画上句号），在蓝天的映衬下随风飘洒的糌粑使整个祭祀氛围更为圣洁庄严。祭神仪式中的这两项活动的目的是祈求神灵赐予太平、幸福。仪式完毕，大家继续在楼顶上开怀畅饮，放声歌唱，互相敬酒，直到中午吃饭前。

藏历正月初三举行集体祭祀，人们要分别祭祀山神、水神，亦到寺庙祭祀，此为藏历新年期间最热闹的一天，每户至少派三人参加，分别加入祭拜山神、朝拜水神、朝圣寺庙的团体小组。

笔者跟随洛桑的长子参加了祭拜山神的小组，祭拜山神的一行人在村内一位长者索朗顿珠的带领下，于早晨六点身着民族服饰、背上供品一路高歌地奔赴距村庄约两公里远的神山。

神山上有三个山神祭祀点，首先从山腰处的祭台开始敬奉祭祀。先抵达山腰者需等其他村民到齐，然后由长者索朗顿珠安排分成四人或五人一组煨桑祭祀。先将经幡枝插于煨桑炉后方，祭祀者面向经幡树、手抓一把青稞一行排开，在索朗顿珠的带领下大声诵念新年祈福祝词。颂词结束时，将青稞向空中抛撒三下，结束祭拜后迈向第二个祭台，最后去山顶祭台。上午九点多，祭山结束后所有祭祀者返回村委会大院，在此喝酒、玩骰子、载歌载舞、互话新年。

约早晨八点，朝拜水神、寺庙的村民整装出发，祭祀水神和祭拜山神的程序雷同。

朝拜寺庙组抵达寺庙后，首先在寺庙中央的巨型煨桑炉煨桑朝拜，然后顺时针方向祭拜供奉的诸座佛像。祭拜佛像结束后，村民们开始顺时针转寺庙或转山以收获吉祥、积蓄功德。转山结束后，村民在寺庙庭院内互享自备的美酒佳肴。一起挂经幡、竖“塔钦”①，竖“塔钦”乃非常隆重的宗教仪式，在藏族人信仰里其关系到一方一年平安、风调雨顺与否。因而村民参与的积极性很高，纷纷将洁白的哈达或写满经文的经幡系于“塔钦”上。朝拜完寺庙，一行人爬山登高、喝酒、玩牌、唱歌跳舞、人神共娱，约晚上七点喝得尽兴的村民才陆续返家。

人们的献祭是行为，但其文化的动力是象征性的和精神上的，祭祀是在信仰的世界里运转。在这种氛围里，人们所做的任何事情，都是对神圣和神圣生活的一种隐喻，都有着十分重要的意义。②神山圣湖插满五彩经幡和风马旗，村民簇拥在一起，满怀喜悦地望着祈愿的经幡迎风招展。桑烟缭绕，如巨型雪花般的“隆达”飞舞于天地间，整个大地笼罩在一片神圣而圣洁的氛围中。

图 4-6　烟雾缭绕中的风马旗

藏历正月初四至十五，以亲朋间相互拜访、吃饭、喝酒、玩骰子、打麻将等休闲娱乐活动为主。在村委会广场或羊卓雍措边的空旷草地上，男子身穿各色藏袍，妇女们戴上耳环、宝石等首饰，大家围成圆圈跳锅庄舞、弦子舞。在胡琴、锣、钹等乐器的伴奏下，队形或成圆形或成两行，有时手拉手，有时手搭肩，由能歌善舞者领队歌舞。孩子们则燃放鞭

① 塔钦：巨型经杆，意为“佛的经旗杆”，竖立在寺庙庭院内或门前。多数在长约 10 米高的粗壮木杆上一层一层缠绕着僧俗人等献给佛祖的印有经文的经幡和各色哈达。挂新经幡时不能取下旧经幡，而要直接挂于旧经幡上面，寓意新旧经幡的福德一起受到佛祖神灵的护佑。

② 金泽：《宗教人类学导论》，宗教文化出版社 2001 年版，第 262—263 页。

炮……这样的活动，一般要持续三五天。[①] 务工人员、学生等多于藏历正月初十左右返岗、返校，欢庆活动随着他们的离开而逐渐画上句号。

第二节　山南藏族春播节

农耕习俗是人类历史上代代相袭的一种社会生产习俗，也是一种悠久的社会文化现象。农耕一般包括春耕、夏耘、秋收和冬藏等，在长期的农业生产过程中，农耕的每一步骤都伴随着不同的习俗，而这些在农业生产过程中形成的习俗经过传承、演变，逐渐成为农业生产中重要的一部分，与农业生产紧紧地联系在一起。

西藏有句广为流传的谚语："春种希望，秋得黄金。"

春播节又叫播种节、试种节，是给第一次学耕地的小牛套上轭木，试耕土地。每年的春耕春播时节，大部分西藏农区都要举行类似远古时期中原地区"祈年"的耕作仪式，向上苍和诸神祈福，祈求作物丰收。春耕春播时祈求丰收的"开犁"仪式，是西藏农区重要的民俗活动。各地举行春耕仪式的具体日期，根据藏历历法的节气、天气预测及当地气候推算后综合决定。

一、春播节的节日程式

春耕春播习俗是藏族传统的一种社会生产习俗，也是一种悠久的社会文化现象。在长期的农业生产实践中，春耕春播已形成了一套特定的习俗，对春耕春播的准备、耕作和播种过程、耕作播种过程中耕牛的装饰打扮、耕作者的属相和服饰、耕作过程的仪轨等各方面都有特定的要求，这些习俗代代相传、又经过了合理的演变，目前已相对完善。

本次春播节的记录地点位于西藏山南市琼结县加麻乡人民政府西南方

① 李竹青编著：《中国少数民族节日与传说》，北京旅游出版社 1985 年版，第 25—26 页。

向5公里处的金珠村，该村平均海拔4200米左右。金珠村下辖3个自然村152户646人，全村总耕地面积946.6亩，人均耕地面积1.39亩，主要以种植业和饲养业为主，可利用草场面积77835亩。[①]

（一）春播仪式前的准备

春播节，当地村民称“聂卓”，为祈求粮食丰收之意，是为开播举行的隆重仪式。藏族春播节在每年藏历正月择吉日举行，举行开播仪式的具体日期，按照金珠村习俗，前一天在村委会开村民大会，由村民推荐村内德高望重的老者到坚耶寺邀请一名喇嘛在仪式现场测算适合春耕春播的吉日。

春播节前七天，村内家家户户便开始酿造青稞酒并给牲畜准备好各种装饰品。在春播节那天把自家耕牛打扮得花枝招展、漂漂亮亮。耕牛的额头被贴上日月辉映的酥油彩塑，牛角用清油擦得油光发亮，角尖上贴着蝴蝶状的酥油花，牛身也绑上长长的彩棒，彩棒上亦插着随风飘动的彩旗，牛尾也被装饰一番，拴上染成五颜六色的毛茸茸的羊毛小球，隆重得赛过出嫁的新娘。

（二）春播节仪式过程

“啊，嗬嗬……在这圣洁美丽的雪域，雪山环绕四方，繁荣富裕的农业大地上，美誉如春雷远震四方，美丽的孔雀欢乐舞蹈。啊，嗬嗬……在这欣欣向荣的春天，我们来到了农事繁忙的地方，为了吉祥丰年的到来，怎能不去迎接春播节，第一件农事是破土，给耕牛试套，祈祷吉祥……”春回大地，伴随着动听又低沉庄严的开犁歌曲，一年一度的春播节逐渐拉开序幕。

春播开犁仪式当天，日出之时，首先举行的是敬神仪式。在田地中央设置一个祭台，供奉上用面粉烧制的麦穗、一块象征土地之神的泥巴、切玛盒以及相应的经书。喇嘛们不间断地吟诵祈福的经文、吹海螺、敲法器，向诸神传达村民们的愿望，祈求山神、风神、土地神众神保佑五谷丰

① 参考金珠村村委会2018年村况公告栏资料。

登、六畜兴旺、天灾无害、不打冰雹。[①]藏族春播节有不少习俗，祭祀煨桑，抛撒糌粑，根据藏历历书所指，在“巧藏”（吉利方位）放置白石[②]。白石由当年属相相合的村民双手捧奉在准备开耕的田地中央，然后撒满五谷，祈求风调雨顺、五谷丰登。此外，春播节的禁忌所有人必须知晓并不得违犯，如在耕作时忌女人触摸犁把，忌砍伐田边的树木，忌杀生等不吉利行为。

约早上九点，村内男女老少皆穿上节日盛装，从自家出发，会聚在村南头的一块叫“察布”的准备开耕的肥沃土地上。男人们开着装扮喜庆的拖拉机，牵着装饰好的耕牛，或扛着铁犁；妇女们将举行春播仪式时用的青稞酒、“卡塞”、“切玛”等摆放于祭台供桌，不谙世事的孩童跟在大人身后或在田间喧闹戏耍，期盼春播仪式开始。

金珠村此次参加开播仪式的共有 150 户 600 多人，耕牛 60 多头，拖拉机 50 多辆。以前传统的春播节的开播仪式都是“二牛抬杠”，如今国家实行农机具补贴政策，村里 98% 以上的家庭都购置了拖拉机，所以春播节的开播仪式上除了有传统的耕牛，更增添了拖拉机队伍。

按照传统的春播仪式，村内每家每户都会牵来耕牛，由主妇向天敬酒三次，在耕牛脑门上抹三道酥油，以示吉祥，并且要在每对耕牛的轭木上插上经幡。开犁前，人和耕牛都要美餐一顿。耕作开犁的人要吃美味的食物，喝大量的青稞酒。同样，也给耕牛喂浓香的酥油茶、青稞酒及精饲料，使耕牛带着微微醉意，在亢奋的情绪中开犁劳作。大家欢欢喜喜地分成几组围坐在田间地头，喝茶饮酒。之后，几个吉祥属相的男人在“察布”耕作开犁之处烧香、竖经幡、高唱颂词、祭祀神灵，准备试耕。

春播仪式耕作开犁的第一犁时间是根据藏历或喇嘛推算得出的吉祥时

① 关于祭祀，大多数村寨并不做法事。而是在春播节当天日出之时，由一个当年属相的妇女和几个男性老农民着节日盛装，将准备好的茶酒、经幡、香炉等带到破土耕地之处祭祀土地神、农业神，然后回村寨。

② 春播节村民在田地里安放白石源于万物有灵的苯教崇拜，认为白石有威慑能力，能驱魔吓鬼，而把白石放在田地中央，能抵御冰雹旱涝灾害、护佑庄稼丰收。

辰。当开播的时刻到来时，村民和耕牛都迫不及待地行动起来，似乎要看谁家抢先犁出第一畦地。喝了青稞酒的耕牛使出积蓄了一个冬季的力量，撒欢般地嗷嗷叫着向前冲，男主人紧握犁柄驾驭酒劲上头的耕牛。随着两头披红挂彩的健壮犏牛犁开第一块地，开犁仪式正式开始。

十点整，寂静的村庄响起此起彼伏的欢呼祝福声，每头耕牛角上洁白的哈达飘起，鲜艳的五星红旗在每辆拖拉机上挂起，在朝阳的映照下整个村庄都明丽起来，村内老人们带头唱起动人的“谐钦”：

春天的姑娘啊，请赐风水吧，让嫩绿的禾苗茁壮成长；
夏天的姑娘啊，请赐雨露吧，让美丽的豆花尽情开放；
秋天的姑娘啊，请收季末吧，让我们享尽丰收的喜悦。

一年一度的春播节就这样拉开了帷幕。春播新耕的第一犁，是典型的“二牛抬杠”的耕作方法，两头连在一起的耕牛行走在耕作队伍的最前头，由一个属相与当年属相相合且在村里有威望、被村民选举出来的有示范性和带头性的优秀男村民开犁；由属相相合且为人处世在村内有口皆碑的妇女撒出第一播吉祥、幸运的种子。仪式现场，彩旗飘扬、桑烟缭绕。耕牛前行，拖拉机陆续发动，拖拉机随着耕牛按序打弯前进，终排成间隔一致的长队，整齐地田地远处挺进。每头耕牛和每辆拖拉机后面都跟随着一位藏族妇女，她们左手提一桶种子，右手有节奏地挥摆。拖拉机犁出一条直线，翻出深色的土，妇女们将种子撒入土中。刚才还平静的土地，瞬间变成气势恢宏的战场。尘土飞扬，机器声、吆喝声和歌声混一起，组成别具特色的交响曲，标志着当地开始进入农忙季节。

这样的春播开播仪式并不是真正的大规模播种，更多的是一个仪式，一种象征，一场表演，是春播开始的一种标志。开播仪式是西藏传统农业生产过程中十分重要的事情，标志着当地开始进入农忙季节。开播仪式开始后的田间地头，是人与牛同乐的世界。耕牛与拖拉机方阵开耕结束后，播种者站在田地中间接受村民们献上的洁白哈达。

春耕仪式结束后，按照男站右、女站左的规矩，村民们站成一排，向着蓝天，喊着“拉嗦罗”的祝福，将手中的糌粑面撒向空中，祈祷大丰收。之后，男女老少在田间手拉手围成一圈，边唱边跳欢快的“果谐”：

上游建了一座寺庙，里面住着上师喇嘛；
中游建了一座宫殿，里面住着领头官人；
下游建了一座酒馆，里面住着阿妈羌妈。

中青年男性比赛跑步、角力等游戏，开展藏族传统的娱乐项目及民间体育活动，大家唱歌跳舞，尽情地欢乐。从春播节开播仪式后的第二天起，犁手们要高高兴兴地欢宴5—6天。

二、春播节的现状

经过春播节前后的忙碌、热闹和欢庆后，村民们坦言，除了上天的恩赐和庇护，主要得靠自己的双手，靠耕牛出力流汗，努力地耕耘田地，才能获得好的收成。

“以前到了收割青稞的季节，最少也要忙一个月时间，现在用收割机、脱粒机等农机具，两三天就干完了。农闲时间越来越多，这段时间，我们在泽当、拉萨等地打工，现金收入也都增加了。”金珠村三组组长索朗班丹在访谈中兴奋地总结机械化作业给村民带来的直接利益。

随着农业技术的发展，近年来大力推行的农业机械化，对传统的农业耕种方式造成了巨大冲击。金珠村80%的耕地面积已采取机械化作业，耕牛只承担了20%。村民们表示一头耕牛每天最多能耕3亩地，拖拉机则至少能耕20亩，而且拖拉机耕的效果比牛更好。照目前这种机械化普及推广的速度，村民用耕牛耕种的情况可能会越来越少，或许“二牛抬杠”的耕地场景只能在春播仪式中再现，如不妥善保护，将很快成为一种历史。

为了将这个有关农业耕作事项的藏族传统文化传承下来，春耕春播习俗已成功申报西藏自治区级非物质文化遗产代表项目。西藏自治区每年有专项资金用于保护这一习俗的传承。如此，即使农业机械化得到全面普及，这种蕴含着“春种希望，秋得黄金”美好意愿的传统耕作仪式也会得到传承。

第三节　山南藏族望果节

“望”在藏语里表示“田地”之意，“果”表示“转圈”之意，“望果”意即“绕田地转圈”。望果节是西藏农区最隆重的、一年一度预祝庄稼丰收的节日。望果节是一个十分古老的节日，最初是祭祀土地神以祈丰收的大地崇拜仪式。[①]在夏季青稞黄熟时节，没有固定统一的时间，各村根据本村庄稼黄熟度，在开镰之前选定一个吉日（传统上多在大雁南飞前过完望果节）举行望果节，一般以村为单位进行。

一、望果节的起源传说

西藏望果节具有悠久的历史。传说望果节最早在一千多年前就已流行于如今雅鲁藏布江的中、下游河谷地区，是苯教教主根据苯教教义教村民们在开镰收割前进行的一种绕地转圈、祀神祈福的集体活动。据颜文《苯教历算法》等历史文献记载，早在五六世纪，雅砻地区已经开始兴修水利，使用水犁耕地，农业生产比较发达。为了消除风、雹、霜等自然灾害，确保农业丰收，农人以村寨为单位在苯教教主带领下，由手捧香炉、高举幡杆的人引路，群众手拿青稞、麦穗跟在后面，绕地头转圈，祈祷神灵保佑。然后，进行角力、斗剑、耍梭镖等活动。8世纪后期，苯教的势力大大削弱，宁玛派掌握了西藏地方的实权，望果节又带上了宁玛派念咒保丰收的特点。14世纪时，宗喀巴在西藏进行了宗教改革，在中央王朝的支持下，格鲁派成为西藏的主要教派，居于统治地位。这时，望果节的内

---

① 陈立明、曹晓燕：《西藏民俗文化》，中国藏学出版社2010年版，第353页。

容又发生了变化，转地头时，要举佛像，背诵喇嘛教经文；娱乐活动也增加了赛马、射箭、唱藏戏等内容。[①] 望果节的这种程式在 8 世纪藏王赤松德赞时期最为盛行，后来佛教的渗透使望果节内容稍有变化，但其大致程式保持至今。[②] 流传至今的望果节为藏族农区群众最隆重的集祭祀、祈祷和娱乐于一体的传统节日。西藏各地过望果节的方式一直处于变化之中，但其中绕田地转圈、祭祀神灵及喇嘛诵经祈福等节日程式都没有变化。

二、望果节节日程式

本次田野调查点为扎玉村。扎玉村位于山南市浪卡子县境东部边缘张达乡境内，距离张达乡乡政府所在地约 20 公里，是张达乡 7 个行政村中距离乡政府最远的村。扎玉村现有 181 户 1056 人，其中，低保户 43 户，贫困户 53 户，残疾人 16 人，留守儿童和空巢老人较多。[③] 耕地面积 1750 亩，草场面积 143000 亩，大小牲畜 5677 头（只、匹），主要牲畜为绵羊和山羊。扎玉村平均海拔 4500 米以上（属四类区），依山傍湖，气候条件恶劣，几乎每年雨水季节羊卓雍措湖面的水位都会升高，河坝崩堤现象时有发生，致使农作物和建筑物经常遭洪水淹没。可开发利用的耕地偏少，农作物产量低，有时甚至不能满足家庭自给需要，当地群众长期到外村加工糌粑。生活和交通十分不便。全村人均经济状况相对较为贫困，农牧民人均年纯收入 2300 元，低于全乡平均水平。[④]

（一）节前准备

从历次望果节的时间来看，每年望果节的具体时间都有所不同。望果节的吉日的选定需综合多方面因素。首先，要看当年青稞的成熟情况，通常要等青稞穗完全出齐才举行望果节。其次，要请喇嘛查阅藏历并根据村

---

① 李竹青编著：《中国少数民族节日与传说》，北京旅游出版社 1985 年版，第 28 页。

② 尕藏才旦、格桑本编著：《雪域气息的节日文化》，甘肃出版社 2000 年版，第 107 页。

③ 笔者于 2015 年 8 月田野调查期间，根据扎玉村村委会提供的数据统计而成。

④ 参考扎玉村村委会 2014 年村况公告栏资料。

寨的具体情况推算吉日。再次，随着经济条件和村民生活水平的不断提高，扎玉村举办的望果节规模越来越大，参与人数亦越来越多，除了涉及一直在村里的村民，还需考虑从本村走出去的国家公职人员、外嫁人员及在外上学的学生的放假时间等因素。因而，扎玉村望果节的正式活动多数情况下会安排在暑期的周六日举行。最后，于传统习俗而言，望果节尽量要避开出龙期，藏族人认为出龙期间雨水较多。扎玉村一般在每年藏历六月底或七月初举行望果节。这个时间段正值农闲，也是大家放松娱乐的好时节，村民有足够的时间准备望果节的相关事宜。望果节过后即进入繁忙的秋收季。

确定好望果节的具体时间后，根据当年望果节的活动内容安排，村委会随即召集村委工作人员、各活动负责人和参赛人员等召开筹备会议，强调望果节的组织纪律和注意事项，宣布具体人员的分工和职责。同时，村寨内的每家每户开始着手为望果节做准备，清扫房内屋外，从自家喂养的马中挑选出精壮的马进行训练以参加望果节赛马活动，为家庭争光。准备骑士专用服装、马鞍、马具及装饰参赛马匹的物件，将家里最好的氆氇服取出在阳光下翻晒杀菌去味（村民平日不着如此精美昂贵的氆氇服，仅在藏历新年和望果节等重大节日穿，因而每次穿戴之前都需晾晒），准备制作节日饮食等。比较讲究的村民还会在自家屋顶和田地间进行煨桑、祭祀和祈福活动。

（二）节日程式

1. 庄严肃穆的绕田转地

藏历木羊年六月二十五日，即 2015 年 8 月 9 日。阳光灿烂，麦浪滚滚，山南浪卡子县张达乡扎玉村的男女老少们穿上绚丽的节日盛装，肩背用彩带和木板包裹着的经书，手拿装饰精美的“达答”，面带笑容、精神抖擞地从家里出发了。尤其是参加望果节的女性，除了精心梳理的发型、精美的服饰外，还佩戴着与自己的服饰颜色相搭的珍珠、珊瑚、玉、松石等珠宝项链、耳环、手镯等，无比隆重。据说，参加望果节的人，都要穿上自己最好的氆氇服。人人都隆重装扮、盛装出席，就是为了让自己所在村寨的守护神和山神高兴，更好地护佑一方平安、风调雨顺。在村民看来，如果哪家人不好好装扮自己，山神就会生气，给村寨制造一些麻烦。

约早上九点，每家派一个人，肩上背着装饰精美、系着洁白哈达的佛经盒，手举“达答”，有的村民抬着用青稞、麦穗扎制而成的丰收塔，塔身系一条洁白的哈达，到村寺庙前会集。村里负责望果节后勤工作的人员早已提前将酥油茶、甜茶及干粮等供僧人及骑士们享用的食物准备好，将祭祀所需的供品有序地摆放在村寺庙前靠着煨桑炉的矮几上。年轻僧人将大鼓、长号、唢呐及做法事所需的各种法器整齐排列。陆陆续续前来集合的村民们都会给寺庙前的煨桑炉里添上一把香草，袅袅桑烟随风升腾，甚是壮观。

约九点半，参加祈祷法事的五位僧人各就各位，一字排开地面向寺庙方向盘腿端坐于铺在地上的卡垫上；身穿黄色长袍、头戴红色长须帽、脚蹬牛皮靴、象征威武勇敢的骑士们整齐肃穆地端坐在僧人的左侧位；其他肩背经书的村民则分散站于僧人们的右侧或对面等空余地带。村寺庙一位70多岁的老僧人手持法器边诵经边向空中抛撒青稞粒，并在诵经停顿处敲击侧立于身边的大鼓。另五位僧人跟随老僧人一起照着经书诵念经文祈祷，于停顿处吹响各自的法器——长号或唢呐，同气势磅礴的鼓声一起响彻云霄，更增添了望果节祈祷仪式的神圣感和庄严感。

图 4-7　村民陆续前往村寺庙广场集合

图 4-8　背着经书盛装出席的村民

约 30 分钟的望果祭祀祈祷结束后，村民开始踏上热闹和谐的转田地之旅。走在望果队伍最前面的是一位德高望重、手提桑烟滚滚的煨桑桶的长者，滚滚桑烟弥漫着祈福丰收的心愿。紧随煨桑桶后面的是两位较为年轻的僧人，其中位于前列的僧人手捧洁白无瑕的大白海螺吹奏起望果的祈福之音，紧随其后的僧人手持由洁白哈达包裹着的、寓意平安护航的法器。走在两位僧人之后的是一位身强力壮高举巨大幡杆的男性和身背大鼓和鼓槌的村民。再后面是由巫师担任的领队举着哈达、“达答”和羊腿（意为“收地气、求丰收”）。领队身后则跟着一群肩背大藏经《甘珠尔》和《丹珠尔》、手拿微型“达答”的身着藏族传统民族服饰的村民。背经书的村民之后是敲锣打鼓、吹唢呐长号的乐队。其他的僧人则骑着高大的骏马穿插于整个转田队伍中。头戴红、身着黄的威武骑士们骑着自家膘肥体壮、装扮一新的骏马，骑行在整个转田队伍的最后面。当然，还有一些没有被分配具体任务的村民，尤其是孩童们，戴着毡帽嬉闹奔跑穿梭于望果队伍中。扎玉村的望果队伍较为独特的是：由于参与转田的村民人数众多，每隔一群人，队伍中就有一位高举巨大幡杆的村民。而且，除了队伍最前面用于开路的煨桑桶外，整列望果队伍中至少还有三个煨桑桶，基本上保持整个队伍的前、中、后各有一个。煨桑桶在转田过程中需要一直桑烟不断，因而不时有村民往煨桑桶内加入桑枝、松枝、香草或糌粑等。

图 4-9　整装待发的望果队伍

图 4-10　按序走在绕地转田路上的望果队伍

在巡绕田地的过程中，任何人都不能说不吉利的话，而要说些应景应时的祈福话。望果节当天，原则上除煨桑者外，其他人都不能在田间任意走动，避免破坏祭祀祈福的效果。

哪家如果不派人出席望果节这天的集体祈祷祭祀仪式，则是一种极其不吉利且会受到村民集体非议和排斥的行为。村民参加这种集体祭祀祈福活动，一是祈求农业丰收，二是驱邪防病，三是欢娱自身、祈求长寿，四是以祭礼的形式获得合法的社会地位。[①] 因而一年一度的望果节，没有极为特殊情况，几乎都是全家出动，甚至多数已外嫁的女儿也会在时间和空间距离允许的情况下，和家人赶回娘家村寨和娘家人一起欢庆望果节。

长长的队伍从村寺庙门口的广场出发，浩浩荡荡地沿着村寨田间阡陌缓缓前行，顺时针转地头祈丰收。村民边绕地头，边由领队起头齐声高唱声调悠长而庄严的古老祈神歌曲——谐钦。歌声回荡在深谷幽林间、飘扬在迎风翻滚的青稞麦浪间、扩散到在阳光映射下波光粼粼的羊卓雍措湖面上，一种庄严神圣感从内心深处油然而生。谐钦的歌声一停，众人就齐诵“恰古秀！央古秀！”（意即“福德来啊，吉祥来啊”）。作为领队的巫师摇晃着手中的“达答”或羊右腿，以示已经召唤来神灵的护佑和吉祥福德。

望果队伍每遇到户外煨桑炉时，便会放下手中的幡杆、“达答”和经书等休息，并煨桑祈福。住在附近的村妇已拎着几大瓶家里熬制好的新鲜酥油茶和甜茶等候在此，她们首先依据僧人和骑士们的个人口味恭敬地为他们倒上满满的酥油茶或甜茶，然后为散落在歇息点各处的村民们倒茶，并问候他们。在这段歇息的时间里，村民们将随身携带的用于祈福的桑枝、松枝或香草添加在煨桑炉里，使桑烟更浓烈地随风向上升腾，为祈福法事的开始做好准备。僧人们面向煨桑炉坐成一排，然后摆上法器道具，准备诵经祈福，骑士们坐在僧人的一侧，与僧人成90°角。随后由老僧人起头，僧人们手持法器开始诵念祈福经文，经文诵念完毕，坐在一旁的骑士们站起来，手拉手庄严肃穆地边唱古老的祈神歌曲——谐钦边跳，最后

---

① 丁玲辉、丁文倩：《“望果节”上的娱乐与体育活动》，《中国西藏》2005年第5期。

以众人齐吼“恰古秀！央古秀！”为这个歇息点的祈福仪式画上句号。祈福仪式完毕，背着经文走了长长一段路的村民们打开布袋，取出饮料及食物相互分享，为接下来更远的望果旅途补充体力。从煨桑炉腾空而起的袅袅桑烟在悠长庄严的谐钦歌声中弥漫于整个羊卓雍措的夏日晴空里，带着对丰收的期盼，村民们欢快的歌声、笑声、喊声回荡在山谷、田间，气氛神圣而热烈。全程耗时约三个小时的望果旅途一共要在四个煨桑祈福点停留歇息、诵经祈福。

图 4–11　转田途中在祭祀点诵经祈福

图 4–12　骑士们以马为介，相互角逐

望果队伍从村寨后山转至平坦地带后，骑士们胯下的坐骑没有了缰绳的束缚后兴奋不已，骑士之间竞相角逐，策马奔腾，你追我赶地进行望果转田结束后的传统体育项目。昂首奔跑的骏马迎着羊卓雍措吹来的风煞是威武。其间，几匹小马紧紧跟着自己的母亲奋力又略带生涩的动作和那股不服输不落后的样子让村民们哈哈大笑的同时又倍感振奋。身处其境，让

图 4–13　唱祈丰收、求平安的颂词

图 4–14　杨娅（左二）同参加望果节的女子（赤列班觉摄）

人顿时感慨良多，动物尚如此奋力拼搏，人又怎能止步不前？

每个参加转田地的村民，都会在自己田地里拔三株青稞麦穗，带回家供奉于神龛上或谷仓内，寓意自己通过转田仪式带回了庄稼的“央”（“福气”的意思），一年庄稼的丰收有了充足的保障。结束转田后，村民们回到村里固定的节日聚会场地。节日聚会场地以具备如下条件为最佳：“有水可以熬茶，有树可以遮荫，有草地可以歌舞，有旷原可以赛马。”[①] 各家钻进各家的“山头”——树下或早先搭建好的帐篷，用石头垒个灶，生起野火，主妇们开始熬酥油茶、甜茶，做饭菜，准备野宴。现在大部分参加望果节的村民会携带提前购买或制作好的饮品及食物，三三两两地聚坐在一起，分享食物，开怀畅饮。其他的青年“男男女女欢聚在一旦，钻青稞地，唱歌跳舞，跑马赛箭，饮酒狂欢”[②]。

2. 激烈壮观的娱乐项目

（1）赛马

一年一度的望果节中最让人期待的娱乐项目——赛马开始。村民们对此项赛事相当重视，只要条件允许，每家都会派选手参赛。在藏族传统观念中，马与人的运气紧密相连。村民们积极参与赛马活动除了彰显身手，更重要的是祈求时来运转、逢凶化吉。

扎玉村的骑手们身穿明黄色藏装、头戴圆形红穗的“索夏”（蒙古帽），骑着装饰得漂亮鲜艳的骏马，轮番进行花样各异、形式多样的赛马活动。赛马在村内空旷地举行，主要有长跑、短跑、大跑、小跑等项目。这是骑士们大显马术技艺的时刻。赛马项目主要比拼的是骑手的驾驭能力和参赛马匹的速度、耐力，因而参加赛马项目的基本为百里挑一的勇士和骏马。为充分发挥马的速度和耐力，凡参加该项目的马都要轻装上阵——不配任何马具，这要求参赛骑手必须有过人的胆识和高超的技艺。

骑手们跨上装扮一新的自家宝马，一字排开地在跑道起点等候裁判员

---

① 尕藏才旦、格桑本编著：《雪域气息的节日文化》，甘肃民族出版社 2000 年版，第 108 页。

② 廖东凡：《藏地风俗》，中国藏学出版社 2008 年版，第 18 页。

手里的枪声响起，跑道终点的工作人员拿着称为“卡达尔”的红、绿、蓝三面分属冠、亚、季军的彩旗，等待骑士们你追我赶地驰骋而来。最先抵达终点的骑士将兴高采烈地从工作人员手中自豪地接过红色彩旗，紧跟着的亚军、季军选手分别领取绿、蓝彩旗。在赛马中夺得冠、亚、季军者，将获得数目不等的奖金和哈达。骑手在比赛中夺冠，不仅是整个家族的荣耀，而且还是该家族来年丰收的吉兆。因此，获得冠军的家族往往在家里举行最隆重的庆祝仪式：全家人手捧洁白的哈达，端上醇香的青稞酒，等候骑手的胜利归来。骑手来到自家门口或场地外自家搭建的帐篷时，下马接受家人的恭贺和赠送的哈达，然后高举银杯向天神敬献三次后，以三口一杯的方式喝完家人们奉上的美酒。家人们恭贺骑手的同时，也不会忘记立下汗马功劳的骏马，为它献哈达，喂上等的、可口的饲料。①

（2）马术比赛

赛马结束后，紧接着进行的是马背上的技艺表演——马术比赛。由于马术比赛危险性大，望果节组织者要协助组织比赛，诸如跑几次、怎么跑等事项都由举办方协商决定。组委会需安排具体工作人员担任马术比赛的裁判，根据马匹和骑手的表现给予点评和奖励，综合表现名列前茅的骑手，能获得由村望果节组织者提供给选手的价值不等的奖赏。按照望果节组委会的要求：参加马术比赛的马匹须佩戴装饰，骑手按照抽签顺序依次出场，为防止赛场上发生马匹相撞等意外事故，第一位骑手到达终点时，后面的骑手才能出发，直到所有骑手赛完。马术比赛共有 14 个分项，骑手根据自己擅长的项目选择参加的分项比赛，有的全能骑手 14 个分项都参加。当比赛进行到第 7 项时，中场休息 30 分钟，骑手们休息、进餐，马匹也需稍作休整，然后再开始下半场的比赛。

马术比赛紧张激烈、扣人心弦，主要有骑马拾哈达、捡钱币、射箭打靶等 10 多个项目。在马术比赛中，马的速度和耐力并不是主要得分点，主

---

① 参见旺宗《藏族望果节的民俗变迁研究——以堆龙德庆县古荣乡加如村望果节为例》，《西藏大学学报》（社会科学版）2013 年第 4 期。

要看箭射到箭靶上的次数、精准度及表演的精彩度和难度。在射箭项目的赛场上，在观众席的对面，每隔5—10米竖一个牛皮缝制的圆靶，骑手们在马背上一个接一个地从靶前飞驰而过，用手中的火枪或传统弓箭射向靶心，每一组由8名骑手上场表演，中靶多者为小组优胜者，进入下一轮比赛，直至最后决出冠军、亚军、季军。在飞驰的马背上拾哈达、捡钱币等表演项目中，骑手们的动作惊险又刺激，一些高难度动作让观众瞬间屏住呼吸，继而又为骑手的成功表演欢呼呐喊。工作人员除了记录骑手的比赛成绩外，还要记录他们在比赛过程中出现的如帽子、马鞭或物品等掉地上的犯规次数。比赛结束后，在给予优胜者奖励的同时，也要根据骑手的犯规次数进行罚酒。所有比赛项目结束后，所有骑士下马，围成一圈表演“达谐”歌舞。

（3）牦牛比赛

除了赛马和马术比赛，还有以搞笑逗乐为主的牦牛比赛。赛牦牛不同于赛马，牦牛不像马被主人专门训练过，骑士们只能临场发挥，尽自己最大努力驾驭牦牛。有的牦牛按照骑手的指挥向前奔跑，但也有的牦牛却不听指挥，在原地一个劲儿地转圈、跳脚，不肯前行，有的牦牛在场上横冲直撞，甚至蹿到观众当中，更有牦牛直接把骑手抖落摔倒在地上，追着骑手满场跑……这些不听指挥的牦牛让骑手们急得面红耳赤，又拉缰绳又吼叫的窘态逗得场边观看表演的观众捧腹大笑。惊险又刺激的赛牦牛与其说是比赛，不如说是一项将欢乐推向高潮的娱乐。

图4-15　在空旷场地观看赛马及祭祀的村民

图4-16　赛马场上竖立的简易箭靶

夜幕降临，参加篝火晚会的村民将带来的柴火放在场地中央，再将青稞酒倒进大酒缸，场上燃起熊熊篝火，众人跳起果谐。歌曲先慢后快，人们围着篝火起舞，有节奏地互相唱和。负责给众人斟酒的年轻女子端着酒具，轮番给跳舞的人敬酒。熊熊的篝火、欢快的歌声、轻快的舞步，把望果节的欢乐氛围从一个高潮推向另一个高潮。

没有参加集体篝火晚会的村民，把家里收拾干净，邀请亲朋好友在院子里搭起帐篷，大家在帐篷内席地而坐，中间摆放着各家带来的美味佳肴，共享“百家餐”。席间大家相互敬酒，唱着酒歌。亲朋好友们聚集在一起，饮食娱乐，载歌载舞，通宵达旦地在传统的娱乐和歌舞声中度过望果节最后的几天。①

“七月十五日，另雇牒巴一人，以司农事。其他之头目牒巴，陪之游街，佩弓挟矢，旗幡导引，遍历郊圻，以观田禾，射饮一日，以庆丰年。然后，土民刈获。”② 这段文字记载了望果节的历史习俗。因而，藏族有此说法：“舒舒服服的望果，是秋收开镰的通知。”③ 从古到今，热闹欢快的望果节结束后，便是紧张、忙碌的秋收农忙时节。

第四节　山南藏族岁时节庆的社会功能

节日是根据群众的物质生活及精神生活的双重需要应运而生的，是民众相互之间进行感情沟通，调节人际关系及天人关系，以及传递表达并抚慰民众内在情感的重要时机。“节日作为人类传统的知识系统、道德伦理、心理沉积、政治话语等的‘贮存器’，具有表达功能、记忆功能以及整合功能。”④ 作为山南藏族岁时节庆民俗，其蕴含的社会功能作用更大。

---

① 丁玲辉、丁文倩：《“望果节”上的娱乐与体育活动》，《中国西藏》2005 年第 5 期。

② 《西藏研究》编辑部编：《西藏志·卫藏通志》，西藏人民出版社 1982 年版，第 22 页。

③ 尕藏才旦、格桑本编著：《雪域气息的节日文化》，甘肃民族出版社 2000 年版，第 109 页。

④ 蓝巧燕：《布努瑶“祝著节”的文化内涵解读——以广西都安瑶族自治县隆福乡崇山村为个案》，硕士学位论文，广西师范大学，2007 年。

任何仪式都是在一定的场合中举行的，都有一定的人群参与，从而都具有社会性。[①] 一个民族岁时节庆的产生，离不开自然环境的滋养和社会生活的沉淀。山南藏族岁时节庆将藏族因生产方式、自然条件、社会意识及历史背景等综合因素形成的地域性民族文化心理、宗教信仰、伦理道德和审美情操等方面的独特性表现得淋漓尽致。

一、增强民族认同感

节日是民俗传统文化的一个重要表现方式，为地域民族长期精神生活的集中体现。无论一个人"走"多远，当地本民族的重大节庆及仪式的内核精神是不会改变的，这些重大岁时节庆是作为区域内一个民族群体精神依托的家园文化，这里面有着这个群体的集体记忆和精神归属。山南地区藏族岁时节庆是山南藏族群众心路历程、精神轨迹和情感聚焦的具体表达。藏历新年、望果节是藏族群众全民参与的重大传统节日，他们身着华丽的藏装，带上各种祭品一起祭祀神灵、共享美味佳肴、起舞歌唱、把酒言欢。"在庆典中，许多通常被社会结构束缚的东西获得了解放，其中最引人瞩目的是伙伴意识与团结意识。另外，许多原先分散在文化与社会结构各个领域的东西，在庆典中通过关键的多元性的象征与神话得以'欲力集中'，由这些象征与神话构成的语义结构具有强大的凝聚力。"[②]

"任何遗产在一个人群共同体看来都是自己的'家园遗产'，并由此产生所谓家园感。"[③] 岁时节庆是人们依托自然生态，在建立自己家园的历史过程中传承下来的文化印记。家园不仅是个体生活生存的物质空间，更是群体的生命栖息地。家园给予人们归属感和安全感，它所承载的记忆、亲密感、伦理规则及精神归属是社会和谐存在的根基，也是非物质文化有序传承的基因。对一个群体而言，只有"家园感"才能让他们获得精神愉悦

---

① 徐旸、齐柏平:《中国土家族民歌调查及其研究》，民族出版社 2009 年版，第 268 页。

② ［美］维克多・特纳著 :《庆典》，方永德等译，上海文艺出版社 1993 年版，第 29 页。

③ 彭兆荣:《文化遗产学十讲》，云南教育出版社 2012 年版，第 68—69 页。

和精神力量，也只有家园的文化遗产才能凝聚民心和强化认同。节日祭祀和娱乐是同一地域内的藏族人民精神生活的重要呈现方式，山南地区各聚居地的藏族群众通过重大岁时节庆程式中的集体巡游、敲锣打鼓、歌声震天等外在形式表现出这个群体的内在情感与期望，并在集体活动中进一步显示成员作为个体在群体中的地位、作用，成为加强族群成员精神依赖和情感联系的直接纽带。“要将一个团体团结起来，单纯靠世俗利益的支持是缺乏足够凝聚力的；因此宗教成分恰到好处地赋予社团某种神圣的令人崇拜和敬畏的特征，完全可以起到加强团体成员的团结和忠诚度的作用。”①藏历新年、望果节这些群众积极参与的宗教仪式“是为数不多的能够把以家庭为中心的农民聚集在一起的场合。因此，在农村社区，祭祀农业神的主要庙宇起到了社群整合的作用”②。这种同一个民族、同一居住区、同一文化的人集体参与宗教祭祀活动，本身就极具亲和力和凝聚力，每个人用行动见证并追忆群体共同的历史记忆，在这种共同性中更进一步增加了民族内部凝聚力和民族认同感。

二、弘扬传承民族传统文化

传统节日是岁时节庆民俗文化的重要组成部分，“传统节日的形成是一个长期的历史文化模塑过程，它承载着丰厚的历史文化内涵”③，是群众伦理关系、精神信仰、审美情趣和消费习俗等的集中展示，是代代传承的文化空间的直接体现。山南藏族岁时节庆民俗凝聚了诸多藏族传统文化精华，是传统民族文化中闪亮的一部分。“我们常称谓的‘传统’，其实可理解为一种‘社会记忆’。它既是一种积淀，也是一种传承，更是一种社会

---

① ［美］杨庆堃：《中国社会中的宗教：宗教的现代社会功能与其历史因素之研究》，范丽珠等译，上海人民出版社 2007 年版，第 69 页。

② ［美］杨庆堃：《中国社会中的宗教：宗教的现代社会功能与其历史因素之研究》，范丽珠等译，上海人民出版社 2007 年版，第 77 页。

③ 董晓萍、万建中主编：《北师大民俗学论丛》，中华书局 2013 年版，第 679 页。

历史结构。”[①] 因此，非物质文化遗产的弘扬传承必须依靠“家园”真正的主人——当地社区内的群众。

在山南藏族岁时节庆活动仪式过程中，所有人必遵守长者为尊、善待老人的传统美德，通过请长者先享用食物，晚辈向长者敬酒、献哈达等实际行动践行藏族尊崇长者和长幼有序的优良传统道德观念。“只有他们才是真正能讲出有关本族群遗产故事的人，他们的文化经历才是该遗产地真正的灵魂，他们的家族才是世代守卫遗产地的守护者，他们才是真正关心遗产地的人……”[②] 藏族自称会说话就会唱歌、会走路就会跳舞，在藏历新年、望果节及婚礼仪式上全民参与的歌舞氛围中，孩童耳濡目染地传承了藏族优良的艺术文化。华丽的民族服饰、传统的生活礼仪及社交娱乐活动、传统式样的家居装饰都能使身处其中的群众在神圣氛围的感染下自觉地接受民族传统文化的洗礼。

三、助推民族理性思考

无论是藏历新年祭祀仪式上向神灵祈求新一年生活美满幸福，还是春播节、望果节等大型农业祈愿节庆活动时全村出动的迎神祈福行为，祈祷，这种真诚的诉求和意图，是一个灵魂向另一个灵魂最为直接原始的愿望祈求。“当向人之无形的奉为神的灵魂祈祷的时候，则这祈祷并不是什么别的东西，而是人们之间日常交际的进一步发展。”[③] 藏族人民面对现实生活中的种种难题，借助各种仪式性的祈祷、祭祀等行为活动激起更为理性的思考，有利于团结力量共同解决问题。“当崇拜者向灵物祈求的时候，虽然这个灵物在宇宙中的地位和实力都大大超过他，然而这是个在其本身

① 彭兆荣：《文学与仪式：文学人类学的一个文化视野——酒神及其祭祀仪式的发生学原理》，北京大学出版社 2004 年版，第 63 页。

② 彭兆荣：《文化遗产学十讲》，云南教育出版社 2012 年版，第 124 页。

③［英］爱德华·泰勒：《原始文化：神话、哲学、宗教、语言、艺术和习俗发展之研究》，连树声译，广西师范大学出版社 2005 年版，第 690 页。

精灵天性的形式方面凑成的灵物，他的思想状态仍旧是这样的：祈祷既是理性的行为，也是实际的行为。”[①] 山南藏族群众借助岁时节庆民俗活动的各种祭祀性祈祷仪式来进一步增强民族面对困难的理性思考。

① ［英］爱德华·泰勒：《原始文化：神话、哲学、宗教、语言、艺术和习俗发展之研究》，连树声译，广西师范大学出版社 2005 年版，第 690 页。

第五章

山南藏族人生礼仪

所谓人生，就是人这种特殊动物的生存与生活。生存是生命的保存，往往被认为带有更多的自然性；生活则是为了生存发展而进行的活动，被赋予了更多的社会和文化的色彩。法国人类学家范热内普在《过渡礼仪：门与门坎、好客、收养、怀孕与分娩、诞生、童年、青春期、成人、接受神职、加冕、订婚与结婚、丧葬、岁时等礼仪系统之研究》中，把人生跨越阶段的仪式纳入“过渡礼仪”来研究，提出了“过渡礼仪”的概念并进行了论述，“过渡礼仪”又译为“通过仪式”。按照辩证唯物主义的观点，人的生命是起点、终点分明，直线演进的。在这样一个完整的时间段，人生礼仪顺次开展，从生命在母体中孕育开始，过渡到诞生礼、成年礼，再到婚礼、寿礼，最后到丧葬礼，画上了一个表示结束的句号。这一过程与人的肉体生命或者说生理生命是合拍的。

“从民俗学的角度看，人生礼仪是指将个体生命加以社会化的程序规范和阶段性标志。人生礼仪与社会组织、信仰、生产与生活经验等多方面的民俗文化交织，集中体现了在不同社会和民俗文化类型中的生命周期和生命价值观。”[①] 人生礼仪就如一根长长的丝线，把人的肉体生命、观念（文化）生命的各个阶段串联起来，使人之所以为人。又由于时空、环境等诸多因素的作用，使此地之人之所以为此地之人，彼地之人之所以为彼地之人。

中国人的人生礼仪积存着厚重的历史蕴含，呈现出丰富多彩的面貌。礼仪作为一种民俗形式，在世界各民族都普遍存在。藏族自古以来就是一

① 钟敬文：《民俗学概论》，上海文艺出版社 1998 年版，第 156 页。

个重视礼仪的民族，各种礼仪形式已深融于藏族人民生活的方方面面，成为其生产劳动、衣食住行、嫁娶婚丧、岁时节俗、文化娱乐、神明信仰的行为规范，成为藏族民间约定俗成的不成文的规定。

第一节　人生道路开端的诞生礼仪

人是文化的动物，人是民俗的动物。人生命历程的起步和行进，时时刻刻伴随着文化的烙印、民俗的生活。人生礼仪正是这种文化烙印、民俗生活的集中体现。这一多幕大戏的首场正是诞生礼。[①]

中国是一个重生的国度，不但重视人口繁衍的数量，而且重视人口质量，期望孩子将来身心健康，德才兼备，成为栋梁之材。在传统社会，社会生产力水平低下，各种自然灾害、瘟疫、战乱、饥荒不断发生，新生婴儿死亡率高，人口自然增长率低。因而，人口的增殖是当时人类生存发展面临的重要问题。这个问题对生活在地广人稀的青藏高原的藏族来说尤为严重。当一个新生命降生后，受当时社会条件的限制，要使其健康成长不是一件易事。因此当人们信仰神灵的作用时，婴儿降生时，为其举行祝福、禳灾的诞生礼仪就很自然了。

藏族十分讲究人生礼仪，对于新生儿的诞辰、满月和取名等，都有一套自己的礼俗。

一、生命的诞生

诞生礼作为人生礼仪之开端礼，是人出生后由自然状态向获得社会承认和认可转变的重要过渡仪式。在传统的出生礼仪中，初生的婴儿并不是一开始就被其家庭所接受，而是要经过为新生儿所举行的“包括一系列

① 邢莉：《摇篮边的祝福：中国诞生礼》，上海文艺出版社 2001 年版，第 10 页。

分隔礼仪、边缘礼仪以及聚合礼仪”①等在内的仪式。通过这一系列复杂的礼仪，实现“将新生儿与亡者世界分隔，同时与生者世界或特定群体聚合”②。林耀华先生认为，出生礼仪要从生育前的祈祷算起，直到新生婴儿的周岁生日。③只有通过这一系列的“过渡礼仪”，才能实现真正意义上的“人”的再生产。

（一）生育禁忌

禁忌是产生于宗教信仰的一种特色民俗，其本意是禁止接触或使用“神圣”“圣洁”或“不洁”“危险”之物，触犯神秘世界而招致灾祸。禁忌是藏族民俗文化的重要组成部分，具有很强的传承性和传统性。复杂繁多的各种禁忌深深地植根于山南藏族传统文化中。生育禁忌在藏族禁忌文化中占着举足轻重的位置，与藏族的日常生活密切相关。通过探索和研究山南藏族生育禁忌可以更好发现藏族生活习俗、文化心理和价值观等方面的发展和演变。

在山南藏族聚居区，围绕着怀孕的妇女，总有很多习俗和禁忌。之所以会有孕期禁忌，一是因为早期人们对妊娠不了解而将其置于“不洁”的地位而产生的非科学行为，二是为了保护孕妇平安和胎儿健康。

山南藏族传统观念认为，如果一匹马碰巧从怀孕妇女身边走过，或者孕妇从马下穿过，甚至马的影子投落在孕妇身上，那么这位孕妇将经历“达吉”④，怀孕十二个月。而妇女正常妊娠期是十个月左右。民间还相传，曾有雷暴雨之后，怀孕不久的孕妇腹中胎儿消失的情况。藏族传统观念认为，雷声是龙的吼叫声，龙发出的雷声会把胎儿从孕妇腹中带走。此外，在山南藏族传统禁忌里，孕妇不能参加婚礼、丧礼和祭祀等大事，因为孕妇身上自带邪气，会冲走喜气；孕妇不洁，会亵渎祖宗亡灵，乃大不敬。在乡间，没人敢轻视神圣重要的事，被孕妇冲撞了则要倒霉，而且霉运无

① ［法］阿诺尔德·范热内普：《过渡礼仪》，张举文译，商务印书馆 2010 年版，第 55 页。
② ［法］阿诺尔德·范热内普：《过渡礼仪》，张举文译，商务印书馆 2010 年版，第 58 页。
③ 参见林耀华《义序的宗族研究》，生活·读书·新知三联书店 2000 年版，第 108 页。
④ 达吉：“马障”之意，达意为“马”，吉意为“污染、无形的阴影或光环”。

法破解。在日常生活中，人们对孕妇也唯恐避之不及，打井不能被孕妇撞上，否则会破了龙脉打不出水，或打出的水又苦又涩；酿酒被孕妇撞上，会酿不出酒，或酿出的酒酸涩难喝；采药撞上孕妇，药效尽失；做豆腐撞上孕妇，豆腐会酸腐坏掉。这种观念发展到极端则认为，谁清早出门碰上孕妇，这一天就会倒霉，事事不成，闭门家中坐，都保不齐祸从天上来。[①]怀孕后，胎儿是男是女是人们最想知道的事，因此便衍生出了各种预测生男生女的方法。过去，藏族群众为了能够识别子宫内胎儿的性别，除了寻求识知一切、具有预见能力的转世喇嘛帮助外，还利用各种民间土办法来辨别，如果孕妇分娩前子宫出血，就是男孩；子宫没有出血，就是女孩。因为在藏族传统观念里，分娩前子宫流出的血为“东扎”（氏族血），一个家族如果没有男性继承人就被认为断了血源和血脉。

民间对孕妇的诸般禁忌，典型地体现了人们对孕妇这一特殊人群的矛盾心理。一方面是忧惧，把孕妇视为另类和不祥之人；但另一方面，所有禁忌指向孕妇，归根结底是要保护孕妇本人和腹中胎儿。当然，种种行为禁忌的设定，反映了传统中国人无后为大、子嗣最重的思想，因错误认识而导致的对怀孕妇女的重重限制，使她们尽管有身怀六甲之劳、有生育子女之苦，但并没有得到应有的尊重和待遇。这种不公正的待遇孕妇只能默默承受，毕竟，在过去，妇女地位的改变可能完全系于腹中的胎儿，孕妇就是为了自己，也必须保护好胎儿。因此，尽管禁忌重重，仍很少有孕妇敢于主动触犯禁忌。

（二）生产习俗

“生殖本来是一种生物现象，但是为了要使每个出世的孩子都能有被育的机会，在人类里，这基本的生物现象，生殖，也受到了文化的干涉。”[②]迫于早期恶劣的生存条件及难产、早夭的威胁，妇女生产在山南藏族民间是一件重大且必须谨慎的事情。因而在迎接新生命的大喜之时，藏

---

① 黄勇：《人生礼俗》，京华出版社 2005 年版，第 55 页。

② 费孝通：《乡土中国生育制度》，北京大学出版社 1998 年版，第 115 页。

族利用传统智慧和习俗，为产妇和即将出生的新生儿保驾护航的种种行为方式，形成了一系列的生育习俗。

通常情况下，偏远山区的传统藏族妇女怀孕后，在生活上不会得到特殊的照顾和优待，直到临产前还照常从事种地（或放牧）、挤奶、打酥油等家务劳动。只有当腹痛阵阵袭来时，她们才会步入传统的“产房”——牛棚或羊圈。即使遇上大雪纷飞、寒风呼啸的日子，产妇也不会随意在家中分娩。传统观念认为，妇女分娩时会带来许多“污秽”，如果在家中生产，会触怒神灵。牧区以游牧为生的山南藏族，还有视牛、羊之圈为“净土”的观念，认为婴儿在“净土”里诞生，能有效抵御邪魔侵扰。[①] 人们还认为，女人分娩时，丈夫不可以在场，丈夫在场的话，婴儿则不易从母亲子宫里出来，这是因为在丈夫面前，产妇感到羞怯的缘故。

新生婴儿呱呱落地后，婴儿父亲走到屋外的经幡下，点燃祭坛上的松柏或香草等“香火”，取出海螺对天鸣奏，向天神报告：一个幼小的生命已顺利降生。婴儿出生后，产房要严加保护，忌外人进入产房。这家人会在房屋前弄起表示“忌门”的标志：在大门前挂起一绺羊毛，在门外空地上生起一堆牛粪烟火，以告诉生人，婴儿诞生后的数天内，不要进入他们的家门。“忌门”标志有两种作用：首先是禁忌作用，产妇和刚出生的婴儿都需要保护，谢绝一般人尤其是男性往来，防止细菌、病毒或不吉之运，也便于产妇抚育婴儿；其次还含有对新生儿祝福的意义，祝福男孩勇敢、彪悍、刚强，祝福女孩聪慧、能干、善良。[②]

生命的诞生是人生旅程的开始，而新生儿今后的命运如何，依赖于家庭、社会环境及自身素质的共同作用。人生道路上总有一些难以确定和把握的因素，使命运显得扑朔迷离、难以捉摸。对某些西南民族来说，生存环境的险恶、生活的贫困、科学技术的匮乏，使他们对人生道路上出现的许多现象更是迷茫不解，婴幼儿多舛的命运更是使对他们的抚育变得格外

---

① 随着人们认识水平的提高以及生活条件的改善，许多不合理的禁忌已逐渐消失，现如今大部分藏族人会按照家庭条件和孕妇身体状况选择合适场所或医院作为生育场所。

② 邢莉：《摇篮边的祝福：中国诞生礼》，上海文艺出版社 2001 年版，第 82 页。

小心谨慎、充满禁忌。[①]作为西南众多民族之一的藏族也不例外。山南藏族传统观念认为，一个孩子即使在出生以后都有可能改变性别。人们认为，咒语受黑巫术影响，婴儿性别的改变主要是受咒语影响，特别是与正在分娩的产妇家庭交恶的女人发出的咒语。为了避免这类不幸事件的发生，特别是避免自己腹中或刚出生的男婴变成女婴这种改变性别之事，孕妇及产妇应尽量避免和其他妇女发生争端，尤其不要争吵。同理，孕妇和产妇不应到其他妇女家里做客或吃另一个妇女给的食物。为了进一步防范这类厄运的发生，母亲应不时检查婴儿的生殖器是否完好，或在男婴出生后马上在其生殖器上套一枚金戒指。

二、三朝洗礼

刚出生的新生儿生命处于最脆弱的阶段，生命容易遭受各种外力侵扰和病菌感染，尤其在缺医少药的年代和交通不便的偏远山区，很多刚出生的婴幼儿由于病菌感染或护理不当，没有得到及时医治而夭折，死亡率较高。因而对于刚出生的婴儿，人们常常是既欢喜又担忧。为了表达对新生命的祝福和期待，山南藏族为刚出生的婴儿举行各种仪式，希望借用各种象征礼仪的护佑，增强家庭抚育孩子的信心。

三朝洗礼（即清除污秽）是婴儿刚出生后几天内举行的诞生礼仪之一。《道咸以来朝野杂记》记载："三日洗儿，谓之洗三。"三朝洗礼不同于一般的洗澡，具有祝福的意义，仪礼复杂。[②]

三朝洗礼中，"洗三"最为重要和突出，当仁不让地成为核心仪式，一般认为，它是为清除婴儿从母体分娩出来后身上残留的污秽，洗儿水中会加进各种草药。就生理层面而言，人们希望借助草药的药性帮助新生儿减少疾病，增加免疫力及生命力；从心理层面上看，人们认为清除污秽与

① 杨筑慧：《中国西南民族生育文化研究》，中央民族大学出版社 2006 年版，第 151 页。

② 邢莉：《摇篮边的祝福：中国诞生礼》，上海文艺出版社 2001 年版，第 86 页。

消灾免祸显然有对等关系，洗儿也是一种驱疫辟邪的手段。[①]

在山南藏族聚居区，男婴出生后的第三天（女婴是第四天），亲朋好友们都要前来登门祝贺，并在这天举行藏语称为“旁色”的三朝洗礼仪式。举行“旁色”仪式旨在清除婴儿从娘胎出生时带来的不洁之物。在藏族传统观念里，新生婴儿出生时家里空气都被污浊和晦气污染，因而，“旁色”仪式前，新生婴儿家不允许任何外人进入。举行“旁色”仪式时，新生婴儿家长需在天亮时，在门前空地上堆一堆小石子（生男孩堆白色石子，生女孩则堆杂色石子），然后在石堆旁燃烧一堆松柏香枝祛污祈福，这个简短的仪式是藏族净化尘埃和清除污秽的最常见方法。“旁色”仪式后，产妇用温水洗头洗脸，穿上干净衣服等候亲朋好友登门对产妇及新生婴儿表示恭贺和祝福。前来祝贺道喜的人走到新生儿家门口时，停下来往石堆和香火堆上撒一把糌粑祈福，然后再进入主人家门。按藏族传统习俗，来宾进门后，先向新生婴儿和产妇敬献哈达，接着给产妇敬酒献茶以示慰劳，然后仔细端详新生婴儿，说一些祝福孩子吉祥如意之类带好彩头的话。也有一些来宾用拇指和食指拈一点糌粑，点在婴儿额头，借以表示美好衷心的祝福。主人家热情招待登门贺喜的客人，物质条件丰厚的家庭为答谢来宾，会备上好酒好菜盛情款待众宾客。

三、满月仪式

“满月”是一个新生命成长中的重要一环，其过渡意义更明显。满月前的婴儿被视为“纯粹的自然人”，满月后，则向社会人的转化迈出了重要的一步。新生儿满月，是新生儿通过的第二个重要“关卡”，也是山南藏族在孩子出生后极为重视的事情。新生儿渡过了“满月”这一大关，便基本进入了人的世界，自此可作为人而得到社会的认同。

山南藏族会举行隆重的新生儿“满月”仪式，以示对新生儿闯过又一

① 黄勇：《人生礼俗》，京华出版社 2005 年版，第 87 页。

个关卡的祝贺和对新生儿健康成长的期待。新生儿满月后，家人择吉日举行出门仪式。这一天，产妇和满月的婴儿都将换上崭新的服装，在家人的陪同下一道出门。婴儿第一次出门时，家长要在婴儿鼻尖抹上一点黑色锅灰，防止被魔鬼偷袭。出门后的第一件事是去寺庙朝佛，祈求佛祖保佑新生儿健康长寿，在世上少受磨难。朝佛结束后，去亲朋好友家串门做客。一般来说，新生儿人生中的第一次串门对象多为福星高照、生活幸福美满的家庭，其用意不外是想借助串门对象这家人的福气，使孩子幸福吉祥。

满月的婴儿可以出门后，就得给他取名，给婴儿取名在藏族是一件非常隆重的事情。多数情况下，父母希望由转世活佛给婴儿取命，认为有活佛加持护佑的孩子会健康成长，能减少疾病并能避免各种不幸事件降临在孩子身上。父母带着婴儿请转世活佛或喇嘛取名并送上洁白哈达与丰厚礼物。活佛或喇嘛在为婴儿取名前，会先询问新生婴儿的生辰、属相、性别等细节，然后郑重地进行占卜，最后查阅经书后择定名字。喇嘛为婴儿取的名字多与佛教有关，名字里多有扎西、平措（圆满）、卓玛（度母、仙女）、丹增（掌教者）、多吉（金刚）……除了请转世活佛或喇嘛取名外，也有请家族长者给新生儿取名的。与喇嘛取名有所不同的是，家族长者为孩子取的名字，包含较多的感情色彩，如仁青措（宝贝之海）、泽郎（长命）、尼玛（太阳）、白玛（莲花）……也有一些名字是长者根据婴儿的某些显著特点来取的，有的婴儿生来就有一头乌黑亮丽的头发，便取名为那森；婴儿出生日期是星期二的话，名字就是米玛；婴儿在星期六出生，男婴就会被起名为边巴顿都，女婴则为边巴多玛……

四、育儿习俗及禁忌

“十月怀胎，一朝分娩。”经过十月怀胎的艰辛，在焦急的等待中终于迎来了新生命的降生，这对于每个家庭或家族来说，都是非常欣喜的盛大事情。但刚刚降临人间的新生婴儿还只是个没有灵魂的“肉体”，尚不是真正意义上的“人”。新生婴儿要有“人”的生命、价值和灵魂，就要为其社会接纳认同，要经过一系列习俗和禁忌文化的洗礼。

在藏族传统观念中，人们希望所生的第一个孩子是女孩，认为女孩长大成人后，对母亲而言是一个得力的好帮手，能帮助分担家务活；还有一种在民间广泛流传的说法是，第一个出生的婴儿是女孩，能确保双亲健康长寿。

藏族认为，年幼的婴儿具有通慧的天眼，可以看到很多成年人看不到的妖魔鬼怪。为了防止婴儿在黑暗中看到吓人的凶猛野兽或妖魔鬼怪之类的东西，以及防止邪恶精灵及其他有害生灵使婴儿生病或遭诅咒，藏族平时很少在夜间把婴儿带到户外。如果婴儿在夜间不得不出门的话，大人一定要在其鼻子上和胸前涂上炭灰，再用中指在婴儿脸上自下而上画一条粗而黑的线，防止婴儿被邪恶精灵或妖魔鬼怪认出而降厄运。

婴儿出世后不久为其剃掉所有的毛发是山南藏族的一个常见习俗。剃掉的头发叫胎毛，被视作极为不洁之物。胎毛会妨碍头发的自然生长，藏族传统观念认为，剃掉胎毛可以确保婴儿将来头发生长良好。

刚出生的婴儿，无论是睡着还是醒着，面部表情是多变的，有时微笑，有时痛苦皱眉。藏族传统观念对此现象有几种截然不同的解释。第一种说法是，一个叫作“小仙女”的比较矮小的精灵调皮捣蛋时会使小孩烦躁不安，频频皱眉，显出不高兴的样子；但当“小仙女”和小孩开心玩耍游戏时，孩子就笑逐颜开。第二种说法是，婴儿之所以显出不高兴的样子是由于他回忆起了自己出生前在地狱里的恐怖经历；而当他回忆起出生前比较愉快的时光时，就会开心地笑了。第三种说法是，婴儿除了父母精心照料外，还有一头隐形猪和一只隐形猴照看着，隐形猪和隐形猴在不同的日子轮流照料婴儿。藏族认为在隐形猪照料婴儿时，婴儿会长肉，比较安静，比隐形猴照料时睡得安稳；隐形猴照料婴儿时，婴儿长骨头，比较疼痛，所以小婴孩常常啼哭不止。

藏族传统观念认为，孩子具有无意识地预见未来、揭示未知事物的能力。如果婴儿第一次见到一个人时冲他微笑，意味着这个人吉利长寿。与此相反，如果第一次见面，婴儿便哭泣，或带着不愉快的面部表情，则意味着这个人短命，或前途充满坎坷。儿童非常喜欢玩打仗的游戏，像真正的突击队员一样，潜伏在敌人的背后偷袭，交战各方，有时取胜，有时战败。孩子们痴迷打仗游戏，但年长的藏族人却不喜欢孩子们玩打仗游戏，认为这会引发真正的战争或人与人之间的冲突。因此，他们会责备孩子，禁止他们玩这种倒霉的游戏、制造麻烦。如果孩子在上年纪的藏族人面前说吉利话、行为方式让人觉得喜庆吉利，长者会给孩子们一些糖果等作为奖励。

藏族认为，从人的衣服上跨过，会使衣服主人鼻塞，浑身发冷，并进一步影响其健康。如果小孩在学走路阶段，有人从其衣服上跨过，附着在孩子身上的神灵便遭到亵渎，不能再保护孩子，小孩走路时就容易绊倒、摔跟头。为了化解和消除这种障碍，需举行一次简单的净化仪式，把衣服放在焚香上熏一下或在焚香上熏一下孩子身体，就能最终消除这种障碍。

藏族认为奶水滴洒在肮脏的地方，母亲的乳房就会发炎，进而停止生奶。因此，母亲除了满足自己孩子外，如果还有剩余的奶水，也不能让一滴奶水流掉，尤其不能滴在可能会被人畜踩到的地方，并应尽量避免提及自己奶水充足，以防厄运降临在自己身上，导致乳房发炎，无法再生奶、用母乳喂养孩子。

藏传佛教能带给绝大多数藏族人心理上的慰藉，人们在世间所需一切之物、感情，只要向它祈求，不管会不会实现，心灵上都会得到一定的慰藉，使人对未来充满希望。在藏族孩子成长过程中，若孩子病重，且医治后无好转，父母便会带着孩子前去寻求活佛的帮助。有时候，活佛会提议为生病的孩子改名字，重新起一个更符合孩子生辰的或更吉祥的名字，以使病重孩子重新恢复健康。极少数情况下，如果一个被推算会死亡的孩子或成年人活了下来，就需给他重新起一个奇特的新名字“西洛”（死而复生）。如果一个家庭很难把孩子抚养长大，出现不止一个孩子早夭的情况，就需给幸运存活下来的孩子或新生婴儿起个类似“其加”（狗屎）或“达阔”（马粪）这种听起来让人嫌弃，但有消灾免祸特殊寓意的名字。藏族深信，如果人们过多地议论一个人，无论是褒还是贬，一个叫作“米喀”的咒语就会降临在被议论者身上，被议论者就容易因此得病或遭遇灾祸，对孩子来说更是如此，许多孩子便是因“米喀”而死。在藏族传统观念里，给孩子起一个普通、易念的名字，人们就会常常念叨、谈论孩子的名字；而起一个拗口、罕见的名字，人们就不太容易感兴趣，不会经常默念孩子的名字，这样就可以减少“米喀”降临的机会，有助于孩子健康成长。

人丁兴旺对于传统藏族家庭来说是极其重要的，无论家庭还是家族，都需要添加新成员以增强家庭及家族的实力，应对外部环境带来的种种压力，代代延续下去。简而言之，祈福新生儿顺利闯关、健康成长、长命百岁，是山南藏族诞生礼仪所追求并反复强调的生命意义，充满了对新生命的关注和对新成员到来的喜悦，也展现了藏族对繁衍后代以满足生产需要及扩大世系的渴求和企盼。

第二节　延续传统的藏族婚俗

婚姻倾注着人们纯真的感情，寄托着人们的社会理想，表达着人们对自由美好生活的向往。作为人类自身再生产的基本方式，婚姻是人类繁衍生息所必需的社会形式，也是构成家庭、亲族的基础，这是人类社会发展过程中出现的必然现象。婚姻的本质是社会关系的连接点，是人类社会为了繁衍种族及平衡性别差异的一种以再生产为核心的社会组织。直到今天，婚姻对于每个成年人而言，仍是其成长过程中最基本的人生里程碑。[①]从人类自身繁衍的角度，婚姻是根本性的文化形式；从社会延续发展的角度，婚姻是最基本的制度保障。正是由于婚姻具有巨大的、不可替代的社会意义，在重视家庭家族超过个人的传统中国社会，婚姻也就有了特殊的意义。

山南藏族普遍认为，如果没有结婚，即使已经成年，在世人眼里仍是不成熟的孩子。婚姻才是藏族真正意义上的成年礼仪，标志着人的成熟和

① 张凌波：《苗族人生礼仪的生命美学意蕴》，硕士学位论文，西南大学，2015 年。

社会角色的完全确定。山南藏族婚俗，长久以来一直延续着自己的民族传统，从婚姻的缔结到成婚的具体礼仪、风尚和规制，都带有鲜明的民族特色。

一、民主改革前西藏的婚姻制度

从民俗学角度，婚姻可以分为婚姻形态和婚姻仪礼两个方面。广义的婚姻形态，包括从所谓野蛮婚（乱混、群婚）向文明婚（个体婚）的演变。由经济基础决定且反映社会上层建筑的婚姻及由此产生的家庭是社会生活的基本内容和形式，是维系人类自身繁衍和社会延续的最基本活动。早在人类进入文明社会之前，就"在原始民族中间存在着一套决定两性间相互关系的复杂的规矩"①。

藏族的传统婚姻制度在我国民族大家庭的婚姻制度中是较为复杂的，在西藏几乎能找到人类历史上曾有过的各种婚姻形态。旧西藏除一妻一夫制外，还有一夫多妻、一妻多夫等婚姻形式。旧西藏时期，父母有养育和解决子女婚姻的责任，藏族婚姻多数由父母包办，子女只能服从父母的安排以表孝敬。"过去，找媳妇或赘女婿，子女是没有权利过问的，尤其是女子往往到夫家还不知夫婿的面容怎样。新中国成立后，多为自由婚姻。男女恋爱，告知父母，再行习惯手续，最终成婚。"②西藏民主改革前的藏族群众婚姻制度和婚姻形态较为复杂严酷，"统治阶级和被统治阶级之间禁止通婚。领主只能和领主通婚，平民只能和平民结姻。在封建等级观念的影响下，铁匠、屠夫、猎人、乞丐被视为三等九级中的最下等人，他们的婚姻也只能'门当户对'，其他阶层的人是绝对禁止与之联姻的"③。西藏的部分典籍对藏族婚姻如是总结："婚姻亦择女婿，首取门户相当。男识字者佳；女以善生理、识货价、理家务为善。亦通媒妁，惟富庶牒巴之家

---

① ［俄］普列汉诺夫：《论艺术》，曹葆华译，生活·读书·新知三联书店 1973 年版，第 115 页。
② 赤烈曲扎编著：《西藏风土志》，西藏人民出版社 2006 年版，第 175 页。
③ 罗桑丹增、周润年：《藏族民俗》，巴蜀书社 2003 年版，第 20 页。

方有之，其余多苟合。”①

藏族女性多数于15岁前在后脑勺梳一小辫子，不围“邦典”（围裙），不戴“巴珠”（头上饰品），以示未成年，这个时期不可向她言爱和提亲。15岁后即可梳两条辫子，可围邦典、戴巴珠，以表成年，可向她求爱说亲。藏族在婚姻这一人生大事上表现得羞涩且隐晦，“藏族习惯上忌讳父亲当着闺女的面，谈闺女的婚事；忌讳母亲当着儿子的面，谈儿子的婚事。兄弟不能当着姐妹的面，谈论姐姐或妹妹的婚事；姐妹也不能当着兄弟的面，谈论哥哥或弟弟的婚事。对于子女婚事，一般可在父母之间、父子之间或母女之间进行商量”②。

二、浪卡子羊卓婚俗

（一）浪卡子县自然地理环境

“浪卡子”在藏语里为“白色鼻尖”之意。浪卡子县地处喜马拉雅山中段北麓，西藏边境县之一，与不丹王国接壤，面积约8022平方公里，平均海拔在4500米以上，最高处海拔达7206米，是山南地区海拔最高的县。县域内高山峻岭众多，包括宁金康沙雪山、蒙达岗日雪山、曲布曲姆雪山、解同速松雪山等在内的海拔6000米以上的山多达6座，常年积雪不化。整个浪卡子县边缘高凸，中部为低洼湖泊，属藏南山原湖盆宽谷区。由于羊卓雍措在其境内，水域面积宽阔且水资源丰富。水域面积达1054平方公里，草场面积约680万亩，耕地面积约3.6万亩。截至2013年年末，全县总户数10229户，总人口38117人，其中非农牧业人口2412人，农牧业人口35705人。③

浪卡子县属高原温带半干旱季风气候区，全年光照充足，阳光辐射强，年日照时数2929.8小时。干湿季节分明，冬春季节多风且冷，夏秋

① 《西藏研究》编辑部编：《西藏志·卫藏通志》，西藏人民出版社1982年版，第27页。

② 罗桑丹增、周润年：《藏族民俗》，巴蜀书社2003年版，第20—21页。

③ 数据来源于《2013年山南地区统计手册》（山南地区统计局内部资料）。

季节多雨水较温凉，年降水量 376 毫米，年无霜期 60 天。境内拥有高品位的砂金矿及丰富的水能、风能和太阳能资源，是西藏山南地区的牧业大县、资源大县、旅游大县和文化强县。

（二）羊卓婚俗程序

传统社会的山南藏族婚姻礼仪，长久以来延续着区域民族的传统习俗，从婚姻的缔结到婚礼的具体仪式，都带有浓厚的山南区域内藏族特色，有自己独具的礼仪、风尚和规制。由于山南藏族分布广泛，各县区地方婚礼的具体形式又颇有不同，因而，山南藏族婚俗呈丰富多彩之势。于 2010 年入选西藏自治区级非物质文化遗产名录的山南地区浪卡子县羊卓婚俗，其主要礼俗和婚姻程序如下。

1. 全婚

在年轻人与媒人介绍或自己中意的对象确定关系前，需请活佛根据双方的生辰八字掐算婚姻吉祥平安与否，看是否适合结合成家。在这一阶段，活佛算命结果的好坏决定着婚姻关系是否成立，活佛具有绝对的话语权。当活佛算卦的结果是如意圆满姻缘、十全十美婚姻后，男女双方才能开始第二步：求婚。

2. 求婚

多数情况由男方（较少女方主动）请亲友和媒人带一条哈达和各种礼物如青稞酒、酥油茶等至女方家里向女方父母正式提亲求婚。在提亲求婚的这个环节，不可直接和姑娘言及此事，而应回避姑娘和其父母商议。若女方满意此桩婚事，就将哈达和礼物收下，并回赠媒人和提亲者一条哈达。《西藏志》中言简意赅地记载了求婚环节："如两姓各知子女好否，男家以一哈达托亲友一二人，云我有男，愿与某家女联姻。其亲友持哈达至女家，云某家有男，欲求汝女为妇，将哈达递上，彼此相乐。如不推谢，则云我于某日来说。"[①]

① 《西藏研究》编辑部编 :《西藏志 · 卫藏通志》，西藏人民出版社 1982 年版，第 27 页。

3. 订婚

若男女双方家庭皆同意这桩婚事，则男方选择黄道吉日，邀请能说会道又兼具威信的人带上酥油茶和青稞酒等礼物到女方家向女方父母敬献求亲酒。前去女方家求亲订婚时，男方需给女方家每人赠送一条哈达，并送女方母亲一条称为“乳礼”的邦典，这份固定的“乳礼”邦典表示男方家感谢女方母亲辛苦养育出漂亮贤惠的女儿。民间还有种说法：“姑娘自小不知磨破母亲多少块‘邦典’，送来这一块新邦典以赔偿损失。”[①] 如男方家庭条件许可，还会给女方父亲准备一两件衣物，以示感谢其对女儿的教育之恩。

男方抵达女方家，相互寒暄问候后，双方代表极慎重地商量婚约事宜，选定结婚迎亲的良辰吉日。多数情况下，《婚约》是请附近才华横溢、能诗能文的“能人”以诗歌形式起草书写而成，内容主要为祝福男女结合、家庭美满幸福，教导双方孝敬长辈、互敬互爱、互相体谅等吉祥话语。亦有部分男女双方在《婚约》中明确结婚后财产继承事宜。写定《婚约》后，男女任何一方都不能再反悔，任何毁约行为都会使自己名誉扫地。

《婚约》写好后，女方家用备好的茶酒招待来宾。男女双方主要代表进入客厅按照主次先后入座，女方家主人端上“切玛”及烟、酒、茶敬献双方主要代表以示感谢。男方代表献上男方敬献给女方家人的礼物和女方这一天支出的待客费用（这一天是男方求婚，女方代办酒席，男方用钱作补偿为谢）。男女双方敬完茶酒，将一式两份的《婚约》置于高脚盘内，请其中一方声音洪亮的证人在宾客面前宣读《婚约》，另一方代表及证人则仔细聆听，检查《婚约》是否完整准确。念诵核实无误后，证人用男女双方的家印在《婚约》上盖上清晰的印章，分别由男女双方代表将《婚约》转递给对方父亲。双方父母向对方证人敬献哈达为谢。这一天，准新郎、准新娘都不在订婚仪式上露面，由男女两家代表出席。订婚仪式结束

① 赤烈曲扎编著：《西藏风土志》，西藏人民出版社 2006 年版，第 174 页。

后，男方代表告辞返程前，女方代表向男方代表回赠洁白哈达以示感谢和祝福。

4. 结婚

举行结婚仪式前的几天，女方全家择一吉日和女方代表及证人来男方家移交嫁妆。嫁妆移交仪式由男女双方代表共同主办，请一个在场的声音洪亮的证人在众人前诵念女方嫁妆清单，每读到一样嫁妆时，女方代表随即把该嫁妆交给男方代表并当众展示。在西藏，女性出嫁时嫁妆的豪华程度和数量多寡，由女方家庭经济境况决定。不管嫁妆多寡，陪嫁物品中必须有小铜菩萨一尊、佛塔一个、经书一册。藏族民间传说，当年文成公主进藏时就携带着这 3 件吉祥物品嫁于松赞干布，因而作为传统一直延续至今。男女双方代表清点嫁妆完毕，将嫁妆清单置于高脚盘内，端给新郎请他收下，意即女方嫁妆已交给他。

迎亲前一天，男方派代表把漂亮的巴珠、嘎乌、手镯等服饰送至女方家，作为新娘结婚过门时穿戴之用。

迎亲当天，男方需请一位儿女双全、双亲健在、有威望、能说会唱、属相好的迎亲代表，骑着高大白马，穿着簇新白袍，手举九宫八卦图，带上迎亲队伍，扛上装饰华丽的彩箭、璁玉、明镜、珠饰等，牵上装扮考究、颜色与新娘属相吻合、用作新娘坐骑的孕期母马前去女方家迎亲。迎亲队伍抵达女方家门口时，女方派代表以“切玛”、青稞酒等物品举行祭神仪式。迎亲队伍被女方家迎请进门后，迎亲代表将彩箭插在新娘背上，表示从此刻起，新娘已完全属于男方家的人，然后将璁玉放置于新娘头顶（藏族人习惯将这块璁玉称为已有所属的灵魂玉），表示新郎的灵魂自此托付给新娘。

女方家的送亲队伍到齐后，在经过长者对新娘一番出嫁训导（男子去女方家入赘也会被训导）仪式后，拔本手捧哈达，带领新娘和送亲队伍围绕房屋正厅的中柱转三圈，边转边唱“分别歌”，感谢父母的恩德和兄弟姐妹的友情，最后向中柱、箭旗敬献哈达，然后新娘在送亲人员的搀扶下出门上马。

新娘及送亲人员跟随迎亲队伍出女方家门时，女方家一名家长代表双手分别拎着彩箭、羊腿上屋顶举行招福仪式，举着手中的彩箭和羊腿向新娘离开的方向一直挥舞并高声喊道："不要把我家的福气带走呀！""不要把我家的福气带走呀！"直到迎亲队看不到为止。

返回新郎家的路途中，男方迎亲代表走在队伍最前面，新娘和送亲女伴紧随其后，然后是随同迎亲的人。返程路上，男方家早早派人等候在路旁并向迎亲队伍敬献三次酒。新娘到新郎家的路上，所见所闻对其婚姻生活皆具不同的预示。"路上遇到背水、背柴火的——最吉利，应下马向过路者敬献哈达；碰到抬病人、倒垃圾、背空筐子的人——不吉利，婚后再请僧人念经消灾。"[1] 迎亲队伍返回新郎家的途中，男方迎亲代表一路高唱"谐钦"，新娘则一路不停地抽泣以示对离家的难舍心情。

男方家需在新娘抵达前装扮好大门，准备好寓意吉祥多福的下马垫：在新娘下马的地方平放一大袋青稞，上面撒上一层小麦，再铺上五色锦缎，锦缎上再用麦粒画上"卍"雍仲符。新娘抵达新郎家后，下马时将脚踏在这精心准备的下马垫上，再走进新郎家门。

新郎家选派能说会唱的有福之人作为男方代表，双手捧着"切玛"、青稞酒及无数条洁白的哈达在大门外恭迎新娘和迎亲队伍。迎亲队伍抵家后，从新娘下马、进门到入座，每个环节新郎家代表都要敬献洁白的哈达并唱赞美歌。新娘在众人簇拥下进入客厅于新郎下首坐定，紧接着迎亲队伍和送亲人员依次入厅落座，男方家人在佛像前、向父母及厅内柱头举行敬献"切玛"、敬酒的祭祀仪式并献上哈达。由"仓巴"（巫师）主持招福仪式，来宾们边唱边跳谐钦表达对一对新人的祝福，男方主人派代表分别向宾客们敬献哈达以示感谢。

礼毕，新郎、新娘被送入提前布置好的新房，宾客则退出新房来到大厅或院落里吃饭喝酒、唱歌跳舞，尽情娱乐。"饮酒则团圆扶手，男女跌

---

① 赤烈曲扎编著：《西藏风土志》，西藏人民出版社2006年版，第176页。

坐而歌，如是三日乃止。”[①] 新婚前 3 天，亲朋好友们陆续前来送贺礼、献哈达、表祝福，男方家以茶酒、美味佳肴款待来贺的宾客，新娘则无须出房门应酬来客。“宴请宾客和交接仪式完了以后，新娘才出房门，与家人同乐。”[②]

5. 谢婚

婚后新娘有回门的习俗。一般婚后 15—20 天，新娘可回娘家居住，时间可长达 15—20 天。再回夫家后，就得长期居住。婚礼之后，为感谢媒人及周围邻居们的热情帮助，以及亲朋好友们辛勤操持婚礼，男方长辈或同族中能说会道者将向媒人和其他操办婚事的人们致谢，赠送哈达、砖茶、布料及酒等礼品，设宴款待。

（三）藏族婚俗仪礼中物件的象征意义

山南藏族婚俗具有独特的民族性和文化性，是藏族历史和传统文化的载体，折射出藏族婚姻和民族文化发展的历史轨迹，也反映出藏族人民的审美追求和价值观。

1. 婚礼与箭

箭在藏族日常生活中，扮演着十分重要的角色。当人们停止狩猎，停止部落战争以后，箭虽不再作为武器被直接派上用场，但为人们的生计与存亡立下功劳的箭却被抽象化和神圣化，具有了一种支配人们精神生活的象征意义。

在藏族社会生活中，箭的文化底蕴非常深厚，藏族民间广泛流传着和箭有关的传说。据说很早以前，一位叫恰冈央扎的男性神灵和一位叫什贝东桑玛的女性神灵结合，生了三枚卵：一枚金卵的裂口处有一支带青绿色箭翼的金箭，一枚青绿色卵的裂口处有一支带金色箭翼的青绿色箭……神在藏族人心中具有非常神圣的地位，爱屋及乌，在藏族人的心中也因此衍生出对箭的神圣感。

---

① 《西藏研究》编辑部编 :《西藏志 · 卫藏通志》，西藏人民出版社 1982 年版，第 28 页。

② 赤烈曲扎编著 :《西藏风土志》，西藏人民出版社 2006 年版，第 174—176 页。

箭往往被看作福运的象征，在藏区几乎每户藏人家都要供奉一支九节福运箭，藏语称“央达”，藏族认为一切事物都有相应的“央”（福运），只要“央”存在，就会家境兴旺，人畜两旺。迎亲时，男方家的迎亲代表“香钦”往新娘背上插彩箭前要吟唱“达谐”（彩箭赞），其中有这样一段：

吉祥五色彩箭，
来自扎日雪谷，
彩箭每一节竹节，
都有三宝加持。
释迦佛祖用此箭，
调伏了空行神女。

藏族婚礼上用“箭”表达吉祥美满的传统习俗延续至今。在藏族婚礼上，通常用三支箭表达对新人的祝福之意：“第一支白色羽毛尾翼的箭，是七位迎婚使者带来的聘礼的一部分，上面附着波拉、格拉、索拉、玛拉和尚拉五位主神；第二支有双重花环的箭是生命箭，是新郎作为男子的象征；第三支是一支金光闪闪的箭，这是女子随迎婚使者离开父母时，父亲送给女儿的分别礼物，但是这支箭象征着什么，谁都没有探究过。”[①]举行结婚仪式时，新郎家堂屋右上方的神位上会增添一支新箭。

2. 婚礼与璁玉

在山南藏族婚俗中，男方送给新娘的一块璁玉，也叫“拉玉”（“拉”是“魂魄”或“灵魂”的意思）。在藏族传统文化中，这块璁玉有着深刻的寓意，与主人共存亡，寄托和滋养着主人的灵魂，反映了藏族的灵魂观。

长期以来，在藏族社会中形成了独特的灵魂崇拜观。人们通常所说的“灵魂出窍”是人死后出现的情况，但藏族的灵魂观却对“灵魂出窍”有

① 常霞青：《麝香之路上的西藏宗教文化》，浙江人民出版社 1988 年版，第 71 页。

着不同的认识。藏族认为“灵魂出窍”是灵魂游离出人体转而寄托到别的物种上，寄托到牛身上的叫“寄魂牛”，寄托到树上的叫“寄魂树”，寄托到石头或箭上的为“寄魂石”或“寄魂箭”，等等。寄托了主人灵魂的物体与主人的生命休戚与共，如果某人的灵魂寄托物遭到了伤害和破坏，这个人的肉体和生命也就会同样地受到伤害，甚至死亡。藏族婚礼中，新郎把自己的灵魂玉托付给新娘保管，这表示新郎对新娘的信任，也意味着新娘对新郎的责任。这块灵魂玉也是藏族灵魂崇拜的一种象征。桑木旦·G. 噶尔梅在《概述苯教的历史及教义》一文中记录了婚礼颂词，部分段落是这样的。

新郎的拉色尔（神黄金），
新娘的拉玉（神玉石），
当他们最初降生的时候，
他们是单独降生的，
而后他们各自长大成人，
最后他们结成一体，
让我们把他们托付给众神，
让我们使他们依附于众神，
新郎的“穆”绳和新娘的吉祥绳，
当他们最初降生的时候，
他们是单独降生的，
而后他们各自长大成人，
最后他们结成一体，
让我们把他们托付给众神。
让我们使他们依附于众神，
新郎的镶嵌宝石的生命箭，
新娘的带有玉叶的金纺锤，
当他们最初降生的时候，

他们是单独降生的，
而后他们各自长大成人，
让我们把他们托付给众神。
让我们使他们依附于众神，
男子的生命依赖于箭，
女子的生命依赖于纺锤，
我们把他们托付给众神，
让箭和纺锤永远不分离。
让我们把“穆”绳和吉祥绳托付给众神，
让他们永远不被切断。[①]

在婚礼颂词中出现了璁玉和箭等几件非常重要的物品，反映了藏族原始宗教的部分内容在民间婚礼上得以体现。随着历史长河的不断荡涤，有些习俗已难寻踪迹，但象征灵魂的璁玉和象征福气的箭在当今藏族婚礼上仍然频繁出现，延续着藏族的古老习俗。

3. 婚礼与房屋中柱

中柱，藏语叫“比嘎”，一般立在客厅正中央。中柱的直径大小不等，大的直径可超过一米，需两人才能合抱。中柱托顶房梁、承受重力，有中流砥柱之功能。中柱顶端有一根既有装饰作用又符合建筑原理的长两三米的木料，这根被称为柱帽的木料上托房梁，下由中柱支撑。多数家庭会在柱帽之间绘一把寓意丰收的麦穗，麦穗两旁各绘一根黄色的向上飘扬的彩带；在中柱上端缠挂几条哈达，再插上一把青稞麦穗。经过精心彩绘的中柱在藏家居室中显得十分耀眼，也很庄重。

中柱在藏族家居中具有重要地位，它承载着藏族悠久的民俗发展史。在藏族传统观念里，中柱是家庭祖先的化身，是家庭的重要支柱，家庭成

① ［英］桑木旦·G. 噶尔梅：《概述苯教的历史及教义》，向红笳译，载《国外藏学研究译文集》编委编《国外藏学研究译文集》（第十一辑），西藏人民出版社 1994 年版，第 116—117 页。

员进出门要绕着中柱走，不能从中柱和火塘之间穿过，以示对中柱的敬仰之情。每逢重要年节或家庭重大事宜，家庭成员都要以中柱为中心做相应的祭奠祈福仪式。娶妻嫁女是对每个家庭都非常重要的喜庆盛事，在藏族传统习俗中，新郎新娘家各自家庭成员皆要循规守矩，围绕着自家中柱举行相应的祭奠和祈福仪式。

4. 婚礼与“央”

藏族婚礼上的招福仪式，与婚礼上的“箭”所寓意的“央”（福气）有直接关系。藏族把“央”看得很重要，都希望“央”能长久地留在自己家中，更希望能够增加新的“央”，这就出现了一系列颇具喜剧性的民俗现象。

女方家庭在送别女儿出嫁时，当姑娘迈出门后，女方家人便一手拿彩箭，一手拿羊腿，站在房顶上高喊：“不要把我家的福气带走呀！”直到姑娘走远。新郎家也有类似的招福仪式，当送亲的娘家人要离开新郎家返程时，新郎和他的父母及刚刚加入这个家庭的新娘都不能起身送客，他们要坐在垫子上压住福气，以免被女方娘家人带走。送亲者出门后，男方的代表跟在送亲者后面敬酒、献哈达、唱送别歌，互道吉祥珍重。没走多远，新郎的妈妈便出现在屋顶平台，摇晃着手中的羊腿，口中不停地喊：“回来吧！回来吧！”女方送亲队伍的亲人便折转回来，男方负责斟酒的女子和歌手又迎上去，敬酒欢迎。如此反复三次，意思是让送亲者把在男方家沾上的福运统统留下，然后才能离去。新郎新娘双方家庭都在为“央”不被带走而用尽浑身解数，可见，藏族群众对“央”是何等重视。

除了送别的招福仪式外，在新郎新娘入洞房前，由“仓巴”主持的招福仪式也是希望新娘将“央”带入新郎家。“仓巴”为跪在面前的新郎、新娘诵经求福，将两根红线分别系在新郎和新娘的脖颈上，作为消灾求福的灵异之物（护身符之类）。在这之后，新郎家族的一位长者站立于人群中，左手捧着一碗酒，右手无名指指尖轻轻蘸酒，向天空弹洒三下以示敬奉神灵，然后诵起迎福赞词：

今日天上照吉星，
今日地上逢良辰；
新郎新娘结良缘，
婚礼喜筵暖人心；
香茶美酒汇成海，
奶酪糖果堆成峰；
龙纹彩缎穿在身，
亲朋好友聚一堂。
吉祥如意的日子，
福禄汇聚的今天；
小伙似虎崽彪悍，
姑娘如莲花鲜艳；
绫罗绸缎穿在身，
洁白哈达挂颈间；
祝福新郎和新娘，
相亲相爱比蜜甜！
携来甘露与琼浆，
斟满金边的龙碗；
祝福上坐的长辈，
多福多寿活百年；
祝福中席的同辈，
战神助你解危难；
祝福末席的女宾，
灶神为你保平安；
上敬佛法僧三宝，
幸福日子长又长！

招福仪式接近尾声时，众宾客起身跳起“央卓”，唱词句优美的迎福颂词：

福来自蔚蓝的天空，
金色的财路宽阔平坦；
福来自白色的岩石，
矫健的体魄比石坚；
福来自绿色的江水，
福寿安康似水长。
用优美动听的赞词迎福，
用震撼人心的钹声迎福，
用缥缈弥漫的香烟迎福；
……

在歌声中，新郎手捧香炉，新娘抱着福箩，家人端着供品，绕中柱转三圈之后，将福箩送入库房。

招福在藏族日居生活中是十分普遍的现象。卖羊时，藏族习惯从羊身上揪下一撮羊毛，存放在羊圈一角，预示羊虽然被卖出去了，但“福气”依然留在家中。招福是藏族婚礼仪式的重要组成部分，贯穿包括送亲和迎亲的整个婚礼过程，迎亲队伍和送亲队伍都对“央”非常重视。送亲者渴望女儿把“央”留下，迎亲者企盼把“央”带走，双方大有争夺之意、各不相让。在迎、娶双方各自主持的招福仪式中，彼此似乎都顺遂了心愿。迎婚的认为带走了“央”，送亲的认为留下了“央”，双方皆大欢喜，各自守着身边的“央”兴奋不已，因为“央”能带来财富、运气，能使家庭幸福、生活美满。这种招福仪式形式庄重、气氛活跃、内涵丰富，表达了藏族对美好生活的追求和向往。

山南藏族把婚礼视为一个人整个生命历程中最重要的“关卡”之一。藏族传统观念认为，结婚不仅代表着新郎新娘这两位婚礼主角身份的转换，更意味着这一对新人从婚礼仪式开始将为所在家族承担起创造新生命的任务。尽管婚礼仪式较为烦琐，但其主题是强调对人性的尊重，以及期待两性完美结合、生儿育女及男女双方家庭都幸福美满的社会理想和价值追求。

第三节　祈愿人生圆满的丧葬礼仪

死亡是人类永恒的归宿，无法回避。在人类社会中，人们为什么对个体的死亡与对个体的诞生一样重视呢？因为诞生是一个人一生的起点，而死亡则是一个人一生的终结。人们不仅把死亡看成一件生物性的事件，同时也将其看成一件社会性的事件、文化性的事件。丧葬习俗，从古至今，都显示着人的社会关系。一个人生理生命结束后，为其所举行的葬礼是直系血亲之间关系的联络和加固，也是旁系血亲及相邻友朋之间关系的联络和认同。

一个民族的丧葬礼仪相因成俗以后，丧葬仪式便程式化，有着特定的规定和特殊的禁忌，逐渐成为这个民族特定的文化模式。这种代代传承的丧葬文化经过历史积淀，铸造了不同民族的不同的丧葬民俗文化心理。[①]藏族是一个非常重视丧葬礼仪的民族，在长期的历史发展过程中，形成了一系列独具特色的丧葬礼仪。

一、普遍通行的丧葬方式

丧葬习俗是传统文化中最复杂的组成部分。由于历史条件和自然条件的不同，不同地域的丧葬习俗往往呈现出当地人们独特的民俗追求。在阶级社会，这一习俗惯制又明显地染上了阶级的色彩。正因为如此，在历史传承的过程中，丧葬这一民俗事象就呈现出一种繁复而又奇特的情状。[②]

---

① 参见宋德胤《丧葬仪观》，中国青年出版社 1991 年版，第 10 页。

② 参见宋德胤《丧葬仪观》，中国青年出版社 1991 年版，第 20 页。

山南藏族，人死后的埋葬方式多种多样，主要有天葬、水葬、土葬、火葬、塔葬等。丧葬方式因死者的经济条件、社会地位及死亡方式的不同而不同。

（一）天葬

天葬，是西藏最普遍最流行的一种葬俗，尤其流行于藏文化腹心地带——山南。藏族称天葬为“恰多”(“鹫”的意思，藏族习惯称为“鹫鹰”)。天葬是西藏山南藏族众多丧葬习俗中最流行的、占主导地位的葬俗。天葬在天葬场举行，凡是有村落或市镇的地方都有天葬场，并有专门从事这种职业的人，即“洛甲巴”。① 人死后，停尸数日，请喇嘛念经，然后择吉日送葬。出殡时间一般安排在天不亮的时候，这一天早晨，亲朋好友到死者家中为死者送行，送行的人每人拿上一把香烛一直送到十字路口。死者家人要把死者送到天葬场外面，然后由天葬场的专业背尸人将死者尸体送至天葬场举行相关仪轨后天葬。

（二）水葬

在藏文化边远区，特别是藏南深山峡谷缺乏老鹰的地带，水葬成为当地人的主要丧葬方式，人们认为水葬不比天葬逊色，天葬将尸体喂给“神鹰”，而水葬则是喂给“神鱼”。在藏南深山峡谷地带，水葬也有专门主持水葬仪式的水葬师、约定俗成的水葬场、监葬人，以及一套与天葬差不多的丧葬仪轨。人死后停尸三至五天，请僧人念经超度，打卦选择出殡日期等程序一样不少。但对于处于藏文化腹心地带的山南藏族而言，水葬是天葬的一种辅助葬俗。多数情况下，水葬只用于鳏寡孤独及乞丐等经济地位低下者。

（三）土葬

土葬，是西藏古老的葬俗。吐蕃止贡赞普之子茹拉杰为其父建造了西藏的“第一座陵墓”。据《西藏王统记》载，止贡赞普尸体出殡时，有

① 参见丁世良、赵放《中国地方志民俗资料汇编·西南卷（下）》，北京图书馆出版社1991年版，第970页。

原始宗教巫师参与主持。至吐蕃王朝，丧葬祭祀的整套规则已基本形成，“其赞普死……乃于墓上起大室，立土堆，插杂木为祠祭之所”[①]。这是西藏文献有关墓葬的最早记载。然而，“考古发现以确凿的证据表明，早在距今三千年左右的西藏新石器晚期，已经有了建立墓葬埋葬死者的习俗，大大早于传统的文献记载”[②]。“（墓葬）类型有石棺墓和土坑墓两种。”[③]吐蕃盛时，土葬也发展到顶点，成为藏族最高贵的葬俗。吐蕃王室高大雄伟的陵墓至今仍耸立在西藏山南琼结县，加之繁缛的丧葬仪礼、众多的殉葬品，无不显示着当时土葬制的辉煌。但随着吐蕃王朝的没落，877年，吐蕃暴动的平民奴隶捣毁了吐蕃王室陵墓，土葬制度的统治地位被随佛教思想传播而来的天葬所取代。土葬在以山南为主的藏文化腹心地带慢慢演变为一种低级葬式，一般为传染病患者、死于非命的人及外地人所选择的一种丧葬方式。藏族传统观念认为这些人“不洁”，其尸体不能敬献“空行母”（鹫鹰）和“水神”（鱼），不能行天葬和水葬，因此将其尸挖坑填埋，即惩其以灭根绝种。

（四）火葬

火葬在藏区属较高等级的葬式，过去一般只用于高僧、活佛和贵族。死者的尸体被捆成坐姿状，绑在木架上固定好，然后被抬到火葬场。尸体放在垒成交叉状的柴堆上。在喇嘛们的诵经声中，人们向放置尸体的柴堆上洒油，点火，火越烧越旺，直至尸体焚烧完毕。值得一提的是焚尸后对骨灰的处理，普通人的骨灰一般是被带到高山之巅顺风播撒，或撒进江河让流水带向远方。高僧大德的骨灰则要做特殊处理，多数情况是将其骨灰与土掺拌，制成各式各样的“擦擦”[④]，存放到佛塔里或基座顶部，保存供奉起来。

---

① （后晋）刘昫：《旧唐书·吐蕃传卷一九六》，中华书局1975年版，第5230页。

② 霍巍：《西藏高原远古葬俗的考古新发现》，《中国西藏（中文版）》1994年第2期。

③ 霍巍：《西藏古代墓葬制度史》，四川人民出版社1995年版，第31页。

④ 擦擦：“复制”的意思，指一种模制的泥佛或泥塔。

（五）塔葬

塔葬是藏族最高等级的葬俗，将亡者肉身经过防腐处理后保存在塔内，受人供养。一般只有集大成者的高僧大德或大活佛才能享此殊荣。人们对施行塔葬的遗体的防腐处理方法较多：有的是先用掺香料的药水浸泡洗涤遗体，然后多次敷盐以吸干遗体内的血和黄水；有的是将遗体放进同人体一样高、四周堆满干燥沙粒的土筐中，让细沙慢慢吸干遗体中的水分，这种方式耗时较长，大约需要三年时间；有的是先取出遗体内的器官，再灌入特制的油漆等，然后将遗体放置在地下有火炉的烘房里烘干，烘房的地面上还铺着一层厚厚的特制粉末；还有的是给遗体贴上金片，然后撒满藏红花和香料等辅助剂。做完防腐处理后，再为遗体整理仪容仪表，然后移入灵塔内长期保存，供世人膜拜。灵塔制成后，分别存放在寺院的大小宫殿里。根据高僧大德和活佛生前地位的高低选用相应等级的灵塔。一般来说，历世达赖、班禅采用金灵塔，甘丹赤巴用银灵塔。“肉身喇嘛，亦如火葬喇嘛之余烬，置于陶制龛中，状若朝亭，上覆以银。此物在拉萨及附近颇多。自达赖喇嘛第五世起，以后多数达赖喇嘛在布达拉亦有塔墓，上皆覆金。”[①]

西藏山南地区覆盖区域较广，农、牧民兼而有之，各地因自然、地理环境不同，丧葬习俗也不完全相同。总体而言，在丧葬方式中存在着明显的等级性：最高级别是塔葬，其次是火葬，最流行的是天葬。

二、传统丧葬仪式内容与程式

一种民俗现象的成型，一定要得到一个特定群体的认同和遵奉。丧葬仪式作为一种典型的民俗事象，最突出的特点就是约定俗成的群体性准则。藏族不仅重视生命，更力图对生命这一自然现象做出相关解释，努力

---

① 丁世良、赵放：《中国地方志民俗资料汇编·西南卷（下）》，北京图书馆出版社 1991 年版，第 883 页。

探寻生命的意义及其终极价值。受宗教信仰的影响，藏族的生命观更多的是通过一些富有宗教色彩的仪式、社会生活习俗及具体的行为方式，被形象化地演示出来。西藏山南藏族的丧葬习俗较为复杂，内容繁多，主要仪式内容与过程如下。

（一）“孜夏”（卜算）

一旦家中有人去世，切忌随意挪动或是触碰死者遗体。死者亲属要立刻派人到星算师家里或寺庙喇嘛处请其按照藏传星算术卜算安放死者遗体的最佳位置、死者命中注定的寿命、死者在宗教意义上的死亡原因、做何法事、禁忌事项、禳解事项、死者的“冲大”（超度像[①]）、出殡时间、死者转世投胎情况等，这在藏语中叫作“孜夏”（卜算）。卜算结果出来后，死者家人要委托经验丰富的家族长者逐一落实卜算内容，整个葬仪的内容和时间要严格依照卜算的结果，不得有半点马虎。

根据卜算结果，避开“朋东”（不吉祥的方位），按“翘臧”（吉祥的方位）将遗体安置好。由和死者属相相合的人将死者身上的衣物褪去，将金属类的饰物一律摘掉，藏族认为金属有碍于“颇瓦”法的实施效果。然后在死者遗体下撒一层沙土，或将遗体放于土坯上，沙土更容易使死者断除对此世的留恋，有利于“颇瓦”法的实施，此外沙土和土坯还能吸附遗体排出的各种体液。遗体处理完毕后，用白布把遗体盖上，再用白布临时搭一个帷子，将遗体与周围事物隔开。直到出殡前，其他人均不能乱动遗体。

按照藏族对死亡的理解，中阴身完全脱离它的世间肉身需要三天半到四天的时间。民间认为，死者的遗体之所以要在家中停放几天，是因为人死后有可能复活，所以不能急着处理死者遗体，藏区有很多关于死人“复活”的传说。遗体不能放在床上或一切可能导致死者依恋人世的物体上，也不能直接放在地上，否则放尸之地会变为“葬地”。

---

① 此像被认为可以护佑死者的灵魂实现轮回转生。

（二）"颇瓦底巴"（施"颇瓦"法）

死者弥留之际，家人要为其喂上一粒高僧活佛加持过的"钦丹"①，并在其耳边嘱咐"要放心地走，不要留恋人世，心中要忆念诸佛"等话语。死者断气后，要及时迎请一位具有足够的"颇瓦"法功德的高僧为死者施"颇瓦"法。②多数情况下，高僧大德直接在其住处施法，无须到死者家中去，具体的施法时间会提前通知死者家人。藏族人认为，人去世后，为其施"颇瓦"法是丧葬过程中最重要的一环，这将直接影响死者的灵魂是否能够及时顺利地得到超度。施法的高僧一到，其他人都要退到屋外，关上房门和窗户，给高僧一个安静的施法环境。在这个过程中，死者亲属要抑制悲痛，忌讳号啕大哭。

高僧施"颇瓦"法，让死者的灵魂从头顶的梵穴离开肉身，然后念诵"度亡经"③，引领"迁移中的神识"通往正确的道路。高僧大德呼唤死者的名字，诵读有关经文，解除亡灵对种种"中阴险难"的恐惧，引导死者的灵魂设法避开由自己的心相而显现的六道的境相。藏传佛教认为，人身有九孔，作为经验的通道，死者的灵魂以穿过头顶一条叫作"梵净穴"或"百会穴"的通道离开肉体最佳。据称这个孔道位于大脑与被称为"千叶莲"的瑜伽脉轮之上，是意识的住处，精神作用在这里最为显明，死者灵魂通过此孔道离开肉体时，"度亡经"可以在死者意识本原中激发解脱之悟。

---

① 一般为高僧活佛加持过的颗粒状药丸。

② "颇瓦"法："颇瓦"在藏语中意为"迁移"或"转移"，"颇瓦"法意为迁识法，或译往生法，藏学家刘立千先生认为所谓"迁移""转移"是指人要死时，把自己带业往生的那个"一灵之性"，由业报的蕴生中迁移出去，另外寻找生趣。参见《西藏密宗漫谈——破瓦法》，载中国社会科学院民族研究所图书室、西藏社会科学院韩文文献编辑室合辑《藏事论文选·宗教集》（上），西藏人民出版社1985年版。

③ 度亡经：意为"中间层面闻教得度"，"中间层面"阳间是指死亡与再生之间的中间状态，也称"中阴"或"中有"。佛教认为生命系由一系列连续不断的意识界构成，最初一个境界叫"生有意识"或"出生意识"，最后一个境界叫"死亡之际意识"或"死亡意识"。这两种境界之间，有"新"的一个境界叫"中阴境界"，其"阈限"特征十分明显，此阶段的死者灵魂处于非常危险的状态，稍有不慎，就会误入歧途。

（三）"苏东瓦"（飨祀死者）

亡者的遗体旁边要放置一两块土坯，供上其生前用的酥油茶碗，倒上酥油茶。若死者生前喜欢喝青稞酒或其他饮料，旁边再多放一两个杯子倒上其喜欢的饮料。一日三餐与茶一起放在土坯上。土坯上的饭、茶主要是给死者看的，挂在门口的"苏锅"里的"苏"[①]才是给死者"吃"的，即在陶罐里用烧得通红的牛粪将里面的"苏"慢慢焚化，袅袅升腾的烟味是死者灵魂真正能"吃"到的食物。这种飨祀死者的方法称为"苏东瓦"。

藏族认为"苏"既可以祭祀鬼神，也可以施舍"中阴"中的魂灵。按照藏族传统的丧葬习俗，附近有神山的地方，在死者七七四十九天的忌日这天，亡者家里会派两个人，一人拿着"苏锅"，另一人带着路上吃的口粮上山顶为死者祈祷，祈祷完毕后，将盛"苏"的陶罐砸碎，在依旧冒烟的"苏"中添加点儿三荤三素的菜肴后返回；附近无神山的地方，会将"苏锅"送到自家田地为死者祈祷；附近有大江大河的村寨，会将"苏锅"放入水中，任其漂流。有的家庭则在"头七"忌日这天，按卜算出的扔"苏锅"时间，将"苏锅"送走。

（四）"酿俄森索"（吊祭）

吊祭是藏族丧葬习俗中的重要内容，其目的主要有两个方面：一是祭奠死者，为遗体或死者的"冲大"敬献哈达，表达尊敬，祝福死者早日转生，慰藉死者灵魂；二是慰问死者家属，表示愿意分担痛苦，并在钱物上提供一些帮助，共同为死者的转生出一份力。吊祭的时间各地大致相同，但携何物品进行吊祭，不同的地方有较大区别。在城区，人们常带上哈达、酥油茶和份缘（钱数不等）；在农区，死者亲友还会带去青稞酒、糌粑、菜籽油等；在牧区，死者亲友会带上酥油、砖茶等。

吊祭时间有严格规定，第一次吊祭要在死者停尸家中期间；头七这一天，死者亲友第二次前去吊祭，去吊祭时一定要赶在"苏锅"被扔之前，"苏锅"送出之后，这一天忌讳再前往死者家中吊祭；四七这一天，死者

---

① 苏：藏族飨祀死者时，用糌粑和酥油混合制成食物慢慢焚化后产生的烟味，用以飨祀神灵鬼魂。

亲友第三次前去吊祭；七七这一天，死者亲友第四次前去吊祭。这种祭奠死者和慰问死者亲人的仪式称为“酿俄森索”。

死者亲属在遗体停放家中期间甚至更长的时间里不得梳头、洗脸、说笑、进行娱乐活动，还要卸下身上所有首饰，以示哀悼。周年忌日的时候，亲友们要再次聚集在死者家中，同死者亲属一起庆贺死者获得新生，人们相信这时死者已在某个地方重新转生。

（五）“智羌”（叠尸）

尸体出殡前要进行“叠尸”，藏语称作“智羌”，即“叠尸”或“裹尸”。“智羌”一般在出殡前一天晚上进行。叠尸者一般为天葬师，遗体的叠放姿势是有讲究的，基本上是一种像胎儿在母亲子宫里时的蜷缩姿势，称为“处胎姿势”。这种姿势包含了一种祈愿，希望死者下辈子再次投胎为人。

藏族传统观念认为，“智羌”的主要目的在于防止“诈尸”。藏族民间有许多关于诈尸的故事，所以家中有人去世后，在停放遗体期间，需特别防范猫。传说一旦猫触碰了遗体，就会诈尸，其后果非常可怕，凡被诈尸触碰的人都会变成诈尸。旧式藏族房屋低矮的房门就是为了防止狂奔作怪的僵尸入内。现在在牧区，人们依然用牦牛将遗体驮往天葬场，驮运遗体的牦牛会被放生。

（六）“协吉秀瓦”（遗体告别）

虽说藏族人天性乐观，且受佛教轮回思想的影响，一般不会因为亲属死亡而悲恸不已，但在遗体告别仪式上，生离死别的悲痛仍会涌上每一个死者亲友心头。遗体告别仪式一般安排在出殡前的晚上，也有在出殡前进行的。每位家人向遗体敬献哈达，并磕长头（五体投地式）。若在农村，仪式规模更大，几乎全村每家每户都会派代表会聚于死者家中，向死者敬献哈达、磕长头。传统的丧葬仪礼只要求子女向父母的遗体磕头，徒弟或学生向老师或师父的遗体磕头。现在这个习俗有些变化，一些靠城区的乡镇变成凡送葬的人都要给死者磕头，一切以“逝者为大”，场面庄严肃穆、感人至深。

（七）“朋布其顿”（出殡）

山南地区通行的“朋布其顿”（出殡）仪式是，亲朋好友要在凌晨4点左右赶到死者家中等待出殡，在等待出殡的时间里，每人吃一小碗死者家属为送葬者准备的“酿俄可突巴”（哀悼之面）。此面由水、萝卜丝、面疙瘩，加少量盐熬煮，忌讳加肉（有的以奶渣代替肉）。吃面时只用一根筷子，以提醒吃面人从此生命中失去一位至亲好友。

死者家的院子里有一个特意布置的摆放供品的桌子，出殡前背尸人背着遗体围着供品桌绕三圈，背遗体的往往是天葬师，家人只是象征性地用一条哈达牵着死者遗体。送殡队伍出发时，家中的一个主要成员要及时进行“央固”（招福），以免家里的福气随死者走远。

出殡当天，要在算好的出殡时间之前，从死者家门两侧开始，在地面上用白色石灰粉画出两道白线，这两道白线一直延伸到出殡时经过的第一个十字路口处，不能中断。两道白线中间就是死者出殡的路线。如遇到洞口等处，则必须用石灰粉圈起来，以防死者的灵魂坠落消散。白线的用意在于给死者的灵魂指路以及希望看到白线的人能为死者诵经祈祷。

送殡的队伍出发时，走在最前面的人手举印有“斯巴霍”①的黄旗，此旗被认为具有避邪的作用，可为死者的灵魂除障。遗体一般由天葬师背载，参加出殡的人越多越好，所有人都口诵六字大明咒，手持一炷燃香前行，祈愿死者早日转生。垫尸的沙土、土坯等，由属相上与死者相合的人扫出门，扔在十字路口处。当死者遗体离开后，与死者属相相合的这个人还需负责将先前的两道白石灰粉扫除干净，目的是让死者彻底地走向中阴而不再转回家中。扫白线的扫帚连同白石灰粉也都被扔在十字路口。将沙土、白石灰粉、扫帚等扔在十字路口的意义也有两种解释：一种是十字路口人多，人们看见这些东西后，知道有人去世了，就会念诵六字真言，有利于死者；另一种是十字路口会使死者灵魂难辨回家的路，从而促使死者

① 斯巴霍：民间传说此图是西藏密宗祖师“莲花生大师”聚集梵、藏、汉三地破各种凶煞之镇宅安居妙宝而成，可悬挂于大门上或屋内，或随身携带。婚丧嫁娶时，在队伍前面高举“斯巴霍”用其开道斩妖伏魔，祈保吉祥如意平安。

放下尘世间的一切一心走向“前面该走的路”。

送殡队伍出发后要先到寺庙正门前供香，点上一盏青油灯，然后所有人为死者祈祷，愿其早日转生，祈求寺内供奉的释迦牟尼及其他诸佛、诸菩萨加持护佑死者。祈祷完毕，送殡队伍绕寺庙外围一圈，再前往天葬场。

送殡队伍首先要排除与死者属相相克的人，其次要遵循“去时双、返时单”的原则，即去时死者和送葬者加起来总数为双数，送殡结束后返程时少了死者总数便应为单数。在农区，天葬师及送葬者在死者遗体天葬之后的当天，不能到死者家中，据说这样会把死者的灵魂带回死者家中，使死者家里遭受厄难。

藏族人传统上不会选择藏历每月的八日、十八日、二十八日这三天天葬遗体，认为这三天天葬场的“天门”是不开的。现在人们也不会选择星期日作为出殡日，认为星期日为凶曜，这天出殡，对死者、死者亲属及左右邻居均不利。民间还流传一种说法，如果在星期六和星期日出殡，死者家里便会失去“央”（福气），此后再难聚福运。星算师算的出殡时间一般也不会是上述这些日子。

（八）“恰多”（天葬）

“西藏人在对遗体做天葬处理的时候，首先会请一位具足生圆修行和诵修入量的大德圣人择福地修加持仪轨，然后在福地中装入诸佛猛静坛城，把尸林修成具足加持力的福地。此外，还要在其中修造如来佛塔和刻经石堆，树立印有各种经文、明咒的经幡，所有这些都须是经过开光加持过的。在这样的尸陀林中，一位具足觉证的能断法大师在实行天葬的前夜要用法力把遗体与怨鬼分离，用死丧卜算算出方位与时间。在黎明时分把死尸从清净之地抬进尸林中，能断法大师从前行皈依、发心和祈请开始修能断仪轨。遗体以俯卧的方式放在天葬台上，要在背上划出寂静大格子、忿怒大格子和忿怒王救供等几种格子纹，把遗体加持成智慧甘露会供品，迎请智慧业神和世间空行母等诸施业天尊，还要迎请收纳余物的小卒天尊众，即化现为鹫鸟的鹫。”[①]这段文字将天葬仪轨的繁杂内容概括得十分精当，也是关于天葬仪轨较权威的文本。送殡队伍到了天葬场后，背负死者遗体的人要背着遗体绕坛城三圈，表达对坛城的崇敬并积累功德，再将遗体轻放于坛城上，然后在坛城附近的香炉中煨桑[②]，当浓烟飘散着松柏等植物和糌粑混合燃烧的香味袅袅升起时，闻到味道的秃鹫便会飞来，在一旁等候。死者亲友会在天葬师处理遗体前，不失时机地奉上天葬遗体的报酬，再递上茶食后离开。死者的身体被天葬师在“文化的关怀”下彻底解构，灵魂则在“文化的关怀”下被逐步建构起来。

（九）“索德默朗”（诵经积德）

一个人去世后，其亲属会立刻请僧人念经。僧人人数没有特别规定，通常为三人至五人，需昼夜诵经至遗体出殡。遗体出殡后，头七、四七、七七也要请几名僧人到家中诵经祈福，达到清除死者生前罪障、解说境界和往生超度的目的。亡者家属要给死者修四十九天超度法，即七期超度法，藏族认为死者在中阴世界里度过的时间一般为四十九天。从死者死亡那天开始算起，每过七天要修七期超度法。修七期法的原因是中阴众生要在每七天之后体受一次死亡的痛苦，在这个与“七”成倍数的时间节点上修法超度可以助死者离苦得乐[③]，为死者的顺利转生积德祈愿。

亲属要在死者死后的四十九天中阴期内，到大小各个寺院（有条件的家庭到拉萨大昭寺）释迦牟尼佛祖像前点上酥油灯。在头七、四七、七七三个日子要专门制作“措”[④]，分发给前来吊祭的亲友；还要加大燃灯诵经的力度（一般燃百盏灯，有条件的家庭燃千盏灯）。头七是第一个七期；而四七也是一个重要时刻，因为大部分人的中阴阶段并不超过四个星

① 白玛格桑仁波切：《生死的幻觉》，三宝弟子译，西藏人民出版社 2005 年版，第 191 页。

② 点燃柏枝、艾草、石南等高寒地带的植物，再撒上糌粑，用其味消除邪气和污秽。其烟可招引秃鹫。

③ 白玛格桑仁波切：《生死的幻觉》，三宝弟子译，西藏人民出版社 2005 年版，第 190 页。

④ 措：指一种会供，将糌粑、奶渣、红糖等用化好的酥油拌和，做成拳头大的塔状物，再涂上食用的色素（为紫红色），粘上酥油花，放置在僧人们念经的地方，接受加持，最后和少量的干肉、核桃、干果、炸的果子、糖等一起被送给前来吊祭的人。

期；七七是另一个关键时刻，藏族认为四十九天是中阴身能够维持得最久的时间。

逝者离世后，家人要及时请人画出或塑出死者的“冲大”（超度像），然后在“冲大”前摆酥油灯和祭品。从“头七”开始，死者的“冲大”将代替死者遗体接受前来吊祭的亲友敬献哈达、表达缅怀之情。死者家中四十九天内，酥油灯要昼夜长明，人们相信，酥油灯的光亮会照耀死者神识前行的路。亲属在此期间也需不断地为死者诵经祈福。

济助穷人是死者家属为死者积德的又一项重要内容。死者停尸期间，家属需煮一大锅有肉有菜的面疙瘩，并准备钱物施舍给穷人，为死者积德。在“七七超度”期内，家人需为死者在石板上刻六字大明咒，竖立经幡，制作“擦擦”，这些也都被认为能为往生者积德造福。

第四节　山南藏族人生礼仪的社会功能

人生礼仪是一种世俗仪式，又称为“生命礼仪”“通过礼仪”或“过渡礼仪”，在社会普遍认同的生存原则和社会价值观下，帮助自然个体通过生命过程中的种种“关卡”，使之能顺利从一个生命阶段过渡到另一个生命阶段，或从自然人身份转变为社会人身份。

一、伦理教化功能

文化背景是山南藏族人生礼仪民俗事象得以产生和发展的民众心理基础，其所承载的社会功能从实用角度强化了山南藏族人生礼仪的传承，马林诺夫斯基曾表示：“文化历程以及文化要素之间的关系，是遵守着功能关系的定律。”[①] 所以，当一个尚未成形的生命还在母腹中孕育，便开始接受各种人生仪式的体验和熏陶，使其社会性和文化性在人与人的互动关系

① ［苏］马凌诺斯基：《文化论》，费孝通译，华夏出版社 2002 年版，第 106—107 页。

中逐渐形成和完善，最后从一个不谙世事的自然人逐渐转化为一个需要担负一定社会责任的社会人。

社会的正常运转必须要有一套完备的道德伦理规范来约束社会内部成员的行为，以达到社会整合的目的。人类生活是一种社会生活，因而必须是一种伦理生活。任何社会若要保持某种稳定和连续，都必须有一些最起码的社会行为要求，必须有一些公认的社会行为标准。这一观点适用于对藏族人生礼仪伦理教化功能的分析，以诞生礼仪、结婚礼仪、丧葬礼仪为载体的藏族人生礼仪民俗事象呈现出的传统文化价值观的延续行为是伦理教化功能的结果。

人的生物属性和社会属性决定了人的生存是二元的，遵从所属社会的伦理价值观，延续传统礼仪使个体生命逐渐承担起传承社会文化的重任，既是自然生命延续的要求，也是社会文化的要求。在诞生礼仪民俗事象中，最重要的三朝洗礼、满月庆典仪式被保留了下来，其中寺庙朝佛祈求佛祖保佑新生儿健康长寿、带新生儿去福星高照的亲朋好友家串门完成其人生中的第一次“串门”等传统仪式也延续了下来。刚出生的婴儿通过父母的安排完成这些具象仪式，很大程度上延续了藏族社会的传统性、宗教性等特点，因为遵从所处社会的行为标准而被社会群体所认同。在结婚礼仪方面，藏族根据其生活的圈子和社会结构产生了一系列婚俗。订婚仪式上，男方给女方家庭每人赠送一条哈达，送给女方母亲一条称为“乳礼”的邦典，以感谢母亲辛苦养育漂亮贤惠的女儿，彰显了藏族人心怀感恩的伦理价值观。在丧葬礼俗中，藏族人注重奔丧吊唁的程序，认为对亡者的吊唁是具备社会参与资格的重要象征，借此可以评价一个人的道德水准和心灵境界。如果该去而未去奔丧吊唁，此人则被认为没有修养、感情冷漠、品质低下而受社会唾弃。

二、心理调控平复功能

民俗文化的调控功能是指一种文化的主动掌握，一种人类的自身行为方式，一种人类在物质文化、精神文化和行为文化创造过程中的理性提升和锤炼并得到运用的过程。因此，它既是一种文化发展的需要，也是一种人类生存的内在机制的需要。[①]

藏族的文化和生活都具有鲜明的仪式性。长期生活在高度仪式化的文化氛围中，藏族群众在不断举行的各种仪式中得以实现对心理的调节和调控，从而使各族群成员经常处于一种平衡而张弛有致的状态，并在生理和心理上得到满足和轻松感。人生礼仪的这种调控平复功能，作为临时润滑剂缓冲了个体与族群之间由于强调集体性和族群利益而存在的矛盾和冲突，达到个体在族群中生存的自在性。例如，结婚礼仪中闹洞房、男女老少众宾客携手载歌载舞、颂唱祝酒歌等娱乐方式使个人情感得到了宣泄，众人聚集大快朵颐美味佳肴、举杯豪饮琼浆玉液等方式增加了族群中个体与个体之间打破常规的互动和交流，给人们单调乏味的日子增添了情趣和欢乐，使日常生活中紧张和忙碌的状态得到调控、平复和放松，进一步使群体与个体之间的关系得到维系和调节。

在藏族葬礼中，奔丧吊唁期间，亡人房帐中很少有号哭、泣声传出。无论老幼、亲疏、妇孺或子女，都不允许放声恸哭。如果有人情绪失控，便会有长者出面制止。藏族传统观念认为，死者亲属逢丧亲之痛，不可避免地会陷入悲痛的情绪，这种悲痛情绪对个人和村落的士气存在潜在的危险，因而要竭力避免。藏族这种特有的奔丧吊唁习俗，意在避免因旁人情绪失控而引起逝者亲属的感情波动，尽力宽慰和平复逝者亲属的心绪，努力使逝者家属从悲痛情绪平稳过渡到正常状态。

三、调适社会关系功能

藏族追求生命完美无缺，生之不全和死之残缺历来被藏族尽量规避。完美的生命意味着婚姻幸福、人畜兴旺、五谷丰登、善始善终。因而，在

---

① 陈华文：《民俗文化学》（新修），浙江工商大学出版社 2014 年版，第 47 页。

各种礼仪庆典场合中，无论规模大小、形式简繁，人们祈福祷词的开篇都是祈请佛和神保佑众生，而不仅仅是祈福仪式的主角。在藏族内心深处，已把自己和周围的社会融为一体。

新生儿出生后，便处于其所在的血缘、地缘关系网中。在诞生礼仪中，亲朋好友、左邻右舍对产妇及新生命表示祝福的随礼行为，既是新生儿建立个人社会关系的开始，也是家庭成员联络亲友感情的一种重要活动。诞生礼仪中的相关庆典仪式则进一步强化和调适了这种社会关系的凝聚力。

举办婚礼仪式时，需要相当数量的邻里亲友帮忙照料各项大小事宜。在山南藏族结婚礼仪中，不同身份和年龄的人担当不同的职责。外交和采购工作由村中或族中有经验的中青年男子担当，年轻媳妇和姑娘们负责招待和联络事宜，迎亲队伍和送亲队伍中的各种角色也需要相应身份和年龄的村民及亲友们鼎力支持。举行结婚仪式的过程也巩固和增进了村落内成员相互协作的意识。

藏族有句俗语："喜事要等着人来请，丧事要自觉找上门。"听到丧事消息，村里各家各户不管与死者有无亲戚血缘关系，生前来往疏密或有无宿怨，都会很快派人来死者家里吊唁。远方的亲朋好友在收到口信后，也会想方设法前来吊丧。送殡这一天，全村成年男人按传统规定前来送殡，任何人不得怠慢和回避，否则会受到社会舆论的谴责，并将在以后的生活和交际中遭到排斥和冷落。藏族社会把参加葬礼视为一个人情操、人品、胸怀的衡量标准，也通过参加葬礼的方式强化村落或族群内部成员之间的社会关系。

四、生态环保功能

自然哺育万物，阳光、淡水、空气、草木，使雪域高原的藏族得以生息和繁衍。在严酷的地理环境中，藏族对大自然的恩泽更是感受深刻，并把这种情感深藏内心。在长期的高原生活中，藏族群众体察到生态环境变化与人类生活的直接利害关系，对大自然报恩的自觉意识很强。山南藏族丧葬礼俗坚持不乱开垦草原、不乱砍伐森林、不乱开掘地下矿藏、不污染水源等行为规则，精心地保护脆弱的生态资源。尤其是以天葬为主要形式的葬俗，以不影响同胞的生存发展为宗旨，尽可能少地占用空间和土地。山南藏族丧葬习俗体现了人类协调自然环境的愿望和能力。通过合理的葬俗，山南藏族不断调和自身生存环境中社会环境和自然环境的冲突，使二者不断趋于和谐，最终达到维持生态平衡，使众生拥有一个趋于和平、稳定的生存环境的目的。直至目前，青藏高原的生态环境一直处于良性循环中，这的确应归功于藏族根深蒂固的生态保护意识。

民族文化最核心、最稳固的因素是由审美规范和价值体系的建构所形成的自觉认同。山南藏族的人生礼仪文化在形式上和内涵上体现了藏族的图腾崇拜、神灵崇拜、宗教仪式、风俗礼仪，这种约定俗成的审美规范和价值体系通过一种自觉的、潜意识的方式规约着人们生活中的行为范式。

综观山南藏族的人生礼仪过程，从喜庆添丁的诞生礼仪、追求幸福美满的婚姻礼仪，到追求圆满的丧葬礼仪等诸多仪式的内涵特征相互衔接又连贯，呈现了西藏山南藏族对人生的认识以及对生命意义的理解和追求：希望新生儿冲过一个个“关卡”健康成长，在生命最旺盛时期男女结合创造新的生命，到衰弱和终结时转换为另一种存在方式，并在循环往复中获得永恒的存在。①

① 张凌波：《苗族人生礼仪的生命美学意蕴》，硕士学位论文，西南大学，2015 年。

第六章

山南藏族传统技艺

山南藏族传统技艺的点滴细节无不蕴藏着藏族劳动人民世代累积形成的独特智慧结晶和美学认知，承载着藏族历史长河的前进轨迹和文化发展脉络。本章节主要着墨点为山南民族服饰——贡嘎县杰德秀镇邦典传统制作技艺、乃东区泽当镇泽帖尔传统制作技艺、加查县木碗及石锅传统制作技艺和扎囊县陶器传统制作技艺，以此阐述山南藏族传统技艺的传承与发展。

第一节　传统民族服饰制作技艺

千百年来，山南藏族群众根据所居住地区的自然地理环境、气候特征、生活方式和生产力水平，创造了具有浓郁藏族风格的民族服饰文化。具有“雅砻文化”发源地之美誉的山南，其藏族传统民族服饰在质地、款式、色彩及纹样等方面都反映了该民族的审美特征，彰显了藏族含蓄又奔放的性格特点。

一、贡嘎县杰德秀镇的炫目名片——邦典

“邦典”（妇女围裙）作为传统藏族妇女生活中不可或缺的日常生活用品，以其亮丽的色彩和绚丽的纹路为藏族女性果敢的性格增添了一抹柔美的亮色。

（一）杰德秀镇邦典的前世今生

“杰德秀”在藏语里是口齿伶俐的意思，该镇曾又名“杰得雪”“姐得

秀”等。杰德秀镇位于雅鲁藏布江河谷地带，地处贡嘎县东部地区，面积约210平方千米，海拔约3580米，其年日照时数约3194小时，年降水量约356毫米且集中降雨时间为6—9月。人口7913人（截至2013年12月），登记在册的本地人口均为藏族。1987年始建杰德秀乡，1999年改称为杰德秀镇，全镇经济以农业为主，兼有牧、副、手工业。其耕地面积约1417亩，种植青稞、土豆、小麦及油菜，属贡嘎县粮食主产区之一。草场面积约9671万平方米，主要饲养牦牛、黄牛、山羊和绵羊。约有湿地保护区133万平方米，栖息着黑颈鹤、白鸭、黄鸭、斑头雁等野生保护动物，境内湖泊还有丰富的鱼类资源。杰德秀镇是有名的“八大古镇”之一，亦是闻名整个藏区的“围裙之乡”。[①]2019年1月，杰德秀镇入选第七批中国历史文化名镇。

101国道贯穿整个杰德秀镇中心，交通便利。漫步在杰德秀镇的大街小巷，仍能体会到那种平和宁静、些许古朴的乡镇味道。笔者第二次前往杰德秀镇做田野调查期间，恰逢望果节，杰德秀镇万人空巷，人们到田野地头欢度节日，林卡中传来或悠扬或高亢的演出声，伴随着观众阵阵爽朗的发自肺腑的喝彩声。远离城市车水马龙、人头攒动的喧嚣，笔者和同伴行走在杰德秀镇的街头巷尾，心情十分放松，任凭这悦耳唱腔、鼓掌欢呼声流溢并回响在杰德秀上空，萦绕在石楼顶层经幡和陶罐周围，闭上眼睛猛烈地吸入一口带有成熟青稞味道的新鲜空气，那种沁人心脾的舒适感直入肺腑深处。

据《西藏志》载，西藏传统女性着装必不可少之一物便是邦典，“妇女服裳装饰……前穿围裙，或红氆或各色绸缎为之，镶花边，名曰班带”[②]。有条件的人家女性定会首选杰德秀邦典作为自己每日贴身之物。杰德秀邦典的口碑是靠自己的特色和实力铸就起来的，“杰德秀的邦典第一是用料好；第二是工艺细，不论经线和纬线都在一百根以上；第三是染色

① 参见百度百科词条“杰德秀镇”：https ：//baike.baidu.com/item/%E6%9D%B0%E5%BE%B7%E7%A7%80%E9%95%87/6722033 ？ fr=aladdin.

② 《西藏研究》编辑部编：《西藏志·卫藏通志》，西藏人民出版社1982年版，第25页。

好，鲜明透亮。不管怎么浆洗，几十年不变色。有的蓝白相间，有的黑白相间；还有素色条纹，更有红、黄、蓝、白、青、橙、紫各种颜色的组合。鲜艳亮丽，如同云间彩虹，把它们制成围裙，再加上绸缎和绣花的装饰，把各地的妇女、各个不同年龄段的妇女，打扮得或典雅高贵，或婀娜多姿，或豪华艳丽，或者朴素大方，所以说杰德秀家家户户织彩虹，那是一点也不夸张的"[①]。

西藏拥有一望无际的辽阔草原，在蓝天白云下驰骋奔跑的成群肥壮牛羊为杰德秀邦典提供了丰富的原材料。传统织造邦典的原材料为染色羊毛，需经过洗毛、晒毛、梳毛、捻线、上织机织图、着色、浆染、揉搓、褪洗、晾晒等工序，程序繁杂。随着社会发展，贸易便捷程度提高，如今大多数邦典原材料为从江浙一带购置的丝线或毛线成品，可节约大概三分之二的工序时间，织工只需将大卷丝线分卷到各个滚轮小轴上，即可直接在织机上编织出邦典成品，因而传统的羊毛原材料逐渐被取代。丝线邦典和传统羊毛邦典相较，更美观轻盈、质感华丽且色泽牢固，现今城镇无论哪个年龄段的女性，都较少有人佩戴传统的羊毛邦典。以新型丝线作原材料，选择性更多，编织出的邦典手感更佳，在时下最为流行。尽管如此，寒风凛冽的冬季，藏区农村尤其是牧区的女性同胞为了抵御风寒，仍会选择保暖性更胜一筹的羊毛邦典。羊毛邦典在寒冷季节，为广大藏族女性带去了更温暖的保护。无论所谓的时尚潮流风如何刮来刮去，需历经剪毛、选料、纺锤纺线、染色、织机编织、加工、成型处理等烦琐工艺程序的传统羊毛邦典仍保持着其市场份额。羊毛邦典独具的结实耐用、温暖舒适、质朴敦厚的特质，在世界屋脊这样的高寒地带深受藏族女性青睐。

邦典花色纹路的宽度通常约为 10 厘米，其品种异常丰富，可划分为七大类：①"噶擦"，以白色为主的围裙，多数情况下为小姑娘在重大节庆时节穿戴；②"擦钦"，多系老年妇女节庆时穿；③"降加则"，通常为 40 岁以上妇女节庆时穿戴；④"色夏"，系尼姑日常所穿；⑤"额穷邦

① 廖东凡：《藏地风俗》，中国藏学出版社 2008 年版，第 56—57 页。

典”，为15岁以下小姑娘穿戴；⑥“夏扎白萨”，据说因专为大贵族夏扎家族提供而得名，备受时尚青年女性青睐；⑦“察绒白萨”，据说因专为大贵族察绒家族提供而得名，在青年妇女中极为流行。[①]

图6-1 绚丽的邦典成为藏族女性身上最亮丽的色彩

（二）杰德秀人眼中的邦典[②]

笔者在杰德秀镇田野调查期间，曾同各个年龄层次的杰德秀人谈及杰德秀镇的传世之宝——邦典。每每谈及邦典这个话题，这些杰德秀人的脸上、眼神之间、说话语气乃至谈话时的肢体语言无不流露出无比的自豪骄傲。在杰德秀镇人眼中，邦典是西藏更是杰德秀镇人的民族瑰宝和独具代表性的特产。杰德秀人认为杰德秀邦典的历史可以追溯到文成公主进藏时期。据祖辈代代流传下来的记忆，邦典由文成公主进藏时携带而来的羊毛和染料制成。千年时间过去了，村民们朴实无华的言语表述中依旧传达出对文成公主的感激和爱戴。

邦典、氆氇是杰德秀镇最重要的经济收入来源和该镇驰名中外的王牌名片。能被海内外消费者认可追捧，对杰德秀镇人来说，是一件骄傲自

① 参见熊文彬《西藏艺术》，五洲传播出版社2002年版，第104页。

② 本节内容根据笔者同丹增央金和赤列班觉于2014年7—8月在山南地区进行的田野调查记录综合整理而成。

豪、无比荣耀的事情。杰德秀人代代相传，使优秀传统技艺、民间艺术精髓得以不断延续，在漫长的历史发展进程中，这种连续不断的传统制作技艺传承活动使文化遗产的保留、延续和发展成为历史的一种活态见证。从邦典的世代传承可了解和感知藏族过去的传统生活习惯、行为特征乃至思想观念。邦典作为藏族历史文化的载体之一，是藏族民族文化的表现，不仅是杰德秀镇人，更是西藏藏族特殊的、不可替代的宝贵精神财富。

（三）杰德秀邦典的传承与发展

在西藏，民众对杰德秀邦典的认可度最高，选择邦典基本上只认杰德秀产的。进藏观光旅游者对邦典的购买量增大，杰德秀邦典带来的收益有效地改善了村民的生活水平。然而，随着拉萨很多编织企业投入大量机器半自动或全自动化生产编织品，大大提高了生产效率、降低了生产成本。机器生产现象对杰德秀邦典销路的影响和冲击很大，对杰德秀镇人而言，“坐在家里数钱”的日子已成为美好的回忆。为冲抵经济收入下滑，寻求更好的就业途径，约从 2005 年、2006 年开始，杰德秀镇男性外出务工者越来越多，杰德秀镇开始由全民编织逐渐变为以女性编织从业者居多。从访谈中笔者得知，杰德秀镇邦典传统手工制作技艺的年轻传承人大多对自身处境的想法较复杂：一方面，作为民族传统文化的传承者和享有者，对以邦典为代表的民族传统文化的传统生态环境非常熟悉，他们充满自豪和感激并满怀依恋之情，非常希望邦典这一民族传统技艺得以通过自己这代人尤其在自己手中传承下去；另一方面，面对现代经济的快速发展，商品经济的肆意冲击，物质的诱惑，内心又特别急切地希望改变自己仍中规中矩每天编制邦典的波澜不惊的生活现状。期盼两全其美，既渴望民族传统技艺继续传承下去，又希望能有效地改变原来的生活状态向现代化的生活方式迈进。

依靠祖、父辈言传身教、在家庭内部进行传承的形式是邦典传统技艺的主要传承方式。杰德秀镇已婚女性（无论年长老少）多数时间留在杰德秀镇，料理家务、下田干活、编织氆氇和邦典。由于杰德秀镇每家每户都熟练掌握邦典制作技艺，故常年在家的年轻一辈一直浸泡在这种传统制作技艺的氛围中，很自然地便学会并掌握了邦典制作技巧。年轻一辈 20 岁左右不上学的女性几乎都擅长编织氆氇和邦典，差别在于技艺的精湛程度不同而已。但一直以上学为主，尤其是在外地念大学或常年在外务工的年轻人则没有长期接触邦典制作技艺的环境，现在不擅长编织氆氇、邦典的人数呈逐年递增趋势。

随着邦典传统制作技艺成功入选首批国家级非物质文化遗产名录，社会各方关注度持续增长，各级政府不断加大扶持力度，除了相关政策保障、倡导并培育适合的产业发展环境外，山南市政府还有意识地引导杰德秀邦典传统制作产业由分散向聚集发展。如今，杰德秀全镇有 10 台以上织机规模的手工业编织合作社（企业）约 4 家，年产值达 100 万元以上。从事邦典制作生产的从业者以已婚妇女居多，文化程度多为小学文化或文盲。技工们吃住都在自己家，既能照顾到家务事，又能在合作社编织挣钱，算是一种“家庭工作两不误”的最佳选择。规模较大的邦典生产合作社有捻毛工十多人，织工十多人，合作社的会长除了负责合作社的日常运转外，还负责去各村收购羊毛，将羊毛根据成色、质量分等级交付给工人捻线，或采购江浙一带的丝线成品交付织工编织。

邦典制作的所有工艺程序一直保持着传统手工制作方式，合作社雇佣的多为技术工人。销售推广、货源买卖几乎都由身兼销售经理、司机、采购员、老板等多种角色的合作社会长亲自负责。会长在外参加展出时，或者在商务往来等场合散发邦典生产合作社名片，争取货源和拓展销售渠道。此外，合作社还在杰德秀镇 101 国道边上开设了藏装、邦典销售门店，主要用于藏装、邦典的产品展示和实体推广，也供上级政府领导和调研队到杰德秀镇实地调研时参观考察。除开设门店作展示、销售外，规模更大、生产实力更雄厚的堆氆氇特色产业有限公司还计划未来在拉萨、山南两地开设分店以扩大规模。

图 6-2　和藏装搭配销售的款式各异的邦典

图 6-3　合作社内排列整齐的织机

图 6-4　送给杰德秀镇堆氆氇特色产业有限公司的致谢锦旗（1）

图 6-5　送给杰德秀镇堆氆氇特色产业有限公司的致谢锦旗（2）

熟练织工一天能编织一个邦典成品。合作社织工根据技能高低，月工资收益为人民币 2000—3000 元不等，工作时间较为固定。但大部分杰德秀镇女性更倾向于在家编织邦典，这样既能兼顾好家务事又忙里偷闲编织邦典，收入虽不如在合作社上班高，但灵活度更高，可以自由支配的时间更多。普通从事编织的“散户”们，其产品销路主要是由合作社收购或镇上专做邦典收购的商贩购买。也有个别家户带上自己半年或一年制作的邦典成品开车或乘车去阿里、日喀则、昌都等地贩卖，还可以看望当地亲戚，或者按照内地人时兴的说法，还能“旅行一趟，放松心情”，游玩与销售产品两不误。

杰德秀人，尤其是老一辈杰德秀人似乎从不担心邦典技艺失传。他们觉得考虑这个问题多属杞人忧天。因为杰德秀镇多数传统家庭都有 3—5 个孩子，而能考上大学的孩子为极少数，多数孩子成年后都留在家里干活务工，就一定有机会学习邦典制作技艺。关于孩子的去留，多数村民认为，即使家里每个孩子的学习成绩都好，也必须至少留一个孩子扎根于家，料理家里事务、干田里农活、照顾老年人，不能亦不会让家里孩子都去上大学或外出务工，这是藏族从古至今的传统。还有人用更形象也更现实的情况说明邦典传统技艺不会失传的理由：初中升高中时会淘汰一批孩子，高中升大学时被淘汰回家的孩子更多。在家闲着，不如学学家传的邦典制作技艺，还能挣钱，学别的都不如学邦典的环境好。杰德秀人坚信：只要杰德秀镇子、村子在，村子有人在，邦典传统技艺就不会失传。这也是一种杰德秀人对以邦典为依托的藏族传统文化依恋、坚守并以此为荣的文化自信的体现。

杰德秀邦典传统制作技艺入选第一批国家级非物质文化遗产代表性名录，对杰德秀镇及杰德秀人来说本身就是一个莫大的肯定，是一张国家承认的名片。得到国家层面的认可，杰德秀邦典传统制作技艺能在利好政策和各方扶持下获得更好的传承和发扬。普通百姓也能通过制作邦典增加收入，改善生活条件。既能发展民族特色产业，又能解决部分经济收入难题，对村民而言是一件既增光又实惠的好事。

在杰德秀人看来，杰德秀邦典传统制作技艺成功入选国家级非物质文化遗产代表性名录，是杰德秀人、山南人、西藏人，也是中国人的荣耀。杰德秀人需继续保持传统制作技艺，继续保留传统特色，继续保持手工制作，不会因制作邦典收入高便转而使用机器编织替代手工编织。他们相信杰德秀人一定会将这项民族传统技艺保持下去，并进一步投入更多的精力制作更为精美的邦典。

二、雪域氆氇中的极品——泽当“毛哔叽”（泽帖尔）①

随着各类现代化纺织品不断涌现，历史悠久的优秀民族传统文化代

① 为增强品牌地域性和语感流畅性，本节在行文过程中以“泽帖尔”替代“泽当毛哔叽”。

表——泽当毛哔叽编织技艺几度失传。这一濒临灭绝的传统技艺如何起死回生又发展壮大到如今的声势和规模？笔者从2014年7月第一次田野调查开始，持续跟进回访泽当“泽帖尔”生产基地——山南市乃东区民族哔叽手工编织专业合作社生产基地，跟踪记录山南民族文化产业发展标兵——“泽帖尔”的传承与发展。

（一）人杰地灵的自然地理环境

“泽帖尔”生产基地所在地位于西藏自治区山南市乃东区泽当镇。泽当镇是西藏山南市行政公署所在地。“泽当”曾译为“孜塘”，藏语中，“泽”为玩要、嬉戏之意；“当”为平地、坝子之意。“泽当”意即玩要嬉戏的平坝。泽当镇位于雅鲁藏布江中游南岸，海拔3551米，人口约1.52万人，距离西藏自治区省会拉萨约191公里，是藏南的交通枢纽中心，也是山南市、乃东县的政治、经济、交通和文化中心。

泽当镇背山临水，年平均气温8℃—9℃，最热月份平均气温约15.7℃，年平均降水量302毫米。日照时间长、气候温和、海拔较低、土壤肥沃，具备发展农业的良好优势，素有“西藏粮仓”之美誉。泽当镇主要种植的农作物有青稞、小麦、油菜、豌豆等。同时，辖区内还有储量很大的以铬矿为主的矿产资源。①

就笔者个人而言，泽当和内地大部分中小型城市市政府所在地相差无几，虽没有如内地城市白天那样的熙熙攘攘的人群和车水马龙。傍晚时分，华灯初上，整个泽当亦笼罩在各色闪烁不停的霓虹灯下，城市的繁华生活和各种休闲设施一应俱全。泽当犹如一个干净整洁、优雅俊俏的小家碧玉，她的含蓄和婉约只有初涉其中并细细体味方能感知。泽当这个城镇拥有一种不张扬的低调奢华内涵。晚上八九点钟，信步走在街头，擦肩而过的人们脸上带着平和的笑容。与陌生人目光对视的刹那，或羞涩地将头扭开，或微微一笑，这是普通山南人的最好写照。西藏流传一种说法：七区一市的藏族人中，山南人最为内敛羞涩且性情柔和。

① 山南地区地方志编纂委员会编：《山南地区志》，中华书局2009年版，第1页。

人杰地灵、物产丰饶的泽当为这里勤劳的藏族人民提供了资源充沛的物质、便利的条件和大量劳作之余的闲暇时间，山南人民在此基础上创造了“雅砻文化”。泽当还拥有西藏第一座宫殿——雍布拉康。其流传了千年的民族传统纯手工精羊毛哔叽纺织技艺，被国家质检总局批准实施地理标志产品保护并入选西藏自治区级非物质文化遗产名录。

（二）源远流长的历史

生活在雪域高原的藏族人民一直有用绵羊毛编织邦典、哔叽、氆氇、藏被的传统习俗。“藏装的基本特点是长袖、宽腰、大襟、肥大。农区和牧区的服装在用料和制作上各有不同。农区的服装是藏袍、普麦、衬衫等。藏袍以氆氇为主要原料，也有用毛哔叽等作料的。”①

641年，唐朝文成公主远嫁吐蕃松赞干布。“松赞干布去世后，文成公主在吐蕃生活了30年，这期间，她为进一步发展唐蕃间的友好关系做出了贡献，而且树立了有利于吐蕃社会生活、文化的深厚风尚。在藏族民间流传着文成公主发展农业生产、建立水磨、纺织氆氇的动人故事。”②西藏山南泽当镇民间广为流传着关于文成公主与“泽帖尔”的故事：松赞干布逝世后，文成公主一直生活在西藏山南地区雅砻河谷昌珠寺。30多年里，文成公主和其随行人员把汉族农技、医药、纺织、陶器、造纸、酿酒等先进文化和技艺陆续传到西藏，促进了吐蕃经济、文化的发展。“泽帖尔”的前身藏氆氇就是在这个历史时期，由吐蕃传统的纺织技术和汉族的先进纺织工艺结合而制造出的纯手工羊毛纺织产品。随着吐蕃王朝经济社会的不断发展和民间手工艺技术的不断提高，1351年噶举派大司徒绛曲坚赞时期，泽当毛哔叽得到绛曲坚赞重视，他组织工匠在泽当寺内对传统藏氆氇的制作工艺进行了技术改良，将经线、纬线各两股变为了经线两股、纬线一股的织法，编织出的泽帖尔由粗变细，质地由厚变薄，穿戴体验更柔软舒适，逐步形成了独特的泽帖尔纺织工艺。

---

① 赤烈曲扎编著：《西藏风土志》，西藏人民出版社2006年版，第232页。

② 恰白·次旦平措、诺章·吴坚、平措次仁：《西藏通史——松石宝串》，陈庆英等译，西藏古籍出版社1996年版，第100页。

（三）濒临灭绝的民族传统技艺

随着经济全球化进程的不断加快和西藏经济的跨越式发展，西藏传统的生产生活方式也相应地发生了巨大变化。各类现代化纺织产品不断涌现于西藏的大街小巷、商店及各大卖场，“泽帖尔”这一历史悠久的优秀民族服饰因各类新潮时尚的现代化纺织服饰产品的冲击，市场占有率不断受到挤压，逐渐失去生存空间，处于濒临灭绝的境地。

山南市乃东区泽当镇的唐卡画师巴桑在其从业期间调查时发现，西藏拉萨、日喀则等地的纺织业从业者无人会“泽帖尔”纺织技艺，就连纺织业相对发达的山南市扎囊县、贡嘎县的纺织能手也未曾学习掌握这一传统纺织技艺。只有山南乃东县泽当镇的少数村民掌握了“泽帖尔”传统纺织技能，在这少数村民中，真正精通“泽帖尔”纺织技艺的仅有 5 人，且年龄最小者也已 80 多岁。受生产生活方式变迁影响，这几位年事已高的老人已多年没从事过“泽帖尔”纺织。若任由“泽帖尔”传统技艺在现代化经济浪潮下自生自灭，“泽帖尔”纺织技艺将永远成为历史的记忆。“泽帖尔”这一藏族优秀传统技艺的消失，不仅仅意味着一种手工技艺的消失，更是一种藏族传统民间艺术和民族优秀文化的陨落。

泽帖尔的制作工艺非常精细，工序极为考究。其传统制作工艺流程如下。

1. 选材

泽帖尔选材非常考究，制作泽帖尔的原料选自阿里农牧区的白山羊绒及乃东、错那、措美、隆子、浪卡子、曲松 6 个县养殖的藏绵羊的羊背上的细毛，是羊绒里的上等品。取羊脖子后颈上的毛，这个部位的羊绒毛纤维更长，细腻柔软。据说一般情况下一只羊身上平均只能出 0.8 两这样的羊绒毛，织一条围巾大概要用掉 20 只羊的后颈羊毛。

2. 洗羊毛

将原材料毛按照等级进行分类，用清澈干净的温水清洗羊毛，去除杂质。为了保证羊毛的柔顺度，洗涤时以羊毛根部在下、头部在上的方式洗涤。将清洗干净的羊毛摊开晾晒在平整光滑干净的平地上。

3. 梳理羊毛

清洗晾晒好后的羊毛需分成若干小份，便于梳理。梳理羊毛时需从羊毛的两头轮流抓，先用手将粘在一起的羊毛撕开，然后用特制的竹刷边抓边刷已松开的羊毛，增加羊毛的蓬松感和柔软度。梳理好的羊毛卷装入防尘袋待用。

4. 捻线

根据所要编织的产品要求，用特制的木质工具手工捻制不同粗细的经线、纬线。如果捻制的是织围巾的线，则要求捻制出的成品线经线、纬线粗细相同。1 斤羊绒根据围巾的品质和等级需捻制出 2000—20000 米经线、纬线。因此，用于织围巾的线都是由技艺娴熟的老技工捻制。如果捻制的是织披肩的线，则 1 斤藏绵羊细毛约可捻制 250 米经线、纬线，制作披肩的线也要求经线、纬线粗细一样。

5. 手工编织

在开织之前，织工们需在有足够空间的平整空旷地将经线布好。首先将经线轴和织布轴（纬线轴）放在平地两端绑紧或者 2 人至 3 人分别站在相距约 12 米至 13 米远的距离，握紧经线的交接处并用力拉拽两边。布线时，经纬线的数量要求分别为：经线密度≥ 720 根 / 厘米，纬线密度≥ 30 根 / 厘米。经线达到规定数量后，织工从经线筘处抓紧并把已经拉好的经线捆绑于线轴上，为紧捆经线，在已经拉好经线的一些地方洒上少量清水定型。

能上织机编织的都是技术相当熟练的织工，泽帖尔的编织过程中需相当精细和认真，才能织出两边对称整齐、无荷叶边、无漏纬线又质地柔软、纹路清晰、精美至极的产品。正是因为泽帖尔的编织技术要求精准、完美，即便是最熟练的织工，一天也只能织 20—30 厘米，因此，制作完成一套质地精良的纯手工藏装的布料至少需要半个月。

6. 后期整理

编织好的泽帖尔半成品需用小火进行反复烤烘，将泽帖尔表面的线头等杂物清理干净，使产品表面更光滑柔顺，增加穿戴时的舒适感。烘烤后的泽帖尔须在30℃至40℃的温水里浸泡5小时至6小时，然后再用冷水将杂质清洗干净。清洗好的泽帖尔由两人分别拉拽两端，另外一个手持两根长圆木槌上下来回移动捶打以定型。定型后的泽帖尔用一根圆木棒作轴，双人合力将泽帖尔边拉边卷裹，卷成一卷，用大石压三天至四天，防止成品缩水变形。

7. 保存成品

做过防缩水变形处理后的成品需在阴凉通风干燥处再悬挂晾晒一段时间，让泽帖尔更自然平整。然后收纳时要做好防尘、防鼠、防虫的工作。

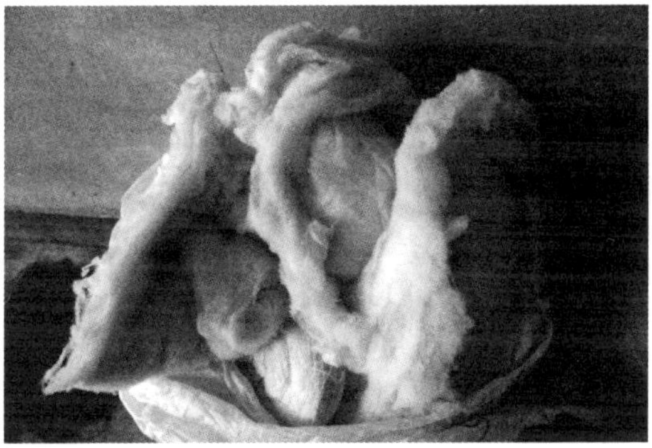

图6-6　制作泽帖尔的原料——上等羊羔脖绒毛

图6-7　滚线

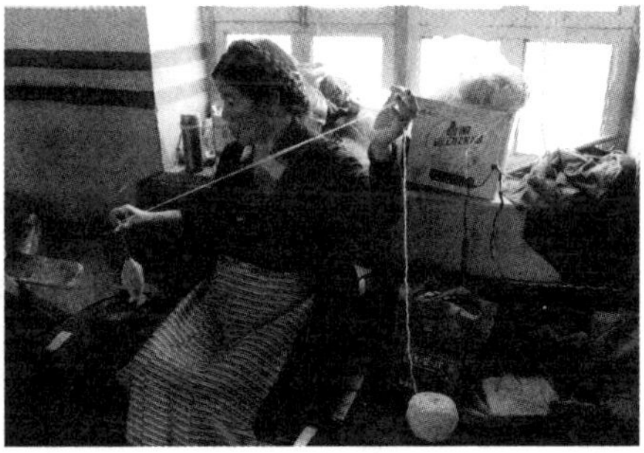

图6-8　捻线

图 6-9　在织机上编织“泽帖尔”

图 6-10　拉伸敲打以定型成品

图 6-11　紧捆在木轴上以防止缩水

图 6-12　以大石紧压裹着木轴的成品防止缩水变形

（四）力挽狂澜的传承与发展之路

1. 多方协作共促传承

肩负传承民族优秀传统文化使命感的唐卡画师巴桑（“泽帖尔”品牌创始人、乃东县民族哔叽手工编织专业合作社负责人）着手挽救濒临灭绝的“泽帖尔”这一藏族优秀传统纺织技艺。在当时山南行署的扶持下，2008 年 5 月 1 日，巴桑联合起泽当镇 7 名农民，在山南地区行署所在地泽当挂牌成立了西藏自治区第一个农民专业合作社——乃东县民族哔叽手工编织专业合作社。其建立合作社的宗旨是“传承和发扬藏族优秀非物质文化遗产”，目的是期望“通过继承和发展民族优秀文化遗产，增加全体成员收入，带动当地无业青年再就业，帮助周边农牧民走共同富裕道路”。[①] 合作社花重金聘请泽当村民白宗、查斯等5位掌握“泽帖尔”传统制作技艺的80多岁的老艺人担任合作社的“技术顾问”和“核心骨干”，将这些耄耋之年的老人所掌握的关于“泽帖尔”的传统制作工序及技艺汇集起来。在这个回忆和重构的过程中，巴桑与合作社7名成员系统学习了“泽帖尔”羊毛的选料、分梳和经线、纬线的捻线技能，学习了“泽帖尔”传统纺织技巧、“泽帖尔”染色秘诀及防虫、防缩水等技能。他们在白宗等几位资深元老级传统艺人无私的“传、帮、带”中和手把手的指导下练习、试纺。老艺人们根据不同学员在制作中存在的不同问题逐一纠正，这样第一批学员逐渐掌握了“泽帖尔”纺织技艺的基本技能。

西藏自治区和山南市政府对“泽帖尔”传统技艺的传承与发展给予了财力、物力和政策上的大力支持和帮扶，合作社免费提供食宿招收本地及邻近区县的残疾人员、贫困农民、失业青年进入合作社，并为他们提供便利的生产条件和收益保障，请老艺人教授这些新进学员“泽帖尔”传统技艺制作方法。通过几年的艰辛努力，泽当附近村民加入编织合作社的人越来越多，濒临灭绝的“泽帖尔”传统制作技艺逐渐得到良好的传承保护。

图6-13　“泽帖尔”编织合作社亦为民族手工技能培训基地

① 次珍：《乃东县哔叽编织传承民族优秀文化》，山南网，http：//www.xzsnw.com/xw/wmksn/76762.html，2014年4月10日。

图 6-14　山南工业园区内的“泽帖尔”新厂房

2. 顺应时代变化创新发展

为了实现生产性保护藏族传统技艺，将其有效转化为现实生产力，促进社会进步并为当地民族经济建设做贡献，如何使“泽帖尔”这一藏族优秀非物质文化遗产顺应时代发展和社会变迁，符合现代社会大众多元化的审美需求，如何开发出品种丰富的产品，是“泽帖尔”品牌创立者巴桑带领合作社全体老少工作人员要攻克的难题。他们绞尽脑汁从纺织技术层面去突破“泽帖尔”传统技艺原来产品单一的瓶颈。为实现“泽帖尔”产品多元化，让藏族优秀非物质文化遗产在西藏广大农牧民脱贫致富中发挥更大的作用，合作社全体员工在传统古老民间纺织技艺的基础上对“泽帖尔”纺织技艺和产品进行了三次改进和创新。

（1）原材料的改良

在“泽帖尔”的传统制作中，均使用纯羊毛为原材料，乃东县民族哔叽手工编织专业合作社团队在反复试验后将传统的纯羊毛改良为优质纯羊绒。这番改良创新后，纺织出的“泽帖尔”产品具有更好的柔软性、舒适性，顾客穿戴体验也更好，产品档次亦提升到新高度。

（2）纺织技艺的改进

传统纺织方法制作出的“泽帖尔”纺织品幅宽约为 20 厘米，幅面窄小，不利于大件产品的制作。合作社团队中的技术骨干提出增加“泽帖尔”纺织品幅宽。新思路新想法提出后，技术团队反复调试纺织机，通过多次试织不断改进织品质量，设计了更合理的幅宽，现能织出 50 厘米、70 厘米等多种幅宽的半成品，为进一步加工缝制各类藏族民族服饰和现代高级毛料西装、大衣等产品创造了前提条件，也为“泽帖尔”后续实现产品多元化提供了基本保障。

（3）产品的创新

历史上，“泽帖尔”产品是西藏历代活佛、高僧及达官贵人制作服饰的专用面料，使用受众群体较小。新的时代，曾经的农奴翻身做主人，人人都有权选择和享用自己所喜爱的各种物品或服饰，“泽帖尔”的受众群体大大拓宽。合作社团队积极拓宽“泽帖尔”产品种类，以满足不同人群的购买需求。经过前期的市场调研、论证，现今研发生产的产品主要有：不同规格的披肩，质量上乘的藏装，长短不同的围巾，厚薄不一的藏毯，精美绝伦的唐卡，风格各异的藏式面具，质量考究的高档西服，制作精良的各式大衣、长筒或短筒藏靴，设计独特的男士包、女士包，以及各类民族特色工艺品。其中很多产品还采用了传统的刺绣方法绣有“吉祥八宝”等各式藏族传统元素图案，集使用性和艺术性为一体，不仅丰富和提升了“泽帖尔”产品的文化内涵，更彰显了藏族的独特审美和祈愿普世美好的质朴愿望。这些具有浓郁藏族风格的“泽帖尔”产品上市后得到了各级政府和同行们的高度评价，经常作为政府官方出访馈赠的珍贵特色礼品，更受到了广大消费者的追捧和喜爱。

图 6-15　“泽帖尔”系列产品（1）

图 6-16　“泽帖尔”系列产品（2）

图 6-17 “泽帖尔”系列产品（3）

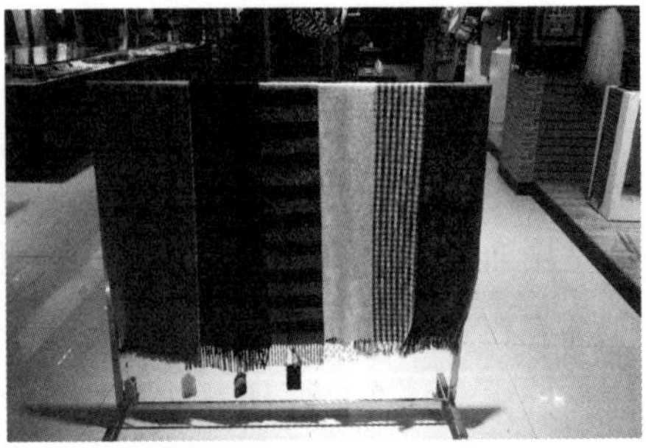

图 6-18 “泽帖尔”系列产品（4）

3. 步入规模化产业发展轨道

（1）持续发展，创造品牌

在政府、业界、学者、相关媒体及民间团体等各界人士的鼎力支持下，“泽帖尔”从最初的举步维艰逐渐开始在业界崭露头角并日益精进。乃东县民族哔叽手工编织专业合作社，经过几年的努力，获得来自政府、行业及消费者等各界的肯定和褒奖。2009 年，合作社提交的参赛产品在“西藏自治区首届旅游纪念品大赛”中荣获银奖；2010 年，泽当毛哔叽编织技艺被西藏自治区人民政府及自治区文化厅列入第三批西藏自治区级非物质文化遗产代表性名录，合作社创始人巴桑被授予泽当毛哔叽编织技艺代表性传承人，并于 2017 年获得西藏自治区级非物质文化遗产“年度十佳传承人”称号。为更好地传承和发扬藏族传统纺织技艺，树立西藏山南的品牌形象，合作社于 2011 年注册了“泽帖尔”（泽当）商标；2013 年 12 月合作社负责人巴桑在合作社基础上注册成立了西藏哔叽服饰有限公司；2014 年申请注册了“泽帖尔”国际商标，同年“泽帖尔”商标被西藏自治区人民政府正式认定为西藏自治区级著名商标；2015 年“泽帖尔”被国家质检总局批准实施地理标志产品保护；2016 年，合作社提交的“泽帖尔”纺织作品在“西藏共青团首届青年农牧民创业大赛”中荣获“优秀作品奖”；2017 年 9 月，“泽帖尔”商标荣获 2017 年中国国际商标品牌节“商标金奖”；2018 年先后获得第二届西藏藏毯产业交易博览会“优秀奖”及 2018 中华品牌商标博览会“金奖”。一个知名藏族文化品牌“泽帖尔”从藏族古文明发祥地山南逐渐崛起。

（2）创造利润，助力脱贫攻坚

随着合作社逐渐步入正轨并进入良性发展阶段，前期投入日渐取得相应收益。仅从营业额和利润收益看，"泽帖尔"这一品牌的系列产品收益颇丰，逐步奠定了藏族优秀传统技艺转化为广大贫困群众脱贫致富奔小康的现实生产力基础。2011 年，泽帖尔产品及生产经营收入 68 万元；2012 年哔叽编织手工业合作社年销售围巾 1100 条、披肩 400 条、藏装 13 套、唐卡 28 副、藏毛毯 132 床、藏式面具 148 个，年销售收入 162.02 万元，年纯利润 54 万元，年底合作社 73 名固定员工实行分红制，分红资金达到 4.74 万元，实现劳资利润共享的目标；2013 年度销售额 162 万元，利润 48 万元；2013 年员工人均月收入达到 1400 元（吃住免费），为今后带动更多的贫困农牧民群众转移就业、摆脱贫困奠定了坚实的基础。至 2018 年，合作社生产经营总收入已达 540 万元，实现利润 230 万元，完成缴税 27 万元左右，合作社员工年人均收入达到 3.5 万元。这些数字的递增趋势非常可喜。

乃东区民族哔叽手工编织专业合作社为挽救、传承、创新、发展泽当毛哔叽编织技艺这一非物质文化遗产传统技艺，开辟了当地农民脱贫致富奔小康的一条新路，为山南的经济发展、扶贫攻坚做出了突出贡献。合作社于 2017 年被中共山南市委员会和山南市人民政府联合授予"山南市脱贫攻坚突出贡献 十佳企业"的称号。鉴于"泽帖尔"文化产业在山南经济社会发展中做出的突出贡献，合作社被列入"国家农民合作社示范社"，先后获得 5 项省部级奖励。合作社创始人巴桑先后被国务院授予"全国就业创业优秀个人"，被中国科协、财政部授予"全国科普惠农兴村带头人"，被国务院扶贫开发领导小组授予"全国脱贫攻坚奖奉献奖"等称号。

一个民族品牌的发祥和崛起，将一项民族传统技艺转化为藏族群众脱贫致富的主要生力军，"泽帖尔"俨然已成为山南市乃至西藏甚至中国的一张民族传统技艺特色名片。十来年的传承发展，山南市乃东区民族哔叽手工编织合作社关于"泽帖尔"的品牌定位、设计、生产、销售等诸多环节已渐入正轨，所产生的经济效益和社会效益也初见成效。通过对“泽帖尔”传统编织技艺的进一步传承和挖掘，能更系统地传承和发扬藏族传统编织技艺。

第二节　加查木碗制作技艺

西藏的木碗主要以桐树、桦树、桑树、柳树、成巴树等的树根或枝干上的巨瘤或葡萄、杜鹃花等的根瘤加工而成，主要产地有山南市的加查县、错那县，林芝地区的察隅县，阿里地区的普兰县，日喀则地区的吉隆县等。

一、揣在怀里的“情人”——木碗

在西藏，木碗是藏族人民日常生活中不可缺少的饮食器具。普通百姓随身怀揣木碗，达官显贵亦不例外。因而，木碗在西藏被比喻成“揣在怀里的情人”。西藏民主改革前，噶厦政府各级官员随身携带的木碗，既是装饰，又是官阶大小的显要标志。木碗又是一种区别各寺院的特殊标志，不同派系的各寺院僧尼们所用的木碗大小、形状各不相同。想知道一个僧人的归属寺院，瞧其木碗就能推测出八九分。旧西藏的铁匠、陶工、屠夫、猎户被当作贱民、“黑骨头”、不可接触的人，正常家庭不会让他们用自己的碗筷，因而他们更是木碗不离身，假如没有自己的木碗，茶饭都吃喝不上，只能挨饿。沿街乞讨的乞丐即使再穷，也有一只专属于自己的木碗，他们在街上沿路乞讨，从怀里掏出木碗来接主人或施主布施的食物或茶水。民间说唱艺人的木碗更为别具一格，他们在表演结束后，会拿出又大又深的木碗请求围观群众给予赏赐。折嘎说唱艺人有专门赞颂木碗的唱词：“哈哈！我这随身的木碗，名叫‘丁争宁珠’（使人惊心动魄），打茶阿妈的茶桶没有它这么深；酿酒阿姐的酒坛，没有它这么大！”①

---

① 廖东凡：《藏地风俗》，中国藏学出版社 2008 年版，第 109 —110 页。

如今去藏族同胞家做客，稍加留意便可发现客厅里的藏式茶几上几乎一成不变地摆放着几个大小不等的木碗，最大号木碗为父亲专用，次之为母亲所用，孩子们按长幼顺序各自使用符合自己年龄大小的木碗。木碗的使用原则：女士碗比男士碗小，晚辈碗比长辈碗小，年幼者碗比年长者碗小。反之，则被视为违背传统。木碗总是被擦得干干净净置于藏柜上，喝酥油茶的木碗则会在碗底留些酥油茶用以保养木碗，防止碗底因西藏干燥的气候而破裂。一家人的木碗各就各位，用时取来，用后放回，不能相互混用。因而西藏有“夫妻不共碗、父子不共碗、母女不共碗、兄弟不共碗”的说法，传统的西藏人民几乎每个人都有专属于自己的木碗。“人到哪里，碗到哪里。人在碗在，形影不离。人死之后，还用木碗斟满茶酒供在遗体前。”①

二、加查木碗概述

笔者一行于2014年7月下旬从山南泽当镇乘车出发到加查县做田野调查，一路历经各种艰难。汽车从泽当汽车站出发、驶出桑日县路段后，道路便逐渐变得泥泞。山南地区的雨季多集中于6—9月，雨水冲刷后的路基满是坑洼，汽车经过较大的泥坑时泥水四溅。在随后去往加查县的路途中我们又亲历落石，透过车窗远远看着从半山腰或山顶滚滚落下大小不等的石头，让原本就不宽的泥土路变得更加窄小。车辆难以前行，时刻都有翻车的危险，目睹波涛汹涌的雅鲁藏布江，内心紧张得直哆嗦，担忧自己所乘坐的大巴车是否会被落石砸中，担心一行人的生命安全。大巴在高低起伏坑坑洼洼的公路上一路颠簸前行，整个人跟随大巴晃动的惯性上窜下跌、左摇右晃，刚被撞了头，还没有缓过神来，整个左边或右边身子又被狠狠地甩到门窗上。这种不停歇的颠簸和撞击使得肠胃一直翻江倒海，想吐又不能吐，一路强压着身体的不适，压抑身体的痛感和

① 廖东凡：《藏地风俗》，中国藏学出版社2008年版，第108页。

内心的恐慌，第一次经历这样的路况，真有种一去不复返的悲壮感。为避开大坑洼，藏族司机镇定自若地来回甩方向盘，丝毫没有半点慌张的情绪。这种淡定的功夫也是经年累月驾车行走在这环境险峻的公路上练就出来的吧。当汽车翻山越岭、艰难到达曲松县与加查县的分界点——海拔 4910 米的布丹拉山后，看到满眼青葱翠绿的崇山峻岭，如丝带般蜿蜒的公路，飘浮在头顶的大朵大朵形态各异的白云，有种劫后重生、置身仙境般的梦幻感觉。那个当下，倍感生命的真实可贵、自然力量的强大和人类的渺小。

翻越布丹拉山，一路向下向加查县城方向驶去，突然看到被群山压缩得仅有几十米宽、江域面积狭窄的雅鲁藏布江。这些年进出西藏，在拉萨至泽当那条线上兜兜转转，看惯了雅鲁藏布江柔情恬静的样子，陡然见到这湍急的江水冲撞在大小嶙峋的怪石上而水花激荡四溅、汹涌磅礴的气势，让人满心震撼。越接近加查县城，天气越见好转，风和日丽、阳光明媚，视域逐渐开阔，越来越多的大片云朵在深蓝的天空中行走于各座山峰间，备受煎熬且疲惫的心境跟着云朵的跳跃终于调整到正常状态。回想这一路走来，历经各种艰辛和坎坷，不一定是为了遇见最美的风景和意外的惊喜，但挺过了那个艰难的当下，总是会有或多或少的意外惊喜作为奖赏和弥补。曲折的道路如是，坎坷的人生亦如是。

加查在藏语里意为“汉盐”，相传文成公主路经此地，见百姓生活困苦，便点泉为盐，因此得名。加查县位于西藏自治区东南部、雅鲁藏布江中游，东经 92°14′24″ — 93°7′10″ 、北纬 28°49′43″ — 29°43′16″ ，县政府所在地海拔为 3240 米，分布于雅鲁藏布江南北两岸。加查县面积约 4646 平方公里，平均海拔约 4000 米，年均气温 8.9℃，年日照约 2750 小时，年约降水 492.7 毫米，降雨集中期主要在 5 月，降水量约占全年降水量的 93%。截至 2012 年年底，加查县共有 6851 户 21608 人。藏族占总人口的 98.5%，汉族、回族、珞巴族、门巴族人占少数。

加查县的主要经济方式以农为主、农牧兼营，其中耕地面积约 23577 亩，小麦、青稞、土豆、蚕豆、油菜等为主要农作物，多为一年一熟。

"草场面积达 309226 亩，各类牲畜 116983 头（只）；林业资源丰富，森林覆盖率达 30.35%，居山南地区首位，林木储量为 133.80 万立方米，其中经济林以苹果园为主，同时拥有大片核桃林；野生药材丰富，主要有虫草、麝香、贝母、当归、雪莲、党参、狼毒、一枝蒿、可供提取小檗碱的小檗科植物、濒危植物黄牡丹等。野生动物较多有马鹿、白唇鹿、雪豹、黑熊、棕熊、马熊、贝母鸡、藏马鸡、麝、旱獭、水獭、金钱豹等。"[①] 此外，已探明在雅鲁藏布江沿岸有砂金矿、铬铁矿分布，品位较高，县域内的雅鲁藏布江水域中有拉萨裂腹鱼、裸腹重唇鱼、双须重唇鱼等鱼种。

加查木碗主要产地在冷达乡和临近加查县的惹米村（由于诸多原因，我们的田野调查点选择了距离加查县城更近的惹米村）。在整个藏区，加查木碗的使用率非常高，使用非常广泛。临近加查县的各区县乡镇几乎家家户户饭桌上都有来自加查县的大小不同的各式木碗。

加查木碗一般用桦木、成巴树、赤巴树、柳树、核桃树等的根部或树结雕琢而成，具有质地结实、不易破裂、细致光滑、美观适用、保存不变味、饮用不烫嘴、携带方便等诸多优点。

加查木碗种类很多，按使用功能划分主要有："抓糌粑用的大木碗'括卜'（带盖的或不带盖的）、喝酥油茶用的小木碗'甲卜'、喝青稞酒用的更小号木碗'羌卜'、储存物品和装糌粑或细奶渣用的'巴卜'（带盖）等。"[②] 还有一些集观赏性与实用性为一体的高端木碗，配个银盖或于碗口四周、底部碗托等部位包上层薄薄的银皮作为点缀，则更为美观精致。兼具实用性和艺术性的木碗在藏区较为普遍，"很多名贵木碗会配有银盖，银盖上镌刻着吉祥图案。更有甚者木碗通体镶银雕花，碗腰处只留有指宽的部分，让你明白碗胎是木质的。其上为碗盖，下为碗托，均为银质，盖呈塔形，雕银嵌金，顶端一颗红玛瑙为手柄。碗托尤其别致，是盛开的八瓣莲花状，每瓣上有一幅吉祥图案。八瓣合成传统的八祥瑞图案，碗和盖

① 西藏自治区地方志编纂委员会总编，西藏自治区加查县地方志编纂委员会编撰：《加查县志》，中国藏学出版社 2010 年版，第 2 页。

② 参见山南加查县文化局编撰《加查木碗》宣传活页，2014 年。

置其上，美轮美奂”[①]。按大小规格分男士碗、女士碗、藏式碗、僧人碗四类：男士碗高 7—8 厘米，口径宽 11—12 厘米；女士碗高 9 —10 厘米，口径宽 8—9 厘米；藏式碗高 5 厘米，口径宽 10 —11 厘米；僧碗高 6—6.5 厘米，口径宽 11—12 厘米。从上面的数据可看出，男式碗底部与碗口间距较小，碗口大且外开，显得稳重；而女式碗碗形修长，光滑如玉，给人以纤细柔润之感。按品质划分，主要有两种：一种是由品质最好的树疙瘩刨制而成的木碗，质地更结实，不易破裂，自然纹路清晰美观；另一种是用普通树干制作而成，品质略差。

三、粗中有细——加查木碗的传统制作技艺

一个制作精美的木碗从无到有的生产过程无不凝聚着制作者的辛勤汗水。无论体积大小、款式繁简，都需经过选料、采砍、阴干、制作、水煮、上漆、烤晒、打磨、再上漆、再烤晒等十余道工序。选材讲究、工艺复杂、品质上乘的加查木碗，制作程序可归纳为如下步骤[②]。

1. 选材

以生长年代久、树节大、疙瘩多的桦木、赤巴木、杜鹃木、核桃木等高品质树疙瘩或树根为首选，采砍后锯成木墩运回备用。

2. 风干

将遴选出的树疙瘩或树段锯成长短不一的木墩放在阴凉通风处自然风干 10—20 天，有条件者将木墩挖埋进地里并用土或肥料覆盖，以防止木头在制作过程中破裂或制作成形后破裂。

3. 制坯

粗加工已风干处理过的木墩，削去树皮，刨滑树干，雕琢出木碗的雏形，然后在沸水里清煮，再用文火烘烤干。

---

① 沈未兰：《木碗相随如情人》,《中国林业产业》2010 年第 4 期。

② 部分参考蔡贤盛《访木碗之乡》,《中国民族》1980 年第 11 期。

4. 细磨

将木碗雏形的碗底固定在轴轮上，挖槽定脚二次加工，准确画线打磨已制作成形的碗坯，使碗内外壁厚薄均匀、光滑细腻、碗口圆润、碗底平稳且木纹突出。这是整个木碗制作的中心环节。

5. 上色

涂色上漆，为保持木材的本色，用由西藏本土生长的巴窝草叶和鱼草茎秆挤汁调和而成的天然颜料对木碗成品上色，然后涂清漆抛光，使木碗花纹突出、色泽更鲜艳。

6. 配饰

对名贵木碗加制镶嵌宝石的银质底座或银碗盖，根据需求和碗形定制配饰，使木碗更美观奢华，富有艺术性。

四、蓬勃发展——惹米村木碗技艺的传承发展[①]

（一）惹米村自然地理概况

惹米村，隶属于加查县安饶镇，位于加查县县城东南，距县城3公里，海拔约3200米。下辖3个村民小组204户，总人口1003人（截至2013年年底），总耕地面积956余亩，是加查县最大的行政村。惹米村是个新兴行政村，约于2000年建房屋，2001年正式成立惹米行政村，当时1000多人从其他村寨搬迁转户至此。该村所有会木碗制作技艺的手艺人均是当时整村从冷达乡搬迁而来的。惹米村的主要经济收益以采挖冬虫夏草为主，兼农、牧及木碗收入，部分村民开设小厂或承揽工程建设等。2013年，该村人均纯收入超万元，是整个加查县33个“万元村”之一，经济富裕。笔者在惹米村田野调查期间，走村串乡时发现该村几乎每家每户都至少有一辆皮卡私家车。

---

① 本节内容根据笔者与丹增央金、米玛拉姆于2014年7月下旬在惹米村与该村村委会、木碗合作社专项工作组、村民及木碗制作技艺匠师访谈内容整理而成。

（二）木碗制作技艺现状

惹米村木碗制作从艺者多为小学文化程度，均为藏族。多数家庭由一人从事木碗制作手艺，年收益约10万元。对普通家庭而言，木碗是一个创造经济收入的极好途径，拥有木碗制作手艺的家庭在村里算中上等收入水平，资金更为宽裕。因而，木碗制作技艺传承者对自己掌握这项传统技艺倍感骄傲，在他们看来，木碗制作技艺是一个安身立命的技术，随着时间推移，制作技艺越精湛熟练，经济收益也会逐渐增长，从而带来家庭生活水平的进一步提高。同样，在村民眼中，村里有会木碗制作技艺的乡邻，是同样令人高兴且自豪的事情。惹米村的村民普遍比较开朗乐观、自信豁达，爱自己的家乡。说起加查，就一定有虫草；说起惹米，就一定有木碗。村民们几乎都表示为自己村拥有这项木碗制作传统技艺而觉脸上有光，自家购买木碗就去村内匠人家拿，十分方便，价格也更优惠。这种实惠还直接延伸至村民在其他地区的亲戚朋友处，村民们笑呵呵地表示他们各自亲朋家使用的木碗都是他们在本村内制作木碗的匠人处帮忙购买，比市场上的卖价便宜很多。

在走访过程中笔者发现，无论普通村民还是木碗制作从业者，几乎都不知道加查木碗制作技艺已于2010年入选西藏自治区级第三批非物质文化遗产名录，是自治区非物质文化遗产重点保护对象。得知木碗入选自治区级非物质文化遗产名录，村民们很兴奋，说这是加查的骄傲，也是惹米村的骄傲。如果家里孩子升学无望，也会考虑让孩子学习木碗制作技艺。

目前，惹米村木碗制作技艺从业者约有12户，多为中青年。20多岁的年轻人有三四个，均小学文化。一个木碗从业者家庭一年可制作300—400个大小不等的木碗，年收入约10万元。制作木碗需要占用大量时间，因而木碗销售收入是这种手艺人家庭的主要经济来源，其次才为虫草收益。

制作木碗所需的木料，以前直接从山上采伐，现今国家号召植树造林，木材采伐管控严格，木碗原材料转为主要从林芝米林县采购。木碗制作者开着自家皮卡去米林县挑选木材，每次采购较粗的上等木材约5000斤，采购一般木材200—300斤。木材材质是决定木碗价格的关键，惹米村木碗制作者主要购买上等木材，有时按整根木材购买，有时是按截断后的木墩购买。购买木材一次支出 2 万—3 万元，每年需外出购买原木料六七次。

图 6-19　惹米村

图 6-20　制作木碗的工具

惹米村制作的木碗以传统式样为主，纹路和颜色会根据顾客喜好而稍作调整，以适应现代人审美的变化。村里木碗从业者相互间保持着流畅及时的信息沟通，如哪个时间段去哪个县区售卖木碗成品；是否一起外出采购原材料；哪个花色、纹路是时下更流行和被顾客喜爱的，以根据市场需求变化而改变木碗花纹、颜色或更新款式。在这种融洽的沟通氛围下，他们相互提携、共同成长。如今除传统木碗外，惹米村木碗制作者已开始制作倒水壶、马克杯、勺子等多元产品。

目前，惹米村木碗成品的主要销售方式是附近或周边木碗批发商入户订购，有的批发商会在批量订购时向木碗制作匠人提出所需木碗的具体款式要求。多数情况还是由木碗制作者根据市场需求决定木碗样式，木碗的形状及大小由制作者根据原材料的实际情况斟酌。每年为期 15 天的山南泽当物交会上，木碗制作艺人能够售出 300—400 件大小不等的木碗。其他购买者则主要是本村及邻近村民，以购买日常用的小碗居多。

（三）木碗制作技艺的传承

村里木碗制作匠师毕古认为他家的木碗制作技艺至少已传承了200多年。村里习俗是男孩一般从十三四岁起，跟随父辈学习木碗制作技艺。制作技艺多以子承父业的形式世代传承。

随着现代化教育水平逐渐提高，惹米村升学的孩子逐渐增多，加上城市化进程的加快，使木碗制作技艺传承受到影响和冲击。木碗制作匠师们表示首先尊重孩子的选择和意愿，尽管作为匠师觉得会木碗制作技术很自豪，但仍希望孩子多读书上学。孩子上大学，他们支持，尽管家庭可能会出现木碗制作技艺后继无人现象；孩子不上大学他们便会极力鼓励和劝说孩子学习木碗制作技艺。

惹米村有二十来位年轻人在本村木碗制作老匠师处学习木碗制作技艺。掌握木碗制作的时间长短主要取决于学徒个人悟性和接受能力的强弱。若每天勤练习、多钻研，6个月左右就能掌握木碗制作技艺的基本功底，有的学徒跟师傅学一年半光景就能掌握木碗制作技巧。想要技艺精湛，则必须经常不停地制作和揣摩，用心练习以提高木碗制作技巧。

图6-21　木碗匠人制作木碗

图6-22　木碗制作匠人的工作间

（四）木碗制作技艺的发展

2014年，为进一步保护和推广惹米村木碗传统技艺，发扬民族传统手工艺，同时更好地解决村内产业出路问题，惹米村在山南地区宣传部驻惹米村工作队的努力下，争取到扶助资金成立了合作社（工厂）——加查县惹米村木碗加工厂。在当地政府经费帮扶下，村委成立了木碗合作社专项工作组，一期投入项目资金 47 万元建盖厂房，二期投入资金 15 万元建盖厂房，购买木材、机器、设备等基础设施，目前厂里到位的机器共有 7 台。

木碗合作社所有产销、日常管理工作都由村委会成员负责。合作社内木碗制作匠人是从村内筛选出的优秀匠师，合作社接到订单后，负责人通知匠师来合作社制作木碗。木碗制作者在合作社按纯技术 200 元 / 天工费干活（管吃午饭），工钱一年结算一次。笔者在和木碗合作社专项工作组组长的谈话中得知，中老年匠人在木碗合作社的工作积极性和热忱度更高。工厂有需要，中老年匠师几乎随叫随到。年轻人的热情度则不是很高，不十分愿意学习木碗制作技艺，因为外出务工、开大货车等的收入更固定，他们更向往城市繁华喧嚣的生活，不愿留在农村学习传统手艺。

图 6–23　木碗半成品

图 6–24　惹米村合作社待售的木碗成品

目前，木碗合作社虽然已经起步，但需要进一步完善和解决的问题也不少。当下存在的主要问题是合作社资金短缺、规模及经营状况尚未步入正轨，并且林业局和环境保护局管控严格，珍贵的木材很难买到。现阶段木碗合作社基本以加查县境内的核桃树为主要原材料，经木碗合作社专项工作组讨论后初步决定后期会去林芝地区采购木材。资金问题亟须当地政府给予进一步支持和经费补助。我们相信在各方共同帮助下，通过木碗合作社能够更好地保护和发扬木碗制作技艺。

第三节　扎囊陶器制作技艺

“陶器是人类利用高温下的物理化学变化来改变自然物的一项杰出成就。这一成就不但改变了自然物的外部形态，更重要的是改变了自然物的本质。”[①]在整个人类文明进程中，陶器是最伟大的发明创造之一。对西藏的物质文明和精神文明而言，陶器的产生及进一步发展同样是西藏文明发展史上的重要组成部分。陶器既是藏族群众的日常生活实用器具，也是百姓家中最常见和极具观赏性的工艺装饰品。原始形态的陶器以其不同的功能和用途遍布于藏区各个家庭，以日居生活用品的形态继续流传和演绎着这一火与土烧炼的奇迹。随着社会生产方式、生活形式的变化，大量如塑料、玻璃、不锈钢等材质的现代化产品的相继出现，使西藏陶制品在功能上逐渐从实用性向工艺性转变，对西藏的传统产业带来了诸多影响。

一、杂玉村陶艺概述

杂玉村隶属于扎囊县扎塘镇，位于扎囊县东南部，距县城 11.5 公里，地理位置特殊，整个村庄建在半山腰处，地势呈东高西低，海拔约 3660 米。自然环境比较恶劣，具有明显的高原河谷气候，全年干旱少雨，紫外线极强，主要存在霜冻、冰雹等自然灾害。杂玉村截至 2014 年 8 月共有 83 户 369 人，其中男性 182 人、女性 187 人、劳动力 249 人。配有村兽医 1 名、农业技术人员 1 名，村卫生室配有村医 1 名。全村耕地总面积约 504 亩，牲畜约 1560 头（匹）。据 2013 年各项数据统计，该村该年总收入约 337 万元，人均年收入约 5300 元，其中现金人均年收入约 3200 元。[②]

杂玉村具有悠久的陶器制作史，西藏著名的杂玉制陶遗址就在该村内。杂玉制陶遗址分布范围较大，约有 25 万平方米，陶片俯拾皆是，被

---

① 文藏藏主编：《西藏的制陶》，人民邮电出版社 2015 年版，第 20 页。

② 参考杂玉村村委会 2014 年村况公告栏资料。

废弃的陶窑遗址也随处可见。杂玉陶艺出现的具体年代，尚无法考究，杂玉制陶作坊的陶器烧制技术和其内简单原始的制陶工具无疑可以从一个侧面反映西藏的制陶发展历史。杂玉陶器以其悠久的历史、优质的原材料、精细的做工、繁多的品种和广泛的应用而著名。杂玉陶器制作技艺于2009年入选西藏自治区级非物质文化遗产名录。

图6-25　杂玉陶器成品（1）

图6-26　杂玉陶器成品（2）

据村内制陶匠人讲述，制作杂玉陶器的陶土有两种：红土和白土（这两种陶土学名统称高岭土），红白土混合着用。这种高岭土属于含沙黏土，具有黏性好、不易开裂的特征。杂玉村背后的资布山和迪日资布山上红土储量丰富，黏性较高，是很好的制陶原料，为杂玉村成为赫赫有名的“陶村”创造了先决的优势条件。

尽管社会生活方式随着现代化的发展有了诸多变化，但在西藏人民的日常生活中，陶器仍占据着一席之地。随着历史发展，制陶技术的进步，杂玉陶器的器型、质地、纹饰等也随之有了一定变化，但仍采用原始的制陶、烧陶方法。

杂玉陶器均为手工制作，多数陶器以泥条盘筑法制成，小巧的器具则由制陶者直接用手捏成型，器表较粗糙，烧制火候不高。陶器的表面均经过打磨，并多在陶器的腹、颌、耳部以刻画纹、绳纹、锥刺纹、附加堆纹、锯齿纹、压印纹、弦纹、篦纹、蓝纹及抹刷纹等对陶器进行装饰，纹饰图案主要有方格、三角折线、菱形、贝形、连弧、圆圈及四方形纹等，造型异常丰富。

杂玉制陶作坊制作而成的传统陶器从功能性的角度，主要可分为宗教器皿和日常生活器皿两大类。“宗教器皿主要用于敬神、祭祀和陪葬。尤其是在早期藏族社会，陶器不仅用来装盛娱神酬神的供品，而且是一种财富和权力的象征。它一般都在重大的宗教仪式和活动中使用，其功能类似于中原内地古代夏、商、周时期的青铜器。”[①]此外，“日常生活陶器一般都不施彩，器型多样，手法灵活多变，民间味道浓烈，出现了组合陶器造型”[②]。除了特殊的宗教器皿外，杂玉村制作的日常生活器皿几乎囊括了藏族群众日居生活的方方面面：品种繁多且款式各异的陶缸、陶罐、陶壶、陶锅、陶酒坛、陶盆、陶香插、陶碗、陶花盆、陶酥油灯具、供孩童游玩的陶哨等，共有20多种。尤其是陶罐的器形大小根据实用功能各有不同，制作精致，可用作汲水、烧煮食物和储藏粮食等用途，从器形上分有小口垂腹罐、颈短唇罐、小口鼓腹罐、大口罐、长深腹罐、单耳罐、带流罐、双体兽形罐及带嘴罐等，形制繁多。

杂玉村的传统陶器制作技艺具有悠久的历史，杂玉陶器因其优质的原材料、精细的做工和广泛的用途而备受藏族群众的青睐，除了本县附近乡镇的居民前来购买外，还主要销往乃东、琼结、隆子、曲松等山南境内其他县区。

二、杂玉村陶器传统制作技艺

生活在雪域高原的藏族是一个对生活器皿十分讲究的民族。深受藏

① 熊文彬：《西藏艺术》，五洲传播出版社2002年版，第93页。

② 熊文彬：《西藏艺术》，五洲传播出版社2002年版，第96页。

族喜爱的杂玉陶器制作工序较复杂，一般而言，一件陶器成品的制造过程主要有三道大工序：首先选取黏性较高的红土，进行淘洗，去除杂质；其次加入适量的水和泥和成块状，放入模具制成陶坯；最后将成形的陶坯着色，放入陶窑中烧制。杂玉陶器的制作采用盘筑法慢轮技术和精细的“磨花工艺”（在陶器表面打磨光亮后，再磨出糙面做底纹，使保留下来的光面形成素雅的图案）。从美学“简约即是美”来看，这种无彩的装饰胜于有彩的，它不只是单纯的坯体表面处理，而是特殊的装饰工艺。

（一）杂玉陶器的制作工具

杂玉村制陶匠人们从古至今一直保留着传统的制作工具和处理陶土的方法。杂玉的制陶工具玲珑简朴，多为木制器具，主要有：拍打陶坯内壁的形如蘑菇状的石质（木质）工具；拍打陶器表层的木条5—7件（一般先用最厚的木条，随着器壁变薄再用较薄而轻的木条）；作刮削之用的刀片、木片、木制尖刀、条木及皮带；制作茶壶流水等模具的牛角；用于打磨陶坯的毛刷（牦牛毛和麻制的刷子）、砂纸、小圆木（磨平、磨光流口及小件器物内壁）；粉碎原料、和陶泥的自制石槌；制作如青稞酒瓮、火盆、酒壶、酥油灯等常用的形制简单、尺寸大小不等的模具。

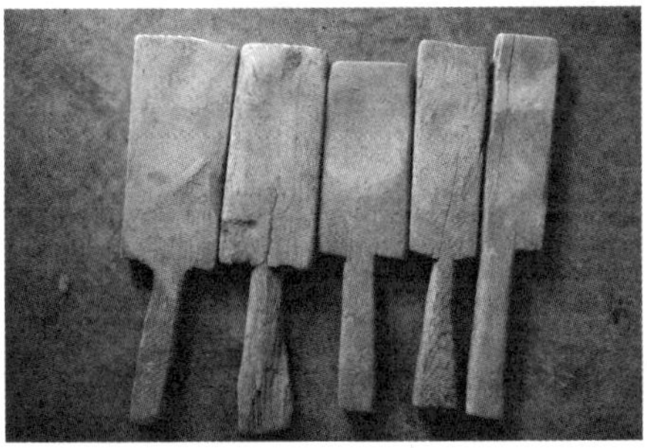

图6-27　制陶工具（1）

图6-28　制陶工具（2）

此外，制作陶器还需另一个必不可少的工具——连轴转盘。转盘由上、下两部分组成，上盘称为“定马”，乃一重30—40斤、直径约40厘米的圆形陶板，用于盛装陶泥，平滑的陶板上刻有同心圆或边沿处刻有一圈沟槽。下盘比上盘小2/3，被铁制圆细轴固定在椭圆石头或方形木块上，制陶匠人用脚拇指转动轮盘下盘，在被脚转动的转盘和制陶匠人双手的配合下陶坯逐渐成形。连轴转盘是一种较为原始的拉坯机，是最主要的制陶器工具，除了如藏香插座等部分小器件可用手捏制完成外，其他陶器的制作都需在连轴转盘上操作完成。

（二）杂玉陶器的制作过程

杂玉陶器的制作过程分为“挖土、和泥、制坯、打磨、施彩（视情况）、烧制等步骤。其中和泥及制坯成形是较为重要的环节”[①]。

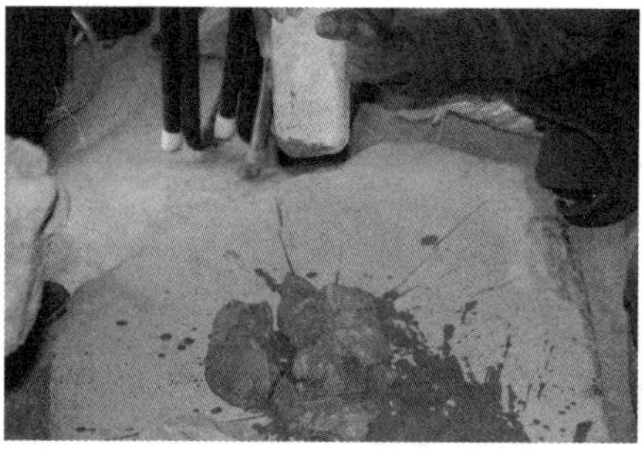

图 6-29　和泥

图 6- 30　在陶轮上制坯

图 6-31　制坯（1）

图 6-32　制坯（2）

1. 挖土

制陶匠与家人上杂玉村后背的资布山和迪日资布山上挖土，刚挖出的土掺杂有很多碎石、杂质。挖土者需要在山上用石锤砸碎大块硬土，用粗筛子将碎石、杂质筛出，进行一两次精筛后，将细土装袋背回村里备用。

① 扎呷：《西藏传统民族手工艺研究》，中国藏学出版社 2005 年版，第 173 页。

2. 和泥

首先将山土风干、砸碎后，再次精细筛滤掉陶土中的杂质，然后按比例掺入一定量的石英粗沙或云母矿砂，和少量水，制成陶泥。将陶泥倒在平坦光滑的大石上，用圆润的大石头不停地将其中的粗土敲打成粉末状，手脚并用捏踩泥团，待陶土与水逐渐混合均匀后揉成大小不等的泥团，放置于阴凉地方腐熟几天。晾置腐熟泥团的环节不可缺少，经过腐熟后的泥团制作而成的陶器坚硬且牢固。

3. 制坯

“制陶坯的主要工序有：拍器底、安器壁、安口沿和器柄，其间还要进行打磨抛光，最后在不同部位雕上花纹。”① 整个制坯过程需要双手和谐配合，各种大小不等的工具穿插使用，灵活多样的各种手法交替进行。

制陶匠人在制作陶器时，一般采用模型法、盘筑法、陶板法、捏塑法、手拉坯法等，多以盘筑法手捏拍打陶泥，或用陶制器具为内模拍打成形后脱模镶底为主。整个制作过程中，匠人脚拇趾游刃有余或快或慢地转动轮盘转轴，陶板面上的双手花样百出地制作着陶坯或用毛刷打磨陶器。制作陶坯时，首先将揉搓均匀的泥团套在放于陶板正中的陶器模具上，手脚并用地边滚动转轴边用木拍不停拍打模具上的陶泥，泥团逐渐厚薄均匀地包裹在整个模具外围，稍晾 2—3 分钟以使陶泥蒸发些许水分并定形，确保取模具时陶坯不变形散架。模具取出后翻转陶坯，由原来的底座朝上改为陶器口朝上放于上陶板，制陶匠人一只手用一个蘑菇状的木块从内部拍打陶坯，另一只手在陶坯外部用长条木配合拍打陶坯内部。陶坯随着内外的交替拍打不断向上延伸，陶坯壁由厚薄不均逐渐变得薄而均匀，呈现出陶器的初步轮廓。陶坯成形后，用软皮、布条湿水抹光内外器壁及口沿，用木条刻画图案，一件陶器泥坯便制成。

4. 打磨

已初步成形的陶坯需放置于地窖或墙角以待陶坯自然阴干，陶坯阴干

---

① 陈丹：《雪域天工》，中国藏学出版社 2010 年版，第 51 页。

至约八成拿起不变形时再将其搬至室外风干。制陶匠人特别强调陶坯不可暴晒，否则陶坯会开裂。非雨季时节，陶坯一般三天即可风干。风干后的陶坯需用软皮布或专业粗砂纸进行内外壁去杂质的打磨工序，同时磨平陶坯底部的粗糙不平之处。

5. 烧制

“陶器的烧成是制陶成品的最后一个重要的环节，把握好火候是保证陶器外观色质的关键。”① 烧陶时的火候掌控直接影响着陶器表面颜色的饱和度和均匀度。如果烧陶过程中出现氧化不充分的情况，烧制出的陶器成品表面会呈现大小不等的青灰色或黑色的斑块，情况更严重的甚至会导致陶器在烧制过程中变形而成为废品。杂玉村同西藏其他著名的制陶村一样，远离林区，无法以柴为燃料。烧制陶器时，以堆烧工艺为主，以经过多年盘结腐殖化的草皮或以麦草混合羊粪、牛粪等作为烧制陶器的燃料。草皮是整块从草根至草的末梢连带供其养分的泥土一起连根铲下，再分割成大小不等的草皮块晾晒干后使用。为了烧制陶器，村寨四周大片草皮被挖走，草皮的生长供不上使用的步伐，日积月累，草场严重退化，泥沙暴露，风沙肆虐，十几年甚至几十年草皮不复生长。现在当地政府明文规定禁止挖掘草皮。杂玉近些年开始以纸箱、麦草或秸秆等作为草皮燃料的替代品。

“陶窑既是衡量制陶工艺技术的一个重要标志，也是提高火候温度和节省燃料的重要手段，但西藏各地制陶点的陶窑至今仍延续古老的露天烧成法。”② 西藏有各式各样的露天窑，如平台露天窑、平地露天窑、墙角窑、竖穴窑等。目前，杂玉尚无专门烧制陶器的陶窑，制作好的成品陶坯需烧制时，一般使用平地露天窑。窑的选址多在村内较为宽阔、平坦的地方，垒砌一圈石头，在平地先铺垫一层草皮或牛粪后再将陶坯放置其上，最下层放置小号陶坯，大罐套小罐，大件陶坯依次扣放于小陶坯上，相互间留出一定空隙，各陶坯空隙间填塞草皮或牛粪，使火苗能穿透其中。四周窑

① 扎呷：《西藏传统民族手工艺研究》，中国藏学出版社 2005 年版，第 176 页。

② 扎呷：《西藏传统民族手工艺研究》，中国藏学出版社 2005 年版，第 176 页。

壁及陶坯顶部用牛粪覆盖，外加纸箱、麦草或秸秆捂严以保证火候和温度，用草根点火引燃，借自然风助燃，经过十多个小时燃烧，燃料化为灰烬，陶坯烧结变为陶器。通常从中午12点开始点火，一直烧到天黑方才停火，翌日早晨出窑。

陶坯烧制完成后的开窑时间通常在翌日早上八九点，此时西藏的晨阳尚未露出山脊。制陶匠人弄开灰烬，里面的陶罐始露芳容，陶坯由原来的土黄色变成陶器的红褐色，泥幻化成陶，完成了火与土的熔炼艺术，成为一件具有实用功能的工艺品。烧制了十来个小时的陶器在空气里晾晾，热陶罐和冷空气相遇，在热胀冷缩的作用下，能听到些许细微的噼里啪啦声。约十来分钟后，陶器从原来的高温降低到人可触及的温度，制陶者戴上防烫的棉手套开始小心翼翼地从窑里取出陶器成品。在取陶器时，即可知烧制成功与否，即使出自同一手工艺人之手、烧制于同一炉窑，烧制出来的陶器颜色仍有差别。因为烧陶采用就地堆烧的原始烧制方式，烧制温度低且火力不均，使各陶坯或某个陶坯的各个面受热不均，导致部分制品或夹生或过火。此外，风亦会影响陶器的受热温度而造成色差。温度高的地方烧制出来呈红色，受热不均温度低的地方则呈青灰色。

三、杂玉陶器制作技艺的传承及发展现状

杂玉民间手工制陶业受该村地理环境及经济发展等因素的制约，陶器制作技艺的分布和流传范围主要局限在杂玉村内，由本村村民世代传承并发展这一传统制陶技艺。

（一）风雨飘摇的技艺传承

据杂玉陶器制作技艺的老艺人丹增朗杰称，早在赞普赤松德赞时期，扎囊县杂玉村的民间传统手工制陶业就已初具规模，距今已有一千多年历史。杂玉陶器在西藏曾普遍受到广大藏族群众的喜爱，在杂玉陶器最辉煌鼎盛的时期，整个杂玉村几乎每家每户都从事陶器制作业。现如今人们生活水平不断提高，各种现代化的科技产品及银、铁、钢、铜器生活日用品

的大量涌入，传统陶器作为日居生活用品在人们的日常生活中逐渐萎缩。杂玉的制陶匠人平时以种地为主，仅在农闲时才制作陶器，村内没有以陶为生的职业制陶人。在现代化产品的冲击下，高成本低收益的手工制陶已失去其原有优势，出于生计考虑，很多制陶匠人因经济利益关系而放弃制陶，选择外出务工补贴家用。如今的杂玉村，40 岁以下的制陶者屈指可数，多为 50—70 岁甚至 70 岁以上的老者仍坚守这门传统手工技艺。整个杂玉村陶器制作熟练的艺人不到 20 个。村里制陶技术最娴熟精湛的传承人是 75 岁的丹增朗杰老人，他从小跟随村里的老艺人学习陶器制作工艺。在杂玉村的人看来，现年 56 岁的米玛和村里最年轻的传承人、现年 44 岁的阿乃次仁是杂玉陶器制作的中流砥柱。阿乃次仁也是杂玉村村委会副主任兼党支部书记。村里 20—40 岁这个群体的人很少愿意主动学习和从事陶艺制作工艺，觉得制陶又脏又累，且收入很少，不能满足家庭生活支出，大都选择外出务工赚钱。

阿乃次仁在访谈中提及陶艺传承的问题，以无限悲凉和惋惜的口吻表示，以前村里称为“年轻传承人”的一定是十几岁、二十岁的后生，而现在的境况是，已 44 岁的他居然是村里最年轻的传承人，这种现状让陶艺者倍感惋惜和焦虑，担心制陶技艺在他们这代人手上传承不下去。此外，以农业经济为主的生产模式长期制约着制陶业的进步和发展，缺少专业、精细化的陶艺生产体系，制成陶器的质和量都难以提高。制陶匠人对目前的整个陶器行业前景茫然，不知道留给传统手工器的市场容量到底还有多大。再者，西藏本身地处我国西南边陲，交通不便，与内地和相邻各省区之间物质文化交流较少，尤其是杂玉这类一直以务农为主的典型小村寨更是长时间处于半封闭状态，村民生活思维方式及眼界都相对保守，不知该如何改进提高陶器质量以适应市场发生的变化。

（二）举步维艰的发展之路

鲜有年轻人愿意学习这门古老而传统的制陶技艺，继承人越来越少，杂玉制陶技艺濒临失传的尴尬境地。在争取国家、地方、社会各方资金，保护传统陶器工艺方面，扎囊县政府做了不少努力，拨专款修建了专门用于制陶的房子，使村内制陶匠人有集中制陶的地方。有了集中的场地，制陶匠人们不再限于农闲时间，一年四季谁有空闲都能来陶房制作陶器。在村委会的呼吁和动员下，阿乃次仁等村委会干部联合村内技艺精湛的制陶匠人和学成出师的新一代制陶传承人，开办了杂玉村陶器合作社以发扬和推广杂玉传统陶器，发挥村内及县上各自优势，力图使传统制陶技艺走进文化产业，试图打造藏民族特色的传统手工艺品牌，使这一独具特色的民族手工技艺得到继承与发展。

为了继续将杂玉村历代的“传世之宝”——制陶传统手工技艺在下一代人手中传承下去、保护杂玉这独特且宝贵的文化资源，阿乃次仁带领杂玉村委和在世的几位制陶老艺人在村活动室开班招收年轻人学习陶器制作手艺。村内各个年龄层次参加第一期陶器制作技艺学习班的人近 20 人。阿乃次仁表示，陶器制作技艺学习班会继续坚持下去。

目前，杂玉村制陶人在保留传统陶器样式的基础上进行设计创新，生产制作观赏性强的工艺品，并保留制作宗教器皿和生活用品。尤其是依照传统样式等制作的比例缩小的小茶炉、青稞酒壶等各种彰显藏族传统生活特色的摆件是现代手工陶器的典型产品，既保留了藏民族传统文化特点，又融入现代审美元素，为传统手工陶器注入了活力。新理念与传统手工技艺的有机结合，使传统手工陶器更贴近社会发展，满足了现代人的更高生活需求，杂玉的传统手工制陶业逐渐显现出新的生机和活力，并在经济效益上有了进一步发展的潜力。

笔者于 2015 年 8 月再次对扎囊县杂玉村进行回访，据驻村第一书记罗布介绍，阿乃次仁随一名在藏生活的甘肃回族人去兰州考察其家乡的窑炉烧制技术。从甘肃回来后，村委会及村民代表听取了二人的详细汇报并商议决定，聘请这位甘肃回族人建造一座窑炉。建造窑炉共计花费约 6 万元，由扎囊县划拨的陶器专项扶持款支出。窑炉场址选在村委会旁边较为开阔平坦的空地上，建成的窑炉仍较为简陋。村委会计划在现在的基础上进一步搭建一个防水雨棚，修铺水泥地面，设置成品展示架。如果政府的扶持力度和资金到位，杂玉村将在扎囊县城开设一个杂玉陶器展示销售店。

图 6-33　新建的窑炉

在 2015 年 8 月 15 日至 20 日期间，笔者一行参加西藏山南雅砻文化节，杂玉村村委会副主任正带着杂玉陶器成品在雅砻文化节“扎囊县杂玉陶器制作技艺”专卖摊位上售卖陶器成品。他介绍道，经过重新设计定位后的杂玉陶器在雅砻文化节上非常畅销，尤其是各种按照比例缩小的青稞酒壶、小茶炉套件及造型漂亮的陶桶等被参加文化节的藏族及其他民族的游客抢购一空。短短两三天时间，销售额就已有 3000 多元。由于对销售的估计不足，制作的陶器成品件数不多，此次展销的陶器无法满足游客的购买需求。原本 5 天的山南特产展销时间，杂玉陶器在第 3 天就已经几乎卖完，他准备第 4 天就收拾行囊返程，并称回村后会将在文化节上收集到的顾客反馈信息整合，进一步加大生产量和改进产品设计，以符合市场需要。

图 6-34　2015 年山南雅砻文化节杂玉陶器制作技艺展销的工艺品

图 6-35　2015 年雅砻文化节杂玉陶器展销架

图 6-36　周毓华（右一）、杨娅（左二）同杂玉村村委会副主任（右二）等人（赤列班觉摄）

以绵延不绝的生命力流传至今的扎囊县杂玉陶器传统制作技艺在山南乃至整个藏区的民族文化、民众日常生活中仍扮演着重要角色。“少数民族陶器造型风格的形成，与自然、社会、生活环境相关联。相对独立的地区性民族文化，决定了其成员在审美意识方面都具有比较一致的心理认同，因此陶器的造型表现出独特的民族风格。”[①] 杂玉陶器种类繁多、样式独特又独具浓郁的地域文化特点，展现了藏族生活特色及民族风格。为了更好地继承和发展这一古老的传统制陶技艺，应使其逐步融入现代文化产业领域，走向旅游工艺品市场。首先应该是保护、传承，继而才是利用、发展。技术方面，应从内地引进先进的制陶工艺，对制陶艺人进行专业培训；产品开发方面，除满足藏族群众的生活器皿需求之外，可面向游客把西藏传统手工陶器作为民族特色旅游工艺品推向市场，带动经济效益并使民间制陶走向文化殿堂。再者，政府、媒体、商界乃至传统手工从业者应发挥各自优势，让西藏传统手工制陶这一古老的民间传统技艺继续传承并绽放异彩。

① 欧阳昱伶：《少数民族陶器的形态语言》，《中国陶瓷》2009 年第 3 期。

第四节　加查石锅制作技艺

无论是人口相对稠密的城镇，还是人迹稀少的乡村、草原，只要是有人居住的地方无不闪耀着藏族传统文化的灵光。各种日居生活中的传统技艺无不包含着西藏悠久的历史渊源和民俗文化，以物质为载体的传统技艺无声地讲述着西藏藏族的过去与现在。

西藏石锅历史久远，早在远古时期，藏族先民已有使用石锅作为炊具的传统。石锅不仅彰显了藏族超高的制作技艺和独特的审美情趣，还承载着发扬西藏传统饮食养生文化的精神内涵。

一、加查石锅传统制作技艺

随着经济现代化进程的加快，外来物品越来越多地涌入西藏各个村落，但传统生活方式也仍在努力延续着。就笔者调研走访地——山南市加查县安饶镇索囊村而言，村民们用大小不等的石锅盛水、烧水、煮饭等，满足各种日常生活之需。产于索囊村的加查石锅是藏族民间传统手工艺产品，是几乎所有加查藏族群众每家每户必备的生活用具，是整个藏区，甚至区外都享有盛名的民间传统炊具。加查石锅传统制作技艺已经列入西藏自治区级非物质文化遗产名录。

图 6-37　加查县索囊村石锅加工合作社劳务品牌挂牌仪式

（一）石锅原材料

加查石锅产地——加查县安饶镇索囊村，位于西藏自治区南部，隶属于山南市加查县安绕镇，位于加查县西北部，距县城约5公里，是安绕镇唯一的纯牧村。截至2014年7月，索囊村共有83户。全村现有188人，75户（按户口本计算），实际户数只有60来户。全村草场面积154387亩，林地少许，牲畜存栏3284头（由于高海拔区野生动物较多，野外环境不利用小畜生长，村里牲畜都是大畜，没有绵羊之类的小畜），一年放牧转场几次，一般在一个放牧场地放牧一个多月之后需将牲畜转至其他牧场放养。据2014年统计，人均年收入约7000多元，主要收入来源是采挖虫草及牧业收入。索囊村很多年轻小伙同农区年轻姑娘结婚，以姻亲和纽带关系为媒介互换互利保障彼此粮食和肉类等方面的基础生活供给。冬闲之时，村民举家安住在安绕镇附近的半农半牧或纯农的村地，根据各家经济条件的宽裕程度建造大小不同的房屋，悠闲过冬。①

石锅原材料产于加查县与桑日县交界处安绕镇索那沟内海拔5000米以上的莫雄雄山，在陡峭的悬崖顶上有一种质地软绵、色泽为灰褐色的皂石，即是制作石锅的原材料。此种石头常年被山顶的冰雪覆盖，每年仅于5月至8月积雪融化期才能采集。这种皂石天然、稀有，因山高路险、地势险恶、交通不便，每年可采集的数量有限，成本高昂。用这种皂石制作而成的石锅“具有不粘锅、泡子少、不变色等优点。传热慢，但散热也相当慢，可以炖出美味可口的饭菜。而且在高温作用下，石锅中的微量元素会逐渐分解于汤中，给美味的菜肴和鲜汤增添了许多对人体有益的微量元素”②。

（二）石锅的制作过程

1. 石锅石材的采集

石锅制作工序要求严谨精细。因山高路险、地势险恶、交通不便等原

---

① 参考索囊村村委会2014年村况公告栏资料。

② 黄爱玲、吕暾：《西藏墨脱石锅饮食应用价值研究》，《福州大学学报》（自然科学版）2011年第4期。

因，工匠们需在莫雄雄山的石料采集地进行粗加工。先用粗大的石锤和锥子等工具将石料从山体上剥离，然后将大石块化整为零，分割成中等石块。如果该趟采石时间充裕、人手足够的话，工匠们便将石块搬运到他们在莫雄雄山上的临时驻扎地进行二次粗加工，用锤子凿出大小不等的石锅雏形，去掉多余边料以减轻返程的载重重量。匠人们处理好石料后，肩挑背扛地将石料运送至索那沟山脚底，再用马匹驮运约一天时间返回村里进行后期的精细加工。然而，由于莫雄雄山的雪融期为5—8月，这也是西藏的雨季，因此经常出现山体滑坡和泥石流等自然灾害。为保证人畜安全，大多数时候，匠人们只能将大小不等的毛坯石料直接运回村里，再进行后期加工。

图 6-38　从山上采回的石料

石锅的石材采集相当耗费人力物力。笔者一行在索囊村对石锅制作匠人们进行访谈时，村支部书记达瓦次仁解释道："山上经年累月为冰川和积雪覆盖，唯有夏天才融化。上山采集石材的均是村里年轻且身强力壮的小伙子。西藏海拔高，尽管西藏人习惯高海拔的生存条件，但多数人上到5000—6000米空气稀薄、积雪深厚的山顶时，仍会有高原反应，这样就根本没有力气干采集石材这样繁重的体力活了。在山顶采集石材的时间长短决定于天气状况，天气晴朗的话，采集的时间长些，若碰上雨雪天气，便没法开工了。今年上山采石材村里去了34人，这些人在山顶四五天采集了400—500斤的石头。前两年尝试过带发电机上山，用机器代替人工采集，但比较下来发现，机器干活的效率也一般，在山顶使用机器反而不方便，后来决定还是继续人工采集。”①

2. 石锅石材的加工

石材被粗加工成大小不等的毛坯石料运送回村里后，工匠们先根据石块的整体轮廓用凿子去掉其外圈的毛料，根据石块的大小和特点进一步凿出石锅的基本轮廓及把手（俗称“锅耳朵”）。然后用刨子从石块的顶部开始挖刨，由外而内，一点一点刨凿去多余的石料。一个技艺纯熟的匠师刨凿一个中号石锅的雏形约需两个半小时。接着，用斧子对石锅雏形的外壁及内胆进行进一步的加工，将刨凿的凿痕削平，使锅壁厚薄匀称、锅底光滑平稳，再用粗砂纸打磨，使石锅内外壁光滑圆润。然后开始凿刻纹理，先用铅笔在石锅外壁勾画出所需的造型图案，再用细钢条、扁尖钢条沿着图案纹路进行凿刻。最后进行查漏补缺，匠人仔细检查并修复石锅成品的每一处细节。

图6-39　石锅半成品

① 根据2014年7月28日笔者和丹增央金、米玛拉姆于西藏山南地区加查县安饶镇索囊村访谈第一村支部书记达瓦次仁（男，36岁）的记录整理而成。

石锅为人力手工打凿，需要匠人们具备娴熟的技巧。工匠们下刀时的力道极为重要，最终的石锅成品要求锅壁薄而均匀，全凭工匠的耐心细致及对手劲儿、力道的拿捏把握。在石锅制作中，细凿、细磨过程要求划线准确、打磨精细，使石锅锅壁厚薄匀称、锅底平稳；凿刻纹理过程要求精雕细琢，使石锅纹理有条不乱、美观大方；风干过程要求温度、湿度适宜，一般将成品石锅放置在阴凉干燥的环境中进行风干。熟练的工匠加工制作一个中小号石锅成品需一天时间，大号石锅则需一天半至两天。

（三）石锅的种类

石锅款式多样、用途广泛。常见的种类有：藏药厂或藏医院批量订购的用以熬制藏药的大号带盖密封式石锅，通体圆润、双耳、肚大体高、底部较小，整体形状像个大水桶；用于煮饭烧菜的石锅，上端带两个手抓把（长约 20 厘米），口小肚大（内径约 30 厘米）、带盖，像个小高压锅；用于煮婴儿粥的小石锅，呈扁圆形，内径最宽约 10 厘米，留有方便端握的长手柄；盛水用的，像陶罐、水缸大小的双耳大肚锅；用于煮“土巴”（面疙瘩）、煲汤等的“多括”，双耳、口小肚大；等等。这些款式和功能各不相同的石锅满足了不同人群的需求。

二、西藏石锅的养生功能

饮食是有机体吸收营养的重要源泉，人体从各种各样的饮食中吸收身体需要的多种物质精华，维持机体生长发育、正常运行等生命活动。饮食养生是自我保健、养生益寿极其重要的一环。“由于青藏高原特殊的自然环境，与平原温暖地域不大相同，饮食结构和饮食习惯不同，所以还要注意因时因地调节饮食。”[①]

尽管铁锅、铜锅、铝锅及高压锅等现代化厨具已大量进入村寨的每家每户，然而保温和保鲜性能都优于金属锅具的传统石锅仍为大部分藏族人

① 王智森等编著：《中医藏医美容养生》，中国藏学出版社 2008 年版，第 351 页。

家必不可少的当家炊具之一。石锅之所以一直长盛不衰，备受老百姓的青睐追捧，和其所独具的养生保健功能不无关系。

微量元素，乃“按照化学元素在机体内的含量多少，可分为常量元素或宏量元素（major element, macro-element）及微量元素（trace element, micro-element）。通常将含量小于体重0.01%，每人每日需要量在100毫克以下的元素，包括常量元素以外的其他各种元素，仅占人体元素总量0.05%的为微量元素”。在众多的微量元素种类中，“那些具有明显营养作用及生理功能，对维持机体生长发育、生命活动及繁衍等必不可少的元素。到目前为止，得到公认的对人和哺乳动物必需的微量元素有14种，它们是铁、铜、锌、锰、铬、钼、钴、钒、镍、锡、氟、碘、硒、硅”。

福州大学生物科学与工程学院的研究人员对墨脱石锅原材料的化学成分进行了分析。结果表明，“墨脱石锅的矿物组成在常温常压下是氧化物和氢氧化物的混合物，其主要的化学组成是SiO_2、Al_2O_3、Fe_2O_3、MgO，此外，还含有Na_2O、K_2O、CaO、Cr_2O_3等，其含量对石头的理化性质、工艺性能影响较大”。

石锅的主要化学组成中除了Al，其他Si、Mg、Fe、Al、Na、Ca、S、Mn、K、O等均为生命活动及繁衍过程中必需的微量元素。因而可知，用石锅作为烹饪炊具能对人体生长发育的健康体能和养生保健具有明显的益处。

藏族群众历来偏爱使用石锅烹食，布达拉宫至今仍保存着据传是松赞干布使用过的石锅，旧西藏的高级僧侣和贵族每个人都有其专用的石锅。石锅能够均匀而持久地传递热量，皂石中富含的矿物质元素在高温作用下溶解在汤中，使汤汁富有营养。石锅还具备使食材速熟的特点，能够使食材更加酥烂且营养不被破坏。闻名海内外的藏药七十二味珍珠丸必须使用石锅熬制加工，方能达到预期疗效。作为炊具的石锅主要用于炒、炖、煮、熬等烹饪方式，经过石锅熬制的汤汁香浓醇厚、后味持久。石锅具有很好的保温性和保鲜性，制作而成的食物成品在石锅中放置一两天后仍鲜美可口。用石锅熬制的西藏土鸡等各种食品营养丰富、香味扑鼻，如现今普遍流传甚广且被食客极为称赞的石锅鱼、石锅鸡、石锅老豆腐、石锅牛肉汤等乃石锅较为广泛的烹饪使用方式，素雅的外观却使食物有着软嫩鲜纯的口感。

石锅上炉灶前，需先用煮化的酥油或牛羊油均匀地涂抹石锅内外壁数次，使油脂充分渗透进石锅，在油脂的滋养下，石锅的颜色渐渐由浅变深。第一次用石锅煮食物时，首选牛骨，熬煮的时间要长，使牛骨油汁如涂抹酥油一样的充分渗透石锅，然后可根据需求，烹饪各种美食佳肴。

石锅的烹饪方式多种多样，用石锅加工食物烹饪饭菜，另一最大特点就是菜肴的味道口感“鲜美”。“鲜”是中餐中最为平常又最为玄妙的境界，它既在酸甜苦辣咸之中，又超越五味。以闻名遐迩的石锅鸡、石锅老豆腐及石锅牛肉汤为例，呈现石锅作为炊具的烹饪加工方式。

1. 石锅鸡

凡去过或生活在西藏的人，几乎无不对西藏石锅鸡赞不绝口。石锅鸡的主要原料为西藏散养的土鸡、手掌参、蘑菇，配上葱、姜、蒜、八角、花椒等配料，油至八成热时，将剁小的鸡块倒入炒锅内快炒成金灿灿的颜色后出锅。再架上一口大号石锅，倒入原本熬制好的半锅高汤，加入炒制过的鸡块及葱、姜、蒜、八角、花椒等炖料，再依次加入手掌参、蘑菇等名贵的滋补食物，用大火将石锅煮沸腾后，将新鲜的松茸等容易煮熟的营养食物轻轻地下锅，浮在汤面，用文火慢炖一两个小时。时间在溢出的香气中游走，慢慢地松茸及手掌参等特有的鲜香味伴着鸡汤香味升腾出来，美味从嗅觉上开始呼之欲出。撒上葱末或香菜，一道味道鲜美、营养丰富、补血益气、滋阴润肺、老少皆宜的石锅鸡便色鲜味美地出炉。

2. 石锅牛肉汤

石锅牛肉汤是一道即传统又现代的深受人们喜爱的一道美味佳肴。主要原料为牛肉、西红柿、卷心菜和少许山楂，配以大葱、姜、蒜、大料、花椒、胡椒及香菜、小葱等辅料。制作过程中，首先把牛肉放进锅内加入凉水，旺火煮约 5 分钟后去除浮沫，将牛肉捞出稍凉后用冷水冲洗干净，切成小块放入石锅；加入适量山楂以去除牛肉膻味并使肉熟得快，根据个人口味放葱段、料酒、姜片、花椒、胡椒及大料等调料，加入略没过牛肉的凉水，扣上石锅锅盖，旺火煮沸后改文火炖一个小时左右；牛肉完全熟烂之后，加入西红柿块及少许卷心菜块，盖上锅盖，继续炖煮 20—30 分钟至牛肉汁同西红柿汁和卷心菜等相互完全融合渗透后加盐调味，撒上葱花及香菜末即可，味道鲜美的石锅牛肉汤即出锅。

3. 石锅老豆腐

石锅老豆腐因其独特的味道受到人们的追捧和喜爱。石锅老豆腐的最大特点就是豆腐无须经过油炸处理也能在烹饪过程中不碎且入味。如果将豆腐在下锅前卤一下，则口感和香味瞬间爆棚提升，是美味下饭菜。石锅老豆腐以老豆腐、五花肉或香肠、大白菜、香菇、木耳为主要原料，同样配葱、姜、蒜、小米椒等为辅料。首先将豆腐切成方片，五花肉或香肠为薄片，大白菜撕碎待用；石锅烧热后，倒油入锅至油成八分热时，放五花肉或香肠翻炒煎制；煎至肉出油或些许卷曲状态时，放白菜及泡发的香菇、木耳继续翻炒，加入葱、姜、蒜及酱油、蚝油等调味品炒出香味；下豆腐块，注入开水没过豆腐及食材，加盖旺火煮沸后，继续文火煮约 30 分钟至汁水剩少半，所有食材味道相互渗透融合、熟透后撒盐轻轻翻匀，浇上薄芡，加入葱花即大功告成。

由于石锅含有丰富的矿物质和人体生长发育所需的微量元素，在烧菜、炖肉、煲汤的过程中，将石锅本身的矿物质和微量元素充分稀释溶解，文火慢炖细煨将石锅的微量元素分解并逐渐分解渗透于菜肴中，因而烧制出来的饭菜香味浓郁、味道鲜美、健康营养。此外，石锅具有导热慢、散热慢的特性，短时间内食物不易变凉，用石锅盛装的食物保温效果俱佳，用石锅烹饪制作的饮食不仅味道独特、原汁原味，更独具养生保健功能。

饮食的重要性，不言而喻。营养不足引发疾病，营养过剩而导致身体衰竭皆为众人熟知。我国有着悠久的食疗养生历史，在藏族传统的养生观念中，适当的饮食调养能补益精气甚至可达调治疾病的目的。加查石锅的特殊制作技艺及其本身所含有的诸多身体必需的微量元素在烹饪煮食过程中与食物性能的充分融合渗透，在食性、食气、食味等方面皆可谓一枝独秀。随着各族人民生活水平的日渐提高和民众对健康养生意识的回归，不仅藏族，其他民族和地区的人也把石锅推崇为最佳烹饪炊具之一。

第五节　山南藏族传统技艺的社会功能

山南地区拥有无数炉火纯青的传统技艺，这些有着精湛技艺的藏族工匠用灵巧的双手创造出了独具特色的藏族手工艺品。山南藏族传统技艺在一代又一代的传承者中既满足了群众物质生活需要和精神需要，又通过民族工艺品完美呈现了山南藏族的民族特点。

一、满足群众的物质生活需求

传统技艺类的非物质文化遗产，是人们在长期的生产生活实践中发明、积累和传承下来的，具有丰富的历史、科技、实用价值。山南藏族民族手工艺品一般以天然原材料为主，有较完整的工艺流程，采用传统的手工技艺制作生产而成。

“民众物质生活和精神生活的需要，是民间美术品产生的根本动因。人们的物质劳动和精神劳动，创造出众多精美的民间美术品。”[①] 衣、食、住、行是群众最基本的生活需要，人们从事生产劳动的首要目的是解决维持个体和种族生存的物质需要。

传统技艺类非物质文化遗产之所以能够流传至今，是因为其与群众的生活密切相连，是人们在生产生活实践中创造并延续下来的。众多民间传统手工艺品，手工艺者制作它们的初衷是为了满足人们物质生活的需要。事实上，生产性保护在非遗保护类别中，特别是在传统技艺类遗产保护中

① 钟敬文主编：《民俗学概论》，上海文艺出版社 1998 年版，第 358 页。

大都存在，市场的需求是起决定作用的。① 藏族群众饮食起居所需要的陶罐、石锅、木碗，交通运输所需要的担、船，以及邦典、氆氇、纸等日常生活所需的种种物资，无不有传统手工艺的身影存在。随着生产力水平的提高和人类社会的发展，手工艺门类越来越齐全，遍布大街小巷的家庭手工业，满足了民间生活所需。传统技艺是顺应生活的各个环节由低到高、由简至繁，由最初满足人们简单的生活需要到后来满足人们的物质需求和审美追求，在与自然、社会的互动过程中不断调整、完善和发展。源于生活，满足人们不断变化的物质生活需求和精神生活追求是传统技艺不竭的动力。

二、调适群众的审美价值和精神需要

任何一种非物质文化遗产，其产生与发展都植根于一个地方的传统文化中，体现一个地区的文化特质与审美价值。特别是传统技艺类的非物质文化遗产地域特色最为明显，如前文所述的色彩艳丽的杰德秀邦典、纹路独特的泽当毛哔叽、形制古朴的扎囊陶器等，均体现出浓郁的山南特色，是山南藏族文化的直接体现。山南民间传统手工艺者大多数没有接受过学校的专门训练，技艺多以家族或个体口耳相传的方式沿袭传承，使用较简单的工具和材料进行创作，既受传统程式规范的影响，也包含制作者个人艺术创造的发挥。正是这种非专业的、朴素的性质，山南民间传统工艺品更呈现出生活气息中的稚拙艺术气息。人们在日常生活中使用这些传统技艺物品，能在内心深处引起群众的审美性共鸣和情感归属。

传统技艺以手工劳动为主，这种以个体手工为创造主体的独特制作方式势必为人类文化再度接纳和进一步发光。以“手”的人性力量进行再度创造完成的每一件产品都具有独一无二的特点，即使是出于同一人之手，同样款式的产品之间都有着或大或小的差异。手工产品的这种唯一性，能

① 朱以青：《传统技艺的生产保护与生活传承》，《民俗研究》2015 年第 1 期。

在单向度的现代文明结构和价值取向中，以“感性”的独特审美，点亮工业文明中自动化生产不能自我照亮的投影暗区。恢复“物我关系”的平衡与和谐，调适人们的精神愉悦和个性需求。

事实上，随着我国非物质文化遗产保护运动的蓬勃发展以及民族传统文化被提升到体现国家软实力的战略地位高度，质朴的传统手工技艺逐渐开始成为现代艺术潮流中备受瞩目的一支力量。现实中，包括陶艺、木艺、民族服饰等种类在内的传统技艺正努力为生活在现代工业文明暗区的现代人送上一份切实的人文关怀，在调适人们多样化精神需求、促进群众身心和谐发展、补偿人生价值缺失方面发挥着积极的作用。[①]

三、彰显与传承民族传统文化

“一方人养育一方特有的民间文化，形成特定的文化氛围。这种文化氛围就像空气与水一样滋养着人们的日常生活，影响着大众的社会心态，决定了人们的家乡情怀。”[②] 文化生态学者认为，像生物界一样，每种文化都类同于生物的基因，都具有鲜活的生命，不同文化之间构成不同的文化圈、文化链，相互影响、相互渗透，相互联系、相互依赖，构成民族文化体系，显示本民族的文化特质和民族品格。[③] 民族文化的延续有益于一个民族乃至整个人类文明的稳定与发展。

手工技艺类的非物质文化遗产是山南藏族社会里人们日常生活中的重要组成部分。传统技艺是群众在生产中创造发明的，与人们的生产生活融为一体，山南藏族传统技艺和藏族群众共处一个文化生态系统内，是联动共生不分彼此的关系。山南藏族传统手工艺的材质、工艺、式样、形制等

① 吕品田：《动手有功——文化哲学视野中的手工劳动》，重庆大学出版社 2014 年版，第 179 页。

② 陈万顺：《浅谈非物质文化遗产保护的现实意义》，载北京市文化局社文处、北京群众艺术馆、北京市西城区文化馆编《非物质文化遗产纵横谈：北京市非物质文化遗产保护工作高级研讨班论文集》，民族出版社 2007 年版，第 226 页。

③ 朱以青：《传统技艺的生产保护与生活传承》，《民俗研究》2015 年第 1 期。

几乎都与该地区藏族生活的自然环境相统一、与生产技术水平相适应。

文化生态系统内每个文化因子的改变都可能影响整个系统的稳定，导致文化链的裂变。在经济全球化进程中，民族传统文化受到严重威胁，西方国家的文化产品不仅通过市场占领严重影响发展中国家的文化产业，更使年轻一代接受西方的生活方式、思维方式和价值观念，这对民族文化的生存和发展构成毁灭性打击。

捍卫文化主权，维护民族文化传统，以文化手段抵御西方文化霸权和文化殖民的强大冲击，是发展中国家必需实施的国家文化战略。就以五彩斑斓的邦典和敦厚朴实的石锅等民族传统手工艺品为例，人们肉眼看到的是物质形态的产品，但其中既蕴含了制作者巧夺天工的精湛技艺，又富有特殊的民族文化情感。传统技艺与生活、艺术紧密相连，具有民族和地域特色，这些仍在藏族群众日常生活中穿戴的民族传统服饰和传统家居生活物品，为藏族传统技艺的延续提供了适宜的文化环境。因此，在人们生产和生活的互动共生中传承传统技艺，不失为一种最佳的彰显和传承民族文化的良策。

总体而言，以其绵延不绝的生命力跨越几个世纪流传至今的山南藏族传统技艺在山南藏族的群众文化、民众日常生活中仍扮演着重要角色，其主要特点是掌握传统技艺的专业从业者数量极少，多为农闲之余的兼职。在经济全球化的影响下，除邦典、毛哔叽、木碗、石锅等仍持有一定市场占有率外，其他传统手工艺品市场占有率日渐萎缩，大部分传统手工艺人并不靠自己拥有的手艺专长谋生。此外，在性别分工方面，纺织类的传统手工技艺主要由女性从业者居多，其他传统技艺则由于体力及烦琐程度等多方面原因致使出现男性占绝大多数的情况。

第七章

山南藏族非物质文化遗产保护传承与产业发展路径分析

"物质文化遗产是一个国家或民族中广大民众所创造、享用和传承的社会生活文化中的物质文化遗产和精神文化的物化遗存。那么，非物质文化遗产则是在其自身活动的进程中保留和传递着一个国家或民族的历史记忆、情感、经验和智慧，是民族文化认同的重要基础。"[①] 从国家存在层面、民族生存层面而言，除必要的物质、物化遗存的保障外，文化遗产尤其是代表传统文化精髓的非物质文化遗产同样为立命的根本。中国人之所以成为中国人，是以其所创造的文化作为标志的。如果这种文化消失，国家和民族就失去了生存的意义。长期以来，由现代化、全球化进程影响所导致的民众认识上的变化及社会文化发展过程中逐渐显现出的不平衡性，对物质文化遗产的重视保护已初具良好状态，但浓缩了极具代表性的传统文化且是活态传承的非物质文化遗产，诸多项目仍处于一种任其自生自灭的濒危状态，民族传统文化的传承保护更迫在眉睫。

山南藏族非物质文化遗产作为西藏传统文化的重要部分及藏族生活方式和集体记忆的重要体现，具有鲜明的民族特点。无论对于种类繁多的非物质文化遗产代表作项目，还是对作为传承主体的非物质文化遗产项目传承人，在实际的非物质文化遗产保护工作中，在保证非物质文化遗产项目原真性的前提下，如何使其有效传承、弘扬和实现产业发展是保护工作领域亟待解决的重要问题。非物质文化遗产保护最终要解决的就是传承与产业发展的问题。"如何传承"成为遗产保护的"灵魂"所在。保护的成效

① 陶立璠：《非物质文化遗产的定义、评价与保护》，载王文章主编《中国非物质文化遗产保护论坛论文集》，文化艺术出版社 2006 年版，第 122 页。

取决于对不同非物质文化遗产传承方式、传承途径、传承规律和传承机制的认识。[①]

第一节　山南藏族非物质文化遗产保护面临的挑战

在社会现代化、经济一体化的当下，从城市到乡村，都历经着日新月异的变化。非物质文化遗产的社会基础逐渐被压缩，其生存空间日趋狭窄。“一个民族乃至整个人类文化传统作为一个有机整体，是由各种不同存在形态的文化相互关联而构成的，其中包括无形文化遗产。”[②]然而，作为传统文化精华部分的非物质文化遗产，在外来强势文化的冲击下，山南藏族非物质文化遗产的生存空间越来越狭小。

一、社会生产方式的变化对非物质文化遗产原生态土壤的冲击

现代社会的快速发展，逐渐显现出经济建设与文化建设、主流文化与世俗文化、现代文化与传统文化的各种不可调和的矛盾，传统非物质文化遗产日趋受到现代文化、快餐文化的严重冲击。因经济发展而产生的生产方式和生活方式的相继变化，导致极少有年轻人愿意学习传统手工技艺。

同样，山南地区藏族非物质文化遗产的现状不容乐观，“西藏大学生对西藏非物质文化遗产认识情况的特点，总体情况较好，西藏大学生普遍关注西藏非物质文化遗产保护，但在认识层次上主要偏重于浅层次的感性认识，缺少理性层面的理解”[③]。尤其是近年来，包括山南藏族在内的各地非物质文化遗产“原生态传承”受到了严重影响。以作为中华民族艺术之

---

① 梁莉莉：《传承行为与保护实践：回族非物质文化遗产传承人研究》，宁夏人民出版社 2016 年版，第 3 页。

② 刘志群：《中国藏戏史》，西藏人民出版社 2009 年版，第 327 页。

③ 马宁：《西藏大学生对西藏非物质文化遗产的认识情况调查》，《西藏大学学报》（社会科学版）2010 年第 1 期。

林瑰宝之一的藏戏为例，“目前，各个藏戏剧种、流派能够完整地演唱的艺人已相继逝世，会演唱其中一部分曲调和表演一部分技艺的艺人也年事已高，这些情况使藏戏很难在现代社会仍然保持活力并持续发展，保护藏戏就显得十分必要和紧迫”[①]。因而，如不加强保护措施，藏戏这种作为活态传承的技艺可能会在这一代人中消失。

二、现代化娱乐方式影响非物质文化遗产的生存空间

地方文化主体——社区民众才是非物质文化遗产传承的重心。目前的非物质文化遗产保护工作仍处于抢救为主的工作阶段，民间社区非物质文化遗产传承群体的“文化自觉意识”尚未真正唤醒，民间社会内生的传承力量仍处于懵懂状态。

随着社会经济的快速发展，群众生活方式亦随之发生改变，现代信息技术极大地促进了现代文化的传播范围及传播速度。对传统生活方式为主的山南藏族聚居区的民众而言，他们能够以更为丰富多彩的现代娱乐方式和现代化的生活方式，追求轻松与休闲。日韩偶像团体、欧美大片及各种例如街舞之类的流行文化在山南地区藏族年轻一代中受到欢迎和追捧。作为传统娱乐方式的藏族口头传说及表述、民间歌舞、藏戏等民族传统文化在同外来流行文化的竞争中失去与之抗衡的优势，尤其是像藏戏这类要求对故事背景有了解、唱词典雅、表演细腻、节奏较慢的艺术形式在青年一代中影响度极小。笔者在田野调查过程中了解到，年轻人绝大多数表示听不懂、看不懂藏戏表演。

三、主体错位的保护工作不利于非物质文化遗产传承群体的文化自觉

非物质文化遗产是群体的文化记忆和文化传统，“每一社区或族群都

① 刘志群：《中国藏戏史》，西藏人民出版社 2009 年版，第 327 页。

有权利表达赋予其群体认同感的遗产、风俗、艺术和语言……文化多样性具有积极的社会价值，应该被保护和支持……真正的民主需要积极参与文化生活，而不只是对文化产品的消极消费……许多文化传统共存于人类社会中，任何一种都不应占统治地位而成为‘官方文化’……平等要求文化资源的公平分配以及来自社会的支持”[①]。它强调群体在文化多样性保护中的民主参与，提出应平等地对待任何一种文化的形式，给予其自主的文化处置权和文化发展权。遗产保护只有坚持“文化民主”的原则，其在实践工作中才能最大限度地减少行政权力的越位和过分干预，改变盲目单边运动式的遗产保护方式，更重要的是真正地激发出民众保护传承非物质文化遗产的“文化自觉”。[②]

然而，对山南藏族非物质文化遗产项目的田野调查表明，各种以专家学者、资本运营等为代表的外来力量影响着民间文化自然传承轨迹，出现过分干预、主体错位的现象。一些民俗演变成“官俗”，民俗表演或传统舞蹈、传统戏剧被所谓的“专家学者”大肆加以改编，追求所谓符合现代社会的视听需求和舞台效果，丢掉了非物质文化遗产的“土味”。在宏大的非物质文化遗产保护语境中，地方非物质文化遗产的保护实践同样呈现出文化主体自觉意识不足的问题。一些非物质文化遗产项目传承人的传承行为依赖于国家行政力量的推动，缺乏自发的传承动力。面对现代生活方式对传统民间艺术的冲击，部分传承人无所适从。为迎合外界的好奇心理，满足“表演”需要，除了外在“干扰”施加的改编因素外，一些传承人对非物质文化遗产的原本形式和内容也主动进行“改编”，使非物质文化遗产失去了其本真性。

现阶段国家非物质文化遗产保护政策的实施、地方各级政府的保护实践工作，尚未能真正激发出民间社会的传承原动力，表面风风火火的“表

① ［美］史蒂夫·J. 蔡特林：《我是民俗学家而你不是——民俗学实践中泛化与分解的策略对抗》，载周星《民俗学的历史、理论与方法》（上册），商务印书馆 2006 年版，第 771 页。

② 梁莉莉：《传承行为与保护实践：回族非物质文化遗产传承人研究》，宁夏人民出版社 2016 年版，第 227 页。

演”活动下隐藏的是非物质文化遗产项目传承人内在动力的缺失。“从非物质文化遗产保护与传承的原动力来看，之所以问题迭出、进展不利，最根本的原因是目前尚未能完全建立起文化自觉的行为主体，对自身发展和文化处置的权力失位。”①

四、传承人的培养难度阻碍非物质文化遗产的保护传承

山南地区藏族非物质文化遗产名录中的传统表演艺术、传统手工技艺等多种类别都对传承人本身素质要求较高，尤其是传统表演艺术的传承人需从小培养，且传承人需具有演出所需的良好身段及具备唱、说、诵、做等各种基本功。然而具备这些素质条件的人在其他（例如现代舞蹈、歌唱或影视等）相关领域同样能有出类拔萃的表现，而传统表演艺术的演出市场日渐萎缩，经济效益同影视、演艺等行业相较收入微薄，出于对高水平生活质量的追求甚至是生存需要，很多原本优秀的传统表演艺术从业者纷纷转行，从而造成藏族传统表演艺术传承人才的大量流失。传统手工技艺类的非物质文化遗产传承人同样举步维艰，乡村青年终止学业后，多数愿意去往城市务工，选择工作相对轻松且收入较为稳定的工种。对农村单调生活的不满及对城市繁华生活的向往，使年轻人中极少人愿意留在村里学习较为粗重、烦琐的传统手工技艺。随着时间的推移，老一辈卓有成就的非物质文化遗产传承人相继离世，新一辈年轻传承人尚未出现，山南藏族很多非物质文化遗产项目处于青黄不接的现状。对不断追求更高生活水平的年轻人而言，经济物质的满足是头等要事。因而，山南藏族非物质文化遗产在传承人的培养方面面临现实生存和保护发展的两重困境。

此外，非物质文化遗产涉及多学科领域，一个专业人才即使在自己学科领域具有相当造诣，但知识储备量仍不能完全满足非物质文化遗产的调

---

① 王建民：《扶贫开发与少数民族文化——以少数民族主体性讨论为核心》，《民族研究》2012年第3期。

查、研究、保护等工作的要求。正如山南文化局非物质文化遗产科的工作总结中言及：山南地区非物质文化遗产普查工作人员的业务素质有待进一步提高。我地区从事非物质文化遗产普查工作人员大部分都是“半路出家”，对非物质文化遗产知识了解不够深入、业务水平不强，影响了非物质文化遗产的有效保护和利用。

现阶段我国国民整体文化素质尚有待提高的客观现实，基层民众尚不能理解非物质文化遗产的价值，这是包括西藏自治区山南地区各区县在内的我国绝大部分地区目前最现实且无法一蹴而就改变的文化困境。因而，只有通过以政府为主导力量的社会各阶层共同致力于非物质文化遗产的抢救与保护工作，逐渐唤醒基层民众对非物质文化遗产价值的清晰认识和积极态度，鼓励各地传承人及普通大众的积极参与，方能使非物质文化遗产得到进一步继承、发展及创新。

五、经济发展滞后、资金短缺致使非物质文化遗产保护缺乏根本保障

长期以来，一直困扰山南非物质文化遗产保护工作的绊脚石是经济落后、财政扶持资金匮乏。经济基础的限制致使诸多重要的非物质文化遗产项目得不到及时抢救和保护，山南大部分传统文化保存良好的村落几乎都存在交通不便、经济收入低下、村民思想保守、基础教育落后等许多现象。甚至在某些贫困山村，完整接受完九年制义务教育的学生都不多，辍学在家务农、放牧或外出务工赚钱的现象较为普遍。从而导致偏远农村整体文化素质偏低，忽视对传统文化的保护，这种现状致使山南偏远地区村民对非物质文化遗产的认知程度不高，对一些珍贵非物质文化遗产正濒临消失的状况浑然不知。

俗话说：“巧妇难为无米之炊。”笔者曾前往山南文化局非物质文化遗产科进行访谈得知，早年该局从事民间文学三套集成资料搜集的同时普查到很多民族传统文化的档案资料，受财政资金短缺的掣肘，无法建立基本的保存条件，致使一些年代久远的文字资料、图片开始发黄霉变，甚至一

些录音带和录像带出现破损报废的状况。山南市文化局原计划抢救一批濒临失传的民族传统文化艺术，但上报的项目中很多因财政经费匮乏无法启动而搁浅。而受市县两级财政困难的影响，非物质文化遗产普查经费仍未被纳入政府年度财政预算。一些经济落后的偏远区县由于普查经费严重不足，甚至缺少必要的普查设备，普查工作流于形式化、简单化，不符合规范要求，从而影响了非物质文化遗产的申报工作和进一步的保护工作。

第二节　山南藏族非物质文化遗产的保护对策

在现代化和全球化的双重冲击下，处于我国西南边陲一隅的西藏山南地区的传统文化在其生命的流变过程中亦逐渐熹微淡薄，很多非物质文化遗产处于被忽视甚至濒临消亡的境况。文化是一种创造，也是一种选择。在如今这个急剧变革的时代，以西方文化为主导的全球化潮流强势进入民众的日常生活，使部分生产方式和生活方式发生了颠覆性的变化。如何在这种背景下保护并传承民族非物质文化遗产、建立文化多样性体系，不只是一种口号，更应该是一种行动。

言及保护措施，随着非物质文化遗产保护工作的深入开展及近十来年的非物质文化遗产学科体系的发展，一些非物质文化遗产项目保护与传承过程中存在的实际问题也逐渐凸显。山南藏族非物质文化遗产保护的整体情况是好的，取得了很大成效。在未来的保护与传承过程中仍存在一些发展中的困难和问题，尚具有较大的探索和提升空间。

一、非物质文化遗产保护的重要基础——科学管理机制

进行非物质文化遗产保护工作必须要坚持政府在立法保护和宏观管理方面的主导作用。当前我国尤其是西藏等较为偏远地区的非物质文化遗产保护和传承工作尚处于起步阶段，因而更为迫切地需要政府层面的强有力扶持。“政府的导向与知识主体全程参与加之村民的文化自觉意识是非物

质文化遗产生产性保护的前提。”[①] 我国地大物博、少数民族众多，各民族风俗迥异，因而作为各民族传统文化精髓的非物质文化遗产种类繁多且覆盖面广。由于政府机构的各职能部门各司其职，而非物质文化遗产的保护工作涉及文化部门、文物部门、民族事务部门、宗教事务部门、建设部门、旅游部门、公安部门、工商部门等众多行政职能部门。由于多部局都涉及管理工作，但又呈现分工不清、多部局交叉重叠管理的混乱局面，使非物质文化遗产保护工作的管理成本增大而效率低下。各部门间相互推诿致使一些具体事务工作难以落到实处。只有关心当地广大的民众，关怀非物质文化遗产真正的传承群体，关注地方非物质文化遗产无法传承的内在原因，关切企业的文化需求，我国的非物质文化遗产保护才能达到国际遗产保护领域的共同目标，使非物质文化遗产有机地存活于共同的社区或群体之中构成非物质的生命环链。

我国非物质文化遗产保护是以政府为主导、自上而下的实践行为，政府在非物质文化遗产保护中发挥着主导的作用。因而，各级政府部门需充分认识抢救与保护非物质文化遗产的必要性和重要性，在实施具体非物质文化遗产保护工作时要站在民族未来的高度，从长远的战略眼光出发，在城镇经济建设发展与保护传统文化的齐头并进中，真正树立起“以保护促开发，以开发促保护”的理念，既不可牺牲民族传统文化换取短期的社会经济效益增长，更不可竭泽而渔式地对民族传统文化进行挥霍无度地随意开发。在实地调研、摸清客观现实的基础上，制定切实可行的非物质文化遗产保护政策，力保科学管理制度的落实，有效地推进非物质文化遗产保护这项宏大的文化工程。

非物质文化遗产保护工作必须纳入法制化轨道，从法律制度层面保障和推动非物质文化遗产保护与传承。切实贯彻《中华人民共和国非物质文化遗产法》，各级各部门相应完善配套的实施细则、地方法规和专项规定。

---

① 刘坚：《云南省少数民族传统体育非物质文化遗产保护与传承研究》，博士学位论文，北京体育大学，2012 年。

从公法的角度由政府主导运用公共资源保证非物质文化遗产传承，以法律的形式保障非物质文化遗产传承人应享有的权益，包括“获得收益的权利，创造性表达的权利，以及学习和受教育、受培训的权利”[①]等，从物质扶持、精神鼓励及社会营造等多个方面为非物质文化遗产项目及传承人提供必要的政策及财政支持，使其更好地传承非物质文化遗产技艺。

非物质文化遗产项目的保护实践必然经历两个阶段：第一，以政府为主导建立保护制度、实施保护措施，民间社会积极参与保护活动；第二，以民间为主导形成科学自觉的传承机制，走向传承人自觉自信的传承之路。[②]目前，中国的非物质文化遗产保护实践工作处于并将持续一段时间处于第一阶段，即以政府为主导的保护阶段。作为非物质文化遗产保护的重要基础——科学管理机制，应注重科学与人性化相互结合。

各级各部门在制定相应的保护措施时，首先，应加强建设现代化信息技术数据库，包括国家、省、市、县四级名录体系中非物质文化遗产项目及相应的传承人详细情况数据库。目前，相关非物质文化遗产数据库可供提取的数据仍不够详细，应采取重点追踪的方法进一步充实完善并更新各非物质文化遗产项目及其传承人的具体信息，包括项目的渊源、独特性、发展情况及现状和所属传承人的家族、家庭、传承谱系时限、传承习得渠道细节等系统档案。其次，对不同传承类别的非物质文化遗产项目及传承人分类管理。

通过对非物质文化遗产传承规律及传承人群体的认识，学界将非物质文化遗产分为个体传承、团体传承及群体传承三种类型。[③]有的非物质文化遗产项目的传承是单人传承，有的是小团体传承，有的则是群体传承，因而根据不同的传承方式采取分类管理方式更有利于非物质文化遗产工作

① 项兆龙：《正确认识非遗是正确有效地保护、传承和发展非遗的前提》,《文化遗产》2017 年第 1 期。

② 梁莉莉：《传承行为与保护实践：回族非物质文化遗产传承人研究》，宁夏人民出版社 2016 年版，第 216 页。

③ 梁莉莉：《传承行为与保护实践：回族非物质文化遗产传承人研究》，宁夏人民出版社 2016 年版，第 223 页。

的顺利开展。最后，建立非物质文化遗产项目传承人候选储备库。目前非物质文化遗产保护工作中，不仅仅是西藏山南的非物质文化遗产项目传承人候选储备库是保护工作中很欠缺的部分，放眼很多省份的非物质文化遗产保护工作，这也是一块短板。应考虑如何根据现实情况，分级分梯队地“建立健全完善传承人孵化系统。建立候选储备库；建立递次升级制；建立有序增补制”[①]。面对当前非物质文化遗产传承人老龄化及自然衰亡的现实情况，非物质文化遗产代表性传承人可根据传承人候选储备库有序增补，保证非物质文化遗产的传承活动顺利进行。

二、提高全民保护意识的有效措施——加强宣传推广

作为非物质文化遗产的创造者、践行者和传承者，基层普通群众是非物质文化遗产的一线直接保护者。如果没有基层普通群众的积极参与，非物质文化遗产的保护工作，无论蓝图勾画得多么美好壮丽，也仅仅是管理者的一厢情愿而已。抢救和保护非物质文化遗产是一个全民参与的大事，不能单纯地作为某些政府部门的工作任务去执行。“如果说，‘顶层设计’是必要的，体现了‘政府主导’的话，那么真正落实，则要靠广大民众文化自觉基础上的社会参与；是人人都‘我要保护’而非‘要我保护’。”[②]因而，需积极宣传推广和强化民众保护非物质文化遗产的主观意识。

在现今这个以经济发展为重的局面下，如何有效地唤起作为非物质文化遗产一线保护者的全体基层民众的保护意识，使其自觉参与保护行动，是非物质文化遗产保护工作需重点落实的事宜。“通过多媒体传播、纸媒传播、会展传播、讲座传播、课堂传播等传播方式，扩大非物质文化遗产的影响力。”[③]在实际工作中，各级宣传推广主体可利用新闻媒体、电视广播、网络媒介、海报和集中宣讲会等一切现代和传统的媒介方式加强对非

---

① 苑利、顾军：《非物质文化遗产保护干部必读》，社会科学文献出版社 2013 年版，第 125 页。

② 郝苏民：《骆蹄梦痕》，中国社会科学出版社 2014 年版，第 43 页。

③ 苑利、顾军：《非物质文化遗产保护干部必读》，社会科学文献出版社 2013 年版，第 125 页。

物质文化遗产典型性代表名录及其传承人进行全方位、多层次、多渠道的宣传推广。动用一切可资利用的媒介方式调动广大一线民众对本区域、本民族非物质文化遗产的认知和重视程度，尤其应借助当下最为发达的移动互联网平台，建立当地非物质文化遗产项目及传承人的数字化信息系统及网站；借助微信、微博等新媒体对非物质文化遗产项目及各项活动进行追踪报道，提高社会对非物质文化遗产典型性代表项目及传承人的认知度。通过上述这些媒体的宣传推广对文化传承行为给予充分肯定，对坚守文化命脉、执着艺术追求的品质进行弘扬，提高群众对非物质文化遗产保护的积极性和主动性，让非物质文化遗产保护真正进入基层群众的日常生活，形成一种良好的保护非物质文化遗产的社会风气，使包含山南地区藏族同胞在内的每一位中国人都能为民族和国家拥有如此绚烂夺目的传统文化遗产而感骄傲和自豪，从而自觉主动地珍视和保护民族传统文化精髓。

从国家和政府角度使文化传承人成为一种令人羡慕、受人尊重的身份，鼓励更多人了解、学习和传承非物质文化遗产，使优秀非物质文化遗产的传承发展有良好的氛围、宽松的环境和适宜的土壤，为传承人的发展提供最大的支持。通过组织传承人学习培训，教会非物质文化遗产传承人使用网络、移动终端等新兴媒体形式进行自我推广，利用现有的电商平台，在网上销售非物质文化遗产产品，打开网络销售的渠道，不仅可以扩大非物质文化遗产在网络世界的影响力，还可以使更多的年轻人通过网络了解自己民族的非物质文化遗产，了解本民族非物质文化遗产保护与传承的价值及意义，使他们能够自觉主动地参与非物质文化遗产的保护与传承。[①] 冯骥才先生曾言之：“民众参与得越多，民间文化的传承就越有希望。政府应该为民间文化服务，对民间‘非物质文化遗产’进行科学保护……因为，民间文化来自老百姓对生活的情感需求，是为了满足自己的心灵而创造的，民众才是民间文化的真正的携带者和传承者。”[②]

---

① 梁莉莉：《传承行为与保护实践：回族非物质文化遗产传承人研究》，宁夏人民出版社 2016 年版，第 224 页。

② 冯骥才：《当前非物质文化遗产保护需要统一认识》，《民俗研究》2012 年第 4 期。

三、非物质文化遗产保护的基本保障——加大财政投入、广开财源

长期以来，一直困扰非物质文化遗产保护工作的是财政扶持资金的匮乏。经济基础的限制致使诸多重要的非物质文化遗产项目得不到及时的抢救和保护，从而处于濒临灭绝或消亡的尴尬境地。据笔者对山南地区文化局非物质文化遗产办的调查访谈，早年收集到的很多档案资料因年代的久远及保存环境的限制，有些文字资料、图片开始发黄霉变，录音带或录像带也有报废的情况出现，在山南地区原计划要抢救一批濒临失传的民族传统文化艺术，很多项目都因财政经费问题而搁浅。

在以西藏为代表的这些经济较为落后、人口受教育程度较低、社会整体较贫困的自治区或省市地区，亟须地方政府优先考虑和解决的是如何使普通大众在物质生活上脱贫致富，因此，地方政府大力投入资金在社会经济建设项目上。财政的乏力致使政府无法满足文化建设的资金需求。正所谓“经济基础决定上层建筑”，大量的财政投入、社会各阶层的资金入注是全面实施抢救和保护非物质文化遗产的基本保障。

在持续几年对山南藏族非物质文化遗产传承人的田野跟踪调查中发现，很多非物质文化遗产传承人依然面临生活的困境，还处于较低的生活水平。例如，被列入国家级非物质文化遗产保护名录的卡卓扎西宾顿藏戏传承人所在的演出团队队员，农闲时几乎都需外出务工挣钱补贴家用。非物质文化遗产技艺的有效传承需要老、中、青各个年龄段的传承者花费大量时间和精力，但又很难很快产生可观的经济效益。尤其是掌握这些非物质文化遗产技艺精髓的传承人年龄大部分偏大，又普遍生活在交通不太发达，教育、医疗等基础设施欠完善的偏远农村。因而，相关部门应综合评估这些濒临绝境的非物质文化遗产项目的现状，给予各级别非物质文化遗产典型性代表项目及传承人以基本的生活保障和辅助的医疗保障，如考虑给这部分传承人以类似工资的形式，按月长期固定发放工资，并尝试为其办理医疗保险以提供固定的医疗保障。在一些非物质文化遗产项目训练及表演中受伤风险大，相关部门可考虑以参加意外保险的形式为这些传承

人提供保障，从而减少传承人及前来学习的年轻人对安全的顾虑。[①] 在政府财政投入充足的情况下，上述这些相应的保障措施可解决非物质文化遗产传承人的后顾之忧，使他们能有更多的时间和精力投入在技艺的保护传承上。

源自民间文化的非物质文化遗产，其传承也大多通过民间团体、家族或个人自发传授并习得。一些已逐渐从群众日常生活淡出的非物质文化遗产技艺，如民间谚语、民间故事等传承群体，受现代生活变迁和娱乐方式的影响，平时较少有机会传承，目前已处于难以为继的状态。再如，传统制陶、传统石锅等逐渐被现代生活器具取代，市场销路并不乐观。因而，除政府主导的财政支持外应广开财源，吸收包括企业、机构或个人等国内外各方面资金，多渠道筹集经费。当前西藏旅游较热，众多国内外游客对西藏的自然人文景观及民族传统文化也喜爱有加，亦可尝试“建立从旅游收入中按一定比例提取资金用于文化遗产保护的制度，确保经费的来源和用途，也是多渠道筹集文化遗产保护资金的有效途径”[②]。

四、非物质文化遗产保护的关键——重视专家指导和人才队伍建设

“整个社会无法意识到其无可取代的社会价值而任其自生自灭之时，作为先知先觉者，学术界往往会挺身而出，承担其文化救亡的历史重任，唤醒整个社会的文化遗产保护意识。”[③] 因而，精通专业理论同时具有实践经验的专家学者的前瞻性指导是非物质文化遗产抢救与保护工作得以实现成功的关键。

学界的关注及由此产生的研究成果对非物质文化遗产保护工作有着极

① 梁莉莉：《传承行为与保护实践：回族非物质文化遗产传承人研究》，宁夏人民出版社 2016 年版，第 221 页。

② 安学斌：《少数民族非物质文化遗产研究——以云南巍山彝族打歌为例》，民族出版社 2008 年版，第 223 页。

③ 苑利、顾军：《非物质文化遗产学》，高等教育出版社 2009 年版，第 83 页。

大的助推作用。在田野调查过程中，各项非物质文化遗产传承人非常配合研究机构的专家和研究者的访谈及调查，均表示很荣幸受到这些知识分子的关注，使他们增强了文化自信心，希望能借助学界的力量推动外界对他们技艺的认知和理解。“研究者本身的研究行为、研究‘文本’的‘社会化’都影响传承人对遗产的认知，并由此形成新的关于文化遗产的‘知识生产’链条。研究者来访和‘书写’促使他们重新认识自己所持有的遗产、解说自己的遗产，甚至是建构。在传承人眼中‘学问人’对非物质文化遗产的重视使他们对自己持有的非物质文化遗产项目充满信心，从而对传承行为产生有利的影响。”①

专家学者在深入田野调查的基础上，理论结合实际，对非物质文化遗产保护工作进行全面分析论证，经过周密翔实的演绎推理得出一套具有理论指导性、现实可操作性的非物质文化遗产保护理论学说。针对不同类别的非物质文化遗产项目保护目标，制定相应的保护重点、保护方法和实施步骤等。专家学者的持续关注，使他们能根据非物质文化遗产项目及传承人在传承实践中出现的问题，及时提出调整和优化保护传承的新举措，进而为非物质文化遗产保护工作提供学术研究层面的理论依据和政府政策的内参咨询作用，可有效地帮助政府各有关部门制定一系列求真务实的非物质文化遗产保护工作方案。

“保护”是确保非物质文化遗产生命力的各种措施，包括这种遗产在各个方面的确认、立档、研究、保存、保护、宣传、弘扬、传承（特别是通过正规和非正规教育）和振兴。② 非物质文化遗产的实地调查、收录、整理、确认、立档、保存是非物质文化遗产保护工作实践的首要任务。这些基本工作都需要规范的专业性作为基础，对非物质文化遗产保护工作从业人员的专业人才队伍建设，是保证这项非物质文化遗产工作全面有效、

① 梁莉莉：《传承行为与保护实践：回族非物质文化遗产传承人研究》，宁夏人民出版社 2016 年版，第 174 页。

② 文化部外联局：《联合国教科文组织保护世界文化公约选编》（中英对照），法律出版社 2006 年版，第 22 页。

可持续地向前进一步推进的人才保障。从政府层面，可通过挖掘、发现人才资源，组织专家到基层为非物质文化遗产保护工作人员进行专业的知识及技术培训，或积极展开非物质文化遗产保护工作人员的研修研习班及非物质文化遗产的教育培训等方式，储备非遗保护工作的人才队伍。人才队伍建设步伐与非物质文化遗产保护的现状需求相匹配时，非物质文化遗产的实地调查、收录、整理、申报、保护、传承等一系列的保护传承工作方能有效顺利地开展。

第三节　山南藏族非物质文化遗产产业化发展路径分析

非物质文化遗产具有历史价值、文化价值和美学价值等，在不破坏非物质文化遗产本身原真性的同时，相关企业或有能力的个人、旅游部门可针对非物质文化遗产具体项目深入研究，针对不同非物质文化遗产的显性特征挖掘其内涵，在保护传承的基础上进一步开发和利用。如果说“许多非物质文化遗产之所以能够流传，实际上并不在于人们认识到其价值，而在于其本身迎合了流传的规律。其中‘物质’的因素起了重要的作用”[①]。非物质文化遗产保护并不是固化非物质文化遗产，而是在保护的同时，跟随时代发展，有所创新地使非物质文化遗产适应变化了的物质生活和文化生活。没有发展就没有保护。

非物质文化遗产保护工作的实践者必须认识到，当地民众是非物质文化遗产的真正持有者。任何政策的实施都必须考量文化主体的内在需求，兼顾文化主体的利益，满足个体群体或团体的主体诉求尤其是经济需求，激发非物质文化遗产传承主体的积极性和创造性。“要考虑地方族群的情感、知识技术与渴望，意识到家园对于居住于其中的群体而言有着怎样重要的原生意义，并最终引导他们摆脱因为作为遗产地而遭到的外来者侵犯

---

① 董晓萍、万建中主编：《北师大民俗学论丛》，中华书局 2013 年版，第 680 页。

的阴影。”[①] 非物质文化遗产走向市场，可以在有效保护的前提下，通过多种方式和一定规模的创意开发，创造出新的既有时代特点又有传统内涵的产品，通过市场经济的调节来为非物质文化遗产传承者服务、为社会服务，从而创造经济效益。

一、旅游开发促进非物质文化遗产保护

在非物质文化遗产保护与传承实践中，特定群体持有的文化式样转换为地方的“公共文化”和“文化资本”，其传播空间无限向外延伸，影响受众无限扩大，代表性传承人传习活动范围向村落社区以外的地方拓展。[②] 对于游客来说，西藏巍峨的珠穆朗玛峰、皑皑的雪山、奔腾的雅鲁藏布江、经幡、寺庙、玛尼堆、虔诚地磕长头的信众、摇转的转经筒等种种符号化、表征化、形象化的奇特自然景观和独具一格的文化特质，使西藏已显现出世界级旅游地的特色优势和品牌价值。在遵循保持以人为本、活态、整体的保护原则的前提下，考量辖区内具体的非物质文化遗产与传承群体、自然生态、文化生态、历史语境之间的关系，以已有的如雍布拉康、桑耶寺、藏王墓、羊卓雍措、拉姆拉措等旅游品牌为有效依托，山南各区县乃至乡镇一级由政府出面牵头综合打包民间资源，抓紧对沿线及辖区内弥足珍贵的民族传统文化资源进一步整合并开发。开发以不同形式、不同内容展示其区域内民族文化地域性特色的旅游活动和旅游路线，尤其重视非物质文化传承主体的价值观念和情感表达，使其对“我文化”产生“自知之明”，以一种既朴质又强烈的“文化自信”彰显区域内民族独特魅力。因为“国内外游客来西藏旅游的目的是建立在深刻的文化差异之上的，文化差异是游客们的‘兴趣’所在，人们对于与他们现实生活相隔遥

① 彭兆荣：《文化遗产学十讲》，云南教育出版社 2012 年版，第 126—127 页。

② 梁莉莉：《传承行为与保护实践：回族非物质文化遗产传承人研究》，宁夏人民出版社 2016 年版，第 227 页。

远或知之甚少的民族和地区总是抱有一种想要认识和了解的强烈愿望”[①]。进一步丰富山南地区旅游内容，突出山南地区藏族文化旅游内涵，以保持并增强其旅游生命力与吸引力。在此基础上，如果沿线及辖区内的非物质文化遗产传承者能因开展旅游增加经济收入而改善其生活条件，并能因他们拥有的非物质文化遗产技艺技能而走上脱贫致富道路的话，这些民族文化精髓传承者会更进一步提高他们自身民族文化保护的自觉性和传承的积极主动性，这不失为在经济欠发达地区最有效的非物质文化遗产保护方式之一。

文化生态村的建设重在保护文化生态，保护文化生态重在恢复文化空间。文化空间是非物质文化遗产赖以存在的重要载体，文化空间的恢复对如卓舞等这类民众性广场歌舞艺术具有重大的甚至是决定性的意义。一年一度盛大的“藏历新年”、各地隆重的“望果节”等为藏族民间传统舞蹈的世代传承和存在提供了时空载体，为传统表演艺术传承人和群众提供了展示的舞台。这些节庆类的非物质文化遗产项目是本地区本民族文化的精髓，大力支持、不断引导、积极宣传，既能因特色吸引大量游客，又能增加群众对本民族传统文化的认同，增强其传承传统表演艺术的文化自信心。此外，可以在重视开发民间节庆旅游的基础上，汇集众多遗产项目，策划举办融经贸、体育、文化、旅游为一体的节庆活动，可以借鉴学习如“中国·土族旅游文化节”、黄南“热贡艺术节”等的形式。因为这些活动集中在旅游黄金期，参与者众多、影响力颇大，且有一定的政府资金作保障，多家媒体全方位跟进宣传。很多难得一见的民族非物质文化遗产项目粉墨登场，让观者大饱眼福，也让来自民间的传统表演艺术传承者及表演者在物质上、精神上获得双重丰收，提高其进一步传承与发扬民族民间传统文化的积极性。通过这种途径，开展各种民族传统歌舞展演、比赛及各种民俗活动，不仅构建了一个立体化的保护格局，形成了文化品牌，更重要的是通过这样的载体，可以吸引更多的观光者，为藏族民俗文化活动注

① 刘志扬：《乡土西藏文化传统的选择与重构》，民族出版社 2006 年版，第 216 页。

入更多的活力，为当地群众带来更多直接实惠。

二、产业合作社模式利于集中保护开发

“只有实现文化生态与经济发展的良性互动，当地居民广泛参与并从中得到利益，促进农民致富和农村发展，非物质文化遗产保护和传承才有强大的内在支持力和持久动力。”① 而要实现文化保护与经济发展的快速高效联动对接，除大力发展旅游业外，在西藏山南偏远农村地方结合当地的特色传统技艺，集中整合力量成立手工业合作社推广其非物质文化遗产产品不失为另一种有效的保护途径。将当地非物质文化遗产传承人所制作的民族传统艺术品、土特产结合民俗产品有机开发并销售，形成珍贵又独具一格的乡间特色资源，就能产生良性循环的经济增收，有了可观的经济收入，解决了从艺者生存生活上的后顾之忧，更多在外务工的年轻人便会返乡跟师学艺或创业，从而进一步把当地的非物质文化遗产进行传承和发扬。

《保护非物质文化遗产公约》明确指出，文化认同是确立和保护非物质文化遗产的一个关键。“对自身文化的渊源、特色及走向有一个清醒的认识，面对‘他文化’的冲击，既不是简单的‘传统回归’，也不是盲目的‘全盘他化’，而是在知己知彼、取长补短的基础上，加强自身文化转型的自主能力。”② 西藏山南地区大部分较为知名的传统民族手工艺品在驻村工作队的大力帮扶下，已逐渐探索出产业合作社保护模式，如加查县惹米木碗制作合作社、索囊村的石锅合作社等已投入小规模的试营运阶段，并取得了一定的经济收益，并将进一步思考未来的发展方向。“社区保护利于非物质文化遗产在民众生活中的活态传承，具有使遗产获得‘再生产’机会，并成为社区文化创造力源泉的优势。这种保护方式投入成本

---

① 谢克林：《非物质文化遗产保护模式探索——关于花鼓灯文化生态村建设的实践及思考》，载王文章主编《中国非物质文化遗产保护论坛论文集》，文化艺术出版社 2006 年版，第 206 页。

② 费孝通：《论人类学与文化自觉》，华夏出版社 2004 年版，第 197 页。

低，利于实施，还可以促进社区乡土教育的发展等。”[①] 关于当地社区内的工厂、产业合作社模式能更有利于传统技艺的保护与传承的原因，泽当哔叽、加查木碗及扎囊陶器等传统技艺的传承发展案例可以形象直接地说明。把山南地区独特的自然地理环境连同本土特色文化整合为一个原生态田野系统不失为保护和发展非物质文化遗产的一条可行之路。目前，山南藏族非物质文化遗产大多呈散落分布状，很多民族传统文化形式还处于半原始状态，亟须文化部门联合有开发经验的商界人士或当地影响力较大的知名人士有组织性地、持续性地对各种资源进行再整合，“组织强有力的导演和表演阵容，把原始的、分散的各种形式集中在一起，按照规律组合发展，使其达到思想性与艺术性完美的统一”[②]。

在合作社或工厂模式的发展过程中，应主动创新机制，提高资金使用效益，增强自身造血功能，才能实现非物质文化由遗产到资源，由资源到资本，由资本到产业的发展转变。当然，在以产业化发展促非物质文化遗产保护的探索之路上，除了非物质文化遗产通过自我造血提高文化竞争力与吸引力以拓展市场和获取收益外，还需政府的政策与资金支持。相关政府部门或行业协会等对表演类及手工艺类的非物质文化遗产代表性传承人进行保护，需进一步做两方面的工作：其一是创造市场，分阶段地出台扶持政策，使非物质文化遗产产品的生产能够获得一定的市场空间；其二是在这一阶段，应采取补贴制，凡是在市场上发行、演出的作品，政府给予配套补贴。[③] 采取适当措施维护个体原创者、表演者、手工艺者的利益。明确非物质文化遗产开发中的利益分配机制，增加对非物质文化遗产持有者的补偿，维护其利益，保护其权益。对作品的复制严格规定和限制；采取必要措施，防止所收集的民间艺术品被有意无意地不正当使用；对民间

① 周星：《民族民间文化艺术遗产保护与基层社区》，《民族艺术》2004 年第 2 期。

② 刘坚：《云南省少数民族传统体育非物质文化遗产保护与传承研究》，博士学位论文，北京体育大学，2012 年。

③ 王天祥、刘壮：《非物质文化遗产保护：策略与困境》，载王文章主编《中国非物质文化遗产保护论坛论文集》，文化艺术出版社 2006 年版，第 198 页。

文化艺术作品公开展示、展览，给予艺术家一定的补偿等，应建立传承人权益保护组织，集中管理传承人权利，或在有关行业协会中增加这方面的职能。有了法律法规的保障和相应的权益保护组织，才能有力地促进非物质文化遗产的传承和发展。①

三、发挥专家指导作用、借鉴内地企业先进经验

山南藏族传统文化产业应主动接受国家级专家及优秀同行的专业指导，这种高水准的专家参与、前瞻性的理论研究，能有效地帮助保持非物质文化遗产保护工作的专业性且不走弯路，取得事半功倍的效果。在笔者实际调查走访中发现，目前山南地区非物质文化遗产产业化发展道路中，最亟须解决的问题除了政府资金入注的财政扶持力度不够，便是缺乏技术人才和国家级专家的理论指导。现在的非物质文化遗产产业项目最多的是以生产合作社形式存在，农村大部分人是小学文化程度甚至还有文盲，对手工业合作社的发展和管理都处在“瞎子摸象”的阶段。谈到非物质文化遗产保护，首先要明确非物质文化遗产创造的主体，即谁来保护，是无所不能的政府、足智多谋的专家还是朴实无华的传承主体？答案显然是后者——传承主体。大部分偏远藏族农村村委会成员的文化程度处于小学文化水平，汉语读写能力仅限基本的简单问候，甚至环境更恶劣的高海拔农村的村民、村领导都不会说普通话，汉语的读写能力更无法达到沟通的程度。一次笔者到一个海拔高、经济生产落后、和外界的互动很少的村子做田野调查，竟成为除了乡镇干部外第一个到达该村的汉族人。由此可以推测这些偏远地区的发展思路的禁锢性。所以，由上而下的发展方式、思路指导、合理的构建模式对藏族传统文化走上产业化道路显得极为重要。

一些发达地区在保护非物质文化遗产和维护民族文化多样性方面已先行一步，并取得了一些可资借鉴的经验。“他山之石，可以攻玉”，理论和

① 王文章：《非物质文化遗产概论》，教育科学出版社 2008 年版，第 266 页。

方法的交流尤为重要，各地、各层级的非物质文化遗产保护者就各自存在的问题进行交流和信息沟通，碰撞出新的思想火花，有利于进一步促进各地非物质文化遗产的抢救和保护工作。此外，资金与技术的合作也相当重要，泽当毛哔叽的发展就是个生动的案例，它说明，“由于存在没有专属场地及加工设备简陋、老化、损坏严重，从而导致泽当毛哔叽的产量小、品种少等问题和困难，很难将合作社做大做强，也难以将合作社‘传统毛哔叽编制技能’这一非物质文化遗产的效能全面发挥出来”[①]。为了改变这种困境，乃东县民族毛哔叽手工编织专业合作社和内地的朗姿集团于2013年签订了合作协议成立了新公司——西藏山南泽帖尔民族手工业开发有限公司。“新公司为股份制有限公司性质、独立法人资格，自主经营，自负盈亏。预计项目实施后纯利润可达556万元，可使乃东、桑日、贡嘎等周边县、乡2000户农牧民群众受益。”[②] 传统原始手工制作的扎囊陶器需考虑引进内地先进烧制窑箱，这样既能保证陶坯在烧制过程中不因自然因素而出现杂色影响陶器成品美观和经济价值，又能利用这种电子高温窑有效改善环境问题。利用同行优秀企业的先进经验、科学管理水平和研发手段实现共同发展，更好地保护和开发非物质文化遗产，更有利于改善非物质文化遗产传承人的生活水平。从同行好的政策、措施和经验中借鉴成果的做法是有益的。

四、营销渠道多元化促进盈利增收

国际著名营销学家路易斯·E. 布恩及大卫·L. 库尔茨如此定义“营销渠道”：“由各种旨在促进商品和服务的实体流转以及实现其所有权，由生产者向消费者或企业用户转移的各种营销机构及其相互关系构成的一种有

① 根据2014年7月21日笔者和旦增央金于泽当“泽帖尔”销售展厅访谈泽当毛哔叽民族手工艺创始人巴桑的记录整理而成。

② 严昌柄、次仁龙布：《千年非遗传承　乃东“泽帖尔”放光彩》，http://www.xzsnw.com/xw/wmksn/77654.html，2014年4月29日。

组织的系统。”[①]换言之，所谓营销渠道就是商品和服务从生产者向消费者转移过程的具体通道或路径。应该运用何种路径或经营手段将山南地区藏族非物质文化遗产产品满意地转移给消费者？作为经营者必须充分重视营销渠道，根据自身实际情况，针对不同的客源市场并随着市场的变化及时调整营销模式。科学的营销模式能带来更大商机，推动整个藏族非物质文化遗产产业化的健康持续发展。

（一）旅介会、物交会推介模式

山南地区在西藏的地理位置优越，旅游资源丰富。各地区每年开展系列物交会及旅游推介会，举办旅游文化节等促进地区旅游，这种推介会和物交会本身就是一个很好的营销推介平台，对旅游及传统手工艺品的销售具有直接拉动的现实作用。应充分调动相关旅行行业和传统手工技艺生产企业和民间演出团队等各界积极参与进来。应该说，非物质文化遗产产品营销是整个旅游行业、实体企业及地区传统文化的整体打包营销，在推介会、交易会上的展位布置、形象设计、宣传手段等方面应结合地区民族传统文化特色，有主次之分地统一安排“出牌”，形成强有力的地区品牌效应。

（二）媒体营销渠道

经营者及非物质文化遗产保护传承者一定要打破传统观念上的误区——认为“酒香不怕巷子深”，不必花很大力气在营销上做手段。那样丢失的不只是市场，还有更为直接的品牌知名度。应利用电视广告、平面媒体等媒体营销模式宣传产品，在城市电视台投放宣传片、在报纸杂志上刊登产品图文等，形成全方位、多角度的立体宣传体系。当然，作为非物质文化遗产保护宣传主体的新闻媒体界应该对这些民族传统文化特色产品的广告给予极大优惠甚至免费播出，从各层面有力地推动非物质文化遗产的保护与传承。

---

① 王国才、王希凤编著：《营销渠道》，清华大学出版社 2007 年版，第 2 页。

（三）互联网营销渠道

对于如今很多城市的经营者而言，除了实体商店作为必要的形象宣传和传统销售模式继续存在，网络销售可以说是提升销售量的最佳途径。不仅因为每天在线的互联网使用者高达数亿人之多，还因为互联网能更立体多维度地展现产品。非物质文化遗产经营者可利用互联网建立产品网站或微博，向消费者乃至潜在的消费者传递产品信息，扩大知名度。电子商务在降低成本、资源整合、满足个性化需求等方面给传统营销模式带来了变革性影响和经济效益的屡创新高。《北京商报》2019 年 11 月 12 日刊登了《2019 年天猫双 11 全球狂欢节总成交额达 2684 亿元，去年为 2135 亿元》的新闻报道，“新纪录背后的新消费力量更值得关注。新消费、新供给是天猫‘双 11’爆发的关键引擎……据了解，今年天猫‘双 11’，品牌商家首发了超 100 万款新品。天猫‘双 11’当天，预计通过天猫 App、淘宝 App 等参与购物狂欢的用户将增长 1 亿人次”[①] 等财经新闻所反映的数据和原因分析，对西藏山南藏族传统文化经营者和保护者们具有现实性的指导和借鉴意义。

（四）微信营销渠道

微信的出现及其传播特性为民族传统文化产品营销注入了新的活力，当消费者将自己的产品体验发到微信朋友圈与微友分享时，这个分享的过程即完成了产品品牌效应的传播扩散，无形中增加了潜在消费者。西藏山南藏族传统文化保护者和经营者亦可通过微信公众平台向消费者推送更新产品、促销活动等和产品有关的信息，在生产者与消费者之间形成交流互动的趣味平台，给顾客带来新的服务体验。微信电商时代的到来，为民族传统文化产品开辟了新的营销渠道，用好微信这一精准营销的核心产品，能在未来的竞争中起到引领带头作用。

---

① http：//finance.sina.com.cn/stock/relnews/cn/2019-11-11/doc-iicezzrr8699496.shtml.

参考文献

一、专著

［1］［俄］普列汉诺夫：《论艺术》，曹葆华译，生活·读书·新知三联书店 1973 年版。

［2］［美］维克多·特纳：《庆典》，方永德等译，上海文艺出版社 1993 年版。

［3］［法］莫里斯·哈布瓦赫：《论集体记忆》，毕然、郭金华译，上海人民出版社 2002 年版。

［4］［英］爱德华·泰勒：《原始文化：神话、哲学、宗教、语言、艺术和习俗发展之研究》，连树声译，广西师范大学出版社 2005 年版。

［5］［美］杨庆堃：《中国社会中的宗教：宗教的现代社会功能与其历史因素之研究》，范丽珠等译，上海人民出版社 2007 年版。

［6］［英］王斯福：《帝国的隐喻：中国民间宗教》，赵旭东译，江苏人民出版社 2009 年版。

［7］［法］石泰安：《西藏的文明》，耿昇译，中国藏学出版社 2012 年版。

［8］中央民族学院少数民族语言文学系、藏语文教研室藏族文学小组编：《藏族民间故事选》，上海文艺出版社 1980 年版。

［9］辛存文搜集整理：《藏族民间谚语选》，青海人民出版社 1980 年版。

［10］《西藏研究》编辑部编：《西藏志・卫藏通志》，西藏人民出版社 1982 年版。

［11］五世达赖喇嘛：《西藏王臣记》，郭和卿译，民族出版社 1982 年版。

［12］赤烈曲扎：《西藏风土志》，西藏人民出版社 1982 年版。

［13］廖东凡、次仁多吉、次仁卓嘎收集翻译，廖东凡撰稿：《西藏民间故事》，西藏人民出版社 1984 年版。

［14］西藏人民出版社编：《西藏民间歌谣选》，西藏人民出版社 1985 年版。

［15］李春熹：《作为演出艺术的戏剧》，中国戏剧出版社 1989 年版。

［16］山南地区民族文化遗产抢救领导小组办公室、山南地区民间文学三套集成总编委会编：《山南民间故事集成》（第一册），山南地区民族文化遗产抢救・民间文学三套集成领导小组办公室 1991 年版（内部发行）。

［17］徐平：《羌村社会》，中国社会科学出版社 1993 年版。

［18］《中国戏曲志・西藏卷》编辑委员会编：《中国戏曲志・西藏卷》，文化艺术出版社 1993 年版。

［19］山南地区民族文化遗产抢救领导小组办公室、山南地区民间文学三套集成总编委会搜集整理：《山南民间歌谣集成》（第一册），西藏人民出版社 1994 年版。

［20］山南地区民间文学三套集成总编委会、山南地区民族文化遗产抢救领导小组办公室搜集整理：《山南民间谚语集成》，西藏人民出版社 1994 年版。

［21］林耀华主编：《民族学通论》，中央民族大学出版社 1997 年版。

［22］钟敬文主编：《民俗学概论》，上海文艺出版社 1998 年版。

［23］李永宪：《西藏原始艺术》，四川人民出版社 1998 年版。

［24］中国民族民间舞蹈集成编辑部编：《中国民族民间舞蹈集成（西

藏卷）》，中国 ISBN 中心 2000 年版。

［25］颜其香主编：《中国少数民族风土漫记》，农村读物出版社 2001 年版。

［26］戴康生、彭耀：《宗教社会学》，社会科学文献出版社 2000 年版。

［27］陈立明、曹晓燕：《西藏民俗文化》，中国藏学出版社 2010 年版。

［28］中国社会科学院民族研究所、中国藏学研究中心社会经济所、李坚尚编著：《西藏的商业与手工业调查研究》，中国藏学出版社 2000 年版。

［29］尕藏才旦、格桑本编著：《雪域气息的节日文化》，甘肃民族出版社 2000 年版。

［30］金泽：《宗教人类学导论》，宗教文化出版社 2001 年版。

［31］廖东凡：《藏地风俗》，中国藏学出版社 2008 年版。

［32］熊文彬：《西藏艺术》，五洲传播出版社 2002 年版。

［33］罗桑丹增、周润年：《藏族民俗》，巴蜀书社 2003 年版。

［34］莫福山：《藏族文学》，巴蜀书社 2003 年版。

［35］彭兆荣：《文学与仪式：文学人类学的一个文化视野——酒神及其祭祀仪式的发生学原理》，北京大学出版社 2004 年版。

［36］《西藏风物志》编委会编：《西藏风物志》，西藏人民出版社 2005 年版。

［37］郝苏民、文化主编：《抢救保护非物质文化遗产：西北各民族在行动》，民族出版社 2006 年版。

［38］王文章：《非物质文化遗产概论》，文化艺术出版社 2006 年版。

［39］刘志扬：《乡土西藏文化传统的选择与重构》，民族出版社 2006 年版。

［40］赤烈曲扎编著：《西藏风土志》，西藏人民出版社 2006 年版。

［41］李竹青编著：《中国少数民族节日与传说》，北京旅游出版社 1985 年版。

［42］王文章主编：《中国非物质文化遗产保护论坛论文集》，文化艺术出版社 2006 年版。

[43] 北京市文化局社文处、北京市群众艺术馆、北京市西城区文化馆编：《非物质文化遗产纵横谈：北京市非物质文化遗产保护工作高级研讨班论文集》，民族出版社 2007 年版。

[44] 王国才、王希凤编著：《营销渠道》，清华大学出版社 2007 年版。

[45] 杨辉麟：《西藏的民俗》，青海人民出版社 2008 年版。

[46] 刘志群：《中国藏戏史》，西藏人民出版社 2009 年版。

[47] 郑长天：《瑶族“坐歌堂”的结构与功能》，民族出版社 2009 年版。

[48] 徐旸、齐柏平：《中国土家族民歌调查及其研究》，民族出版社 2009 年版。

[49] 张鹰主编：《节庆礼仪》，上海人民出版社 2009 年版。

[50] 苑利、顾军：《非物质文化遗产学》，高等教育出版社 2009 年版。

[51] 山南地区地方志编纂委员会编：《山南地区志》，中华书局 2009 年版。

[52] 西藏自治区地方志编纂委员会总编、西藏自治区加查县地方志编纂委员会编撰：《加查县志》，中国藏学出版社 2010 年版。

[53] 西藏自治区地方志编纂委员会总编、西藏自治区琼结县地方志编纂委员会编撰：《琼结县志》，中国藏学出版社 2010 年版。

[54] 马莉：《非物质文化遗产与历史变迁中的地方社会——以歌谣为中心的解读》，人民出版社 2011 年版。

[55] 董晓萍、万建中主编：《北师大民俗学论丛》，中华书局 2013 年版。

[56] 杨庆黎：《民俗文化审美探究》，中央民族大学出版社 2013 年版。

二、论文

[1] Emma Lees: “Intangible Cultural Heritage in a Modernizing Bhutan: The Question of Remaining Viable and Dynamic”, *International Journal of*

Cultural Property, No. 18, 2011.

［2］蓝巧燕:《布努瑶“祝著节”的文化内涵解读——以广西都安瑶族自治县隆福乡崇山村为个案》，硕士学位论文，广西师范大学，2007年。

［3］内堀明子:《论西藏山南卡热乡藏族儿歌的艺术特征》，硕士学位论文，中央民族大学，2009年。

［4］拉巴次仁:《论山南民间劳动歌曲》，硕士学位论文，西藏大学，2010年。

［5］索朗措姆:《山南邦典民俗文化研究》，硕士学位论文，西藏大学，2010年。

［6］常君爱:《基于比较优势视角的西藏民族手工业发展研究》，硕士学位论文，西藏民族学院，2012年。

［7］高翔:《“觉木隆”职业藏戏及唱腔音乐研究——以西藏藏剧团为例》，博士学位论文，中央民族大学，2012年。

［8］刘坚:《云南省少数民族传统体育非物质文化遗产保护与传承研究》，博士学位论文，北京体育大学，2012年。

［9］白晓慧:《藏族传统工艺的开发与保护研究》，硕士学位论文，中央民族大学，2013年。

［10］李军阳:《甘肃省体育非物质文化遗产保护与传承研究》，硕士学位论文，兰州理工大学，2014年。

［11］蔡贤盛:《访木碗之乡》，《中国民族》1980年第11期。

［12］高历霆:《藏传佛教寺院舞蹈羌“姆”探源》，《西藏艺术研究》1988年第3期。

［13］王希华（索朗次仁）:《山南“卓”（鼓）舞》，《西藏艺术研究》1992年第4期。

［14］王希华（云聪·索朗次仁）:《山南琼结县的“卓”（鼓舞）概述》，《西藏艺术研究》1996年第1期。

［15］郭净:《藏传佛教寺院“羌姆”祭典中的三类角色》，《中国藏学》1996年第1期。

［16］郭净：《论西藏寺院神舞“羌姆”的起源》，《文艺研究》1996年第2期。

［17］郭净：《西藏桑耶寺神舞“羌姆”的实地考察》，《文艺研究》1998年第1期。

［18］康·格桑益西：《绚丽多彩的藏族编织工艺》，《西藏艺术研究》2002年第4期。

［19］廖东凡：《姐德秀镇往事的述说》，《西藏民俗》2003年第2期。

［20］徐睿、胡冰霜、秦伟：《浅谈藏戏的群体整合功能》，《西藏研究》2003年第2期。

［21］雪康·索南塔杰：《西藏各藏戏流派的艺术特征与琼结扎西雪巴白面具藏戏的起源》，何宗英译，《西藏艺术研究》2003年第4期。

［22］高晓涛：《生活在织物中的姐德秀的编织者们》，《西藏人文地理》2005年第1期。

［23］万代吉：《从“金刚舞”到“羌姆”看文化的传播与差异》，《西北民族大学学报》（哲学社会科学版）2006年第2期。

［24］丛南：《姐德秀的织物生活》，《中国新闻周刊》2006年第3期。

［25］陈丹：《织物——藏地无处不飞花》，《中国西藏》2009年第1期。

［26］项江涛：《与“灵魂”的对话——关于“羌姆”舞蹈的探析》，《西藏大学学报》（社会科学版）2009年第1期。

［27］曲杰：《漫谈西藏琼结“久河卓舞”及保护》，《西藏艺术研究》2009年第2期。

［28］李文博、德吉卓嘎：《西藏山南建筑装饰特色与调查》，《教师》2009年第15期。

［29］马宁：《西藏大学生对西藏非物质文化遗产的认识情况调查》，《西藏大学学报》（社会科学版）2010年第1期。

［30］索朗措姆、刘志斌：《藏族的邦典民俗禁忌及其社会作用探析》，《西藏大学学报》（社会科学版）2010年第S1期。

［31］万代吉：《羌姆表演中的艺术特征》，《西藏大学学报》（社会科学版）2010年第2期。

［32］王荔希、周波、徐子麒：《延续地域性特征的大门设计探索——以西藏山南地区泽当镇藏源民俗村大门设计为例》，《四川建筑科学研究》2010年第3期。

［33］刘英华、罗秉芬：《西藏山南当许镇蚌巴奇塔出土藏文医书浅析》，《中国藏学》2010年第4期。

［34］沈未兰：《木碗相随如情人》，《中国林业产业》2010年第4期。

［35］俞蓓：《西藏“羌姆”角色的变迁及与藏戏的关系》，《中国戏曲学院学报》2011年第4期。

［36］曲杰：《久河卓舞》，《中国西藏》2011年第4期。

［37］歆媛：《杰德秀的手工织造》，《新青年》2011年第8期。

［38］熊文彬、哈比布、夏格旺堆：《西藏山南贡嘎寺主殿集合大殿〈如意藤〉壁画初探》，《中国藏学》2012年第2期。

［39］王锦峰：《试论藏传佛教寺院羌姆所蕴含的生态文化》，《中国音乐》2012年第3期。

［40］王锦峰：《试论藏传佛教寺院羌姆的舞蹈审美》，《南京农业大学学报》（社会科学版）2011年第4期。

［41］李文东：《西藏山南地区藏族民居类型及空间特色》，《考试周刊》2012年第77期。

［42］李媛、吴文超、杨豪中：《西藏杰德秀邦典传统技艺与传统村落共生关系研究》，《门窗》2013年第4期。

［43］旦增卓玛：《略谈西藏山南民族服装艺术》，《艺海》2013年第5期。

［44］秦滨：《羌姆的社会功能研究——以西藏山南地区为例》，《北方音乐》2013年第7期。

三、电子文献

［1］次珍：《乃东县哔叽编织传承民族优秀文化》，山南网，http：//www.xzsnw.com/xw/wmksn/76762.html，2014 年 4 月 10 日。

［2］严昌柄、次仁龙布：《千年非遗传承　乃东“泽帖尔”放光彩》，山南网，http：//www.xzsnw.com/xw/wmksn/77654.html，2014 年 4 月 29 日。

［3］施宇翔、黄云灵等：《2014 天猫双十一狂揽 571 亿　6 年单日成交额增长超千倍》，浙江在线，http：//zjnews.zjol.com.cn/system/2014/11/12/020353538.shtml，2014 年 11 月 11 日。

后 记

日趋凉爽舒适的夏秋之交，敲出修改稿的最后一字，在十余万字学位论文基础上的修改、补充工作接近尾声时，我的心情紧张又激动。但到写后记的时候，我的心里有千言万语，却又无从下笔。责任编辑原子婷老师说：“沉淀一下思绪，厘清思路，慢慢着笔写。”这些年行走在非遗的路上，那些让人温暖和感动的瞬间如电影画面般一帧一帧地浮现于脑海。

从选题、田野调查到提笔撰写和定稿，感受颇多。

“学贵得师，亦贵得友。”感恩导师周毓华教授一直以来的悉心指导和支持。从最初确定的选题、资料收集、田野调查，到拟定大纲及写作构思，再到后期的书稿修改和定稿都无不饱含恩师的大量心血。没有恩师和出版社编辑的一直敦促，这本书也没有机会和各位读者见面。

谢谢我至亲至爱的家人，感谢这么多年来，你们让我如此肆意地以自己的方式生活。厚重而不寄予任何回报的爱，是让我一路最踏实心安的甜蜜行囊。尤其是我三岁的温暖可人的小杨杨，你们无言但温暖的爱，让我理解“家”的诸多含义，使我毫无后顾之忧地继续前行。

这几年来投入了大量时间、精力多次深入西藏山南村落进行田野调查，做访谈，收集资料，数次稿件修改，倾注了太多人的关心和指导。

深深感动于亲爱的丹增央金学妹、赤列班觉学弟在我历次西藏田野期间不离不弃地陪伴和我一起同甘共苦。书稿的资料收集倾注了你们大量时间和心血，这是我们共同交出的田野答卷。

感谢在田野调查期间曾给予我无私帮助的兄长：严乃锦、登巴、邹廷波、程建春和伦珠泽仁、白玛曲珍等。感谢山南市文化局和各区县宣传部、文化局、非物质文化遗产办和各位非物质文化遗产传承人的无私帮助。

感谢陕西国际商贸学院有关领导和同事的宝贵支持，感谢陕西师范大学提供的良好学术氛围和科研环境，感恩中国藏学研究中心张云研究员收我为其博士研究生，感恩过去和现在因缘遇见的学界前辈们给予的指导和帮助。他们的不断支持和鼓励使我获得了继续坚持研究西藏历史与文化的信念。

白驹过隙，转眼已数年。在反复完善的基础上，将此成果付梓出版，以此纪念那些让人怀念和感慨的青春岁月，也是对过往的一个小小总结。因本人水平有限，书中难免有疏漏和不尽人意之处，留给岁月沉淀。

杨 娅

2020 年 10 月